V&R

Gabriele Obst

# Kompetenzorientiertes Lehren und Lernen im Religionsunterricht

3., aktualisierte Auflage

Vandenhoeck & Ruprecht

Mit 27 Abbildungen

Bibliografische Information der Deutschen Nationalbibliothek

Die Deutsche Nationalbibliothek verzeichnet diese Publikation in der
Deutschen Nationalbibliografie; detaillierte bibliografische Daten sind
im Internet über http://dnb.d-nb.de abrufbar.

ISBN 978-3-525-61612-3

E-Book ISBN 978-3-647-61612-4

Druck und Bindung: ⊕ Hubert & Co, Göttingen

Gedruckt auf alterungsbeständigem Papier.

# Inhalt

# Vorwort:
# Welche Leser und Leserinnen passen
# zu diesem Buch?

„Zeit zum Lesen – die habe ich eigentlich nur in den Sommerferien", so oder ähnlich lautet die nachdenkliche Auskunft mancher Lehrerinnen und Lehrer. Im Alltag bleibt in der Regel nur Zeit für die Lektüre kurzer Artikel, immer auf der Suche nach dem passenden Text, dem geeigneten Material für die nächsten Wochen.

Der allseitige Druck auf Kolleginnen und Kollegen an den Schulen nimmt zu, die Belastungsgrenze durch ministerielle Vorgaben und Regelungen, durch Stundendeputate, Prüfungen und Klausuren ist vielfach erreicht, wenn nicht überschritten. Woher also die Zeit nehmen, sich in die Sonderwelt der akademischen Fachdiskussion zu vertiefen?

Veränderungen und Innovationen etwa der Fachdidaktik kommen deshalb nur zeitverzögert an der „Basis" an und werden von ihr nicht selten mit Abwehrstrategien unterlaufen oder ignoriert. Dies kann so lange gut gehen, bis ein grundlegender Paradigmenwechsel die bisherige Unterrichtspraxis umwälzt.

Genau dies ist gegenwärtig im Gange. Die Umsteuerung des Bildungssektors durch die neuen Leitbegriffe „Kompetenzen und Standards" erfasst alle Bereiche der Schule und der Lehrerausbildung. Auch der RU ist davon betroffen. Es geht um die Frage, welche Konsequenzen dieser tief greifende Wandel für die Bildungsziele und die Praxis des Unterrichts in allen Schulformen und -stufen haben wird.

Viele Lehrerinnen und Lehrer sind verunsichert und suchen nach Orientierungen im Dickicht der Begriffe und Konzepte, die von allen Seiten auf den pädagogischen und religionspädagogischen Markt geworfen werden. Dieses Buch ist ein Versuch, den Irritationen abzuhelfen. Es sucht als Leser und als Leserin den reflektierenden Praktiker, die Kollegin und den Kollegen, die wissen wollen, welche theoretischen und konzeptionellen Überlegungen eigentlich hinter dem Schlagwort vom „kompetenzorientierten Lehren und Lernen im RU" stehen. Und es wendet sich an die Lehramtsanwärter und Studienreferendare, die auf dem Weg zu einer eigenen reflektierten Praxis sind. Diesen Lehrerinnen und Lehrern will das Buch eine Chance bieten, die pädagogische und religionspädagogische Gemengelage konzentriert und unterrichtsnah zu verfolgen. Es will Mut machen, sich auf die neuen Entwicklungen beherzt einzulassen. Sie können nach meiner Überzeugung dazu führen, dass der RU an Profil und Qualität gewinnt.

Ein Buch wie dieses entsteht nicht allein am Schreibtisch. Es verdankt sich eigenen Praxiserfahrungen, aber vor allem zahlreichen anregenden Gesprächen. Nicht allen kann an dieser Stelle gedankt werden, einige seien aber dennoch hervorgehoben: Den beiden Fachkollegen am Oberstufen-Kolleg Bielefeld Karin Volkwein und Holger Domas gilt mein Dank für den religionspädagogischen Alltagsdiskurs und die solidarische Kooperation. Mit vielen Religionslehrerinnen und Religionslehrern habe ich meine Ideen auf Fortbildungen geteilt – daraus sind Kontakte über die Bundesländergrenzen erwachsen. Hannah Richter, Michael Lauppe und Rudolf Tammeus haben das Manuskript gelesen und wichtige Anregungen gegeben.

Ulrike Link-Wieczorek, Ingrid Schoberth, Ludwig Huber und Josef Keuffer danke ich für die Ermutigung und die Unterstützung bei der Entstehung des Buches. Ein ganz besonderer Dank gilt stud.theol. Alexander Dölecke, der den Entstehungsprozess des Buches von Anfang an begleitet hat und nicht nur beim Korrekturlesen seine Fachkompetenz unter Beweis gestellt hat. Martina Steinkühler hat sich für das Buch im Verlag mit Rat und Tat eingesetzt.

Gewidmet sei das Buch den Studierenden des Instituts für Evangelische Theologie an der Universität Osnabrück, die mich durch ihre außerordentliche Unterstützung zu dieser Veröffentlichung ermutigt haben. Meinem Mann Hartmut Lenhard danke ich für unsere Lern- und Lebensgemeinschaft – sie ist die Basis der vorliegenden Arbeit.

Detmold, im April 2008                              *Gabriele Obst*

# 1. Einleitung:
# Von einer neuen Schule träumen – oder:
# Wie kommt man dort hin, wo man hin will?

Über die Ergebnisse der ersten internationalen Vergleichsuntersuchungen der 1990er Jahre (z.b. TIMSS 1997) herrschte ungläubiges Staunen, wenn sie denn in der Öffentlichkeit überhaupt wahrgenommen wurden. Der Schock der PISA-Untersuchung dagegen saß. Das deutsche Bildungssystem, das sich als unangefochtener Spitzenreiter wähnte, war auf ein blamables Mittelmaß geschrumpft – ein Resultat, das Experten zwar schon lange vorausgesagt hatten, das aber erst jetzt die Politiker aufschreckte und sie in hektische Betriebsamkeit verfallen ließ.

Kompetenz- und Standardorientierung war *das* Paradigma, mit dem das Bundesministerium für Bildung und Forschung 2003 eine Umsteuerung des nationalen Bildungswesens einzuleiten versuchte. Das vom Ministerium veröffentlichte sog. Klieme-Gutachten (Klieme et al. 2003) plädierte dafür, bundesweit geltende Bildungsstandards zu formulieren, die verbindliche Anforderungen für Schülerinnen und Schüler beschreiben sollten. Die regelmäßige Überprüfung der Schülerleistungen werde dann – so das Kalkül – das Niveau der in der Schule vermittelten Kompetenzen heben und insgesamt zu einer Steigerung der Qualität schulischer Arbeit beitragen. Seither übertreffen sich die in der Kultusministerkonferenz versammelten Repräsentanten der Bundesländer in ihrem Bemühen, die Schulsysteme ihrer Länder einer grundlegenden Revision zu unterziehen und sie im Sinne kompetenz- und standardorientierter Strukturen umzugestalten.

Gegen die Erhöhung des administrativen Drucks auf die Schulen, die Schüler und die Lehrer setzten Journalisten wie Reinhard Kahl eindrucksvolle Bilder: Kahl verwies in mehreren Filmdokumentationen auf vorbildhafte skandinavische Schulen (vgl. „Treibhäuser der Zukunft"), die in der PISA-Untersuchung sehr gut abgeschnitten hatten, oder mahnte an, dem Beispiel deutscher Reformschulen zu folgen. Unter dem Motto „Bildung ist mehr als PISA" tritt das von ihm 2007 begründete Netzwerk „Archiv der Zukunft" (vgl. Kahl Archiv1) an, für eine Erneuerung der Schulen zu sorgen, ohne dass die ausgetretenen Pfade von Leistungsdruck und Vereinheitlichung beschritten werden. „Wäre es nicht ein lohnendes Projekt, Schulen und andere Bildungshäuser zu Kathedralen einer nachindustriellen Gesellschaft zu kultivieren? Orte, an denen die Gesellschaft zeigt, was ihr wichtig ist? Häuser, in denen nicht nur Worte, sondern viele Einzelheiten vom gelungenen Leben und von der Schönheit erzählen?", fragen die Gründer des Netzwerks (Kahl Archiv2).

Dennoch hat es das reformpädagogische Projekt einer Schule, in der Schülerinnen und Schüler mit Freude bei der Sache sind und in einer anregenden Schulgemeinschaft das Zusammenleben erproben und gestalten, angesichts der aktuellen bildungspolitischen Großwetterlage schwer. Diese Tatsache veranlasste Annemarie von der Groeben, langjährige didaktische Leiterin der Bielefelder Laborschule, zur Formulierung des folgenden Traums:

Als die deutschen Kultusministerinnen und -minister sahen, wie schlecht es um ihre Schulen stand, beschlossen sie, das Bildungssystem grundlegend zu verändern. Sie wurden getragen von einem breiten gesellschaftlichen Konsens, eine Welle des pädagogischen Umdenkens ging durch das Land. Man suchte und fand Vorbilder.

Von den skandinavischen Ländern lernten die Deutschen, was es heißt, mit dem Grundsatz „Wir dürfen kein Kind verlieren" Ernst zu machen. Sie verstanden: Wir müssen zuallererst dafür sorgen, dass es unseren Kindern und Jugendlichen an Leib und Seele gut geht.

Das hatte weitreichende Folgen. Es begann mit „Kleinigkeiten", die bald an allen Schulen zu vor-unterrichtlichen Mindeststandards gehörten: ein gutes, nahrhaftes Frühstück oder Mittagessen, ein Gesundheits- und Beratungsdienst, ein flexibler, den Bedürfnissen der Kinder angepasster Tagesrhythmus, gute Möbel, Ausstattung der Schule mit vielfachen Lerngelegenheiten, Ausstattung der Klassen und Arbeitsplätze mit handlichen, anregenden, gut geordneten Materialien.

Zum Kern der Entwicklungsarbeit wurde die Neugestaltung des Unterrichts und der Lernangebote. Die Vorgabe war: Lernen muss Freude machen, mit relevanten Erfahrungen verbunden sein, geschieht am besten in der Auseinandersetzung mit bedeutsamen Gegenständen.

Schon nach wenigen Jahren waren die Schulen nicht wiederzuerkennen. Sie waren einladend, freundlich und anregend gestaltet, Orte, an denen Kinder den ganzen Tag über gern und gut leben und lernen konnten. Niemand wurde beschämt, niemand musste sich als Versager fühlen. Darum hatte man das Sitzenbleiben abgeschafft, die Zensuren durch Beratungsgespräche ersetzt, den Unterricht ganz darauf ausgerichtet, der Unterschiedlichkeit der Kinder gerecht zu werden.

Die Schulen waren in ihrer Arbeit weitgehend autonom, so wurde ihre ganze pädagogische Kreativität für diese Aufgabe freigesetzt. Starre Jahrgangsklassen und -normen erwiesen sich mehr und mehr als kontraproduktiv. Bald schon wurde es hierzulande so normal wie in Schweden, dass Zwölf- und Fünfzehnjährige zusammen Englisch lernen oder im Labor experimentieren konnten. Bewertet wurden ihre Leistungen nach dem individuellen Lernfortschritt.

Als Orientierungsrahmen dienten fachliche Mindeststandards, die die systematische Progression des Lernens abbildeten. Tests wurden den Schulen als diagnostische Hilfsmittel zur eigenen Verwendung angeboten. Am Ende der Schullaufbahn mussten Basisqualifikationen in individueller Abstufung nachgewiesen werden. Was der einzelne Absolvent darüber hinaus vorzuweisen hatte, zeigte sein individuelles Leistungsportfolio. Ein verzweigtes, früh greifendes System von Fördermaßnahmen sorgte dafür, dass 90 von 100 Schülern eines Jahrgangs diese Prüfung bestanden. So gelang es Deutschland mit einer großen gesellschaftlichen Anstrengung, den Anschluss an die Spitzenländer in wenigen Jahren zurückzugewinnen. (Groeben 2005, 78)

Das, was in den Dokumentationen Kahls zu staunenswerten Bildern geronnen ist, entwirft von der Groeben als konzeptionelles Gegenbild zur kultusministeriell verordneten Schulwirklichkeit. Vieles an diesem modernen bildungspolitischen „Märchen", so nennt es Annemarie von der Groeben, überzeugt sofort – besonders die Überlegungen zu Raumgestaltung, Lernmaterialien, Tagesrhythmus und Ernährung. Dringend notwendige Veränderungen werden beschrieben, ein imponierendes Szenario von der Schule als Lebens- und Lernwelt der Schülerinnen und Schüler entsteht.

Anderes ist differenzierter, manches in dem Traum von der Groebens auch mit Skepsis zu betrachten: So führt etwa die Ersetzung der Zensuren durch Beratungsgespräche keineswegs notwendig zu einer klareren Einschätzung der Leistungen von Schülerinnen und Schülern. Auch die ausschließliche Orientierung am individuellen Lernfortschritt verschafft nicht zwingend eine realistische Selbsteinschätzung der eigenen Leistungsmöglichkeiten und -grenzen: Individuelle Unterforderung ist dabei ebenso wenig ausgeschlossen wie ständige Überforderung einzelner Schüler.

Märchen überzeugen, weil sie die Realität überschreiten, weil sie davon erzählen, wie es auch und wie es besser sein könnte. In guten Märchen aber wird die Brutalität der Realität nicht ausgeklammert: der böse Wolf, der die heile Welt von Rotkäppchen stört, die eifersüchtige Stiefmutter, Hunger und Tod. Diese Härte der Wirklichkeit fehlt jedoch in dem Märchen von Annemarie von der Groeben, so z.b.:

- lärmende, aggressive Jugendliche, die ihren Mitschülern und Lehrern verbal und brachial Gewalt antun,
- Schülerinnen und Schüler, für die alles andere als die Schule von höchstem Interesse ist und die daher dem Lernen in ihren praktischen Tagesvollzügen nur eine nachrangige Bedeutung zumessen,
- Lehrer und Lehrerinnen, die überfordert, ausgebrannt und demotiviert sind oder einfach schlecht unterrichten,
- die Leistungsanforderungen einer globalisierten Welt, in der Jugendliche ohne Hauptschulabschluss und auch mit Hauptschulabschluss, z.T. sogar mit Realschulabschluss, keine Chance mehr auf einen Ausbildungsplatz haben,
- und last not least: die notorisch klammen Finanzen der Städte und Länder, die oft nicht einmal die Grundinstandhaltung der Schulen gewährleisten können.

Auch als Märchen würde von der Groebens Traum mehr überzeugen, wenn beides, die Wirklichkeit, wie sie ist, und die Vision davon, wie sie sein könnte, stärker aufeinander bezogen wären. Nur dann ist ein Traum keine Illusion und ein Märchen eine Geschichte, die die Wirklichkeit verändern kann.

Annemarie von der Groeben selbst kommt in ihrem Traum nicht ohne die Thematisierung von Standards und Kompetenzen aus, sie greift zentrale Elemente der Diskussion auf, wandelt sie aber in charakteristischer Weise ab. Ihre „vor-unterrichtlichen Mindeststandards" beziehen sich auf die schülergerechte Ausstattung und die gesundheitsförderliche Einrichtung, die „fachli-

chen Mindeststandards" markieren nur das Minimum der Basisqualifikationen, die Schüler nachweisen sollen – allerdings in
„individueller Abstufung". Tests werden nicht von oben verfügt,
sondern den Schulen als diagnostisches Hilfsmittel und Dienst-
leistung angeboten. Von der Groeben ist – wie ihre reformpäda-
gogischen Mitstreiter (vgl. die entsprechenden Verlautbarungen
der vornehmlich von reformpädagogisch Schulen getragenen
Initiative „Blick über den Zaun", 2003 und 2006, vgl. von der
Groeben et al. 2005) – davon überzeugt, dass dies der pädagogisch einzig verantwortbare Ansatz zu einer erfolgreichen Bildungsreform sein wird.

Lässt sich zwischen einer immer stärker an Kompetenzen und
Standards ausgerichteten Schule einerseits und reformpädagogi-
schen Impulsen andererseits ein gemeinsamer Weg finden? Und
wie steht es in dieser widersprüchlichen Situation um den RU?
Wird er – wie die einen befürchten – seiner spezifischen Merkmale beraubt, wenn er sich auf Kompetenzen und Standards
einlässt, oder gewinnt er – wie die anderen erhoffen – ein über-
zeugenderes Profil, wenn er die Schullaufbahn der Schülerinnen
und Schüler vom Ende her denkt und von hier aus religiöse
Lehr- und Lernprozesse überzeugend und schülergerecht gestaltet?

# 2. Annäherungen:
# Kompetenzen und Standards –
# ein Paradigmenwechsel

## 2.1 Schule nach dem PISA-Schock

„[…] [D]as Erschreckende an den PISA-Studien war und ist doch, dass 50 Jahre Bildungsreform nicht bewirkt haben, das, was wir vor 50 Jahren über systematische Defizite wussten, in 50 Jahren in nennenswerter Weise in Richtung auf Gleichheit zu verändern." (Tenorth 2003, 158)

Heinz-Elmar Tenorth fasst mit dieser Bilanz wesentliche Erkenntnisse der erstmals im Jahr 2000 durchgeführten internationalen Vergleichsuntersuchung zu Basiskompetenzen von Schülerinnen und Schülern (vgl. Deutsches PISA-Konsortium 2001) in pointierter Form zusammen. Dass mit dem deutschen Bildungssystem etwas im Argen lag, hatte bereits die Veröffentlichung der TIMSS-Ergebnisse (vgl. Baumert 1997) gezeigt. Konnte man sich aber bei der TIMSS-Untersuchung noch damit beruhigen, dass nur ein Teilbereich der schulischen Bildungsarbeit in den Blick genommen wurde – nämlich der Bereich der mathematischen und naturwissenschaftlichen Grundbildung –, so deckte die PISA-Untersuchung umfassende Mängel in allen zentralen Bereichen, insbesondere bei der Lesekompetenz, auf. Darüber hinaus lieferte die PISA-Untersuchung strukturelle Erkenntnisse, die aufschreckten (vgl. Klieme et al. 2003, 11-14):

1.  Die in den Lehrplänen formulierten Ziele werden in vielen Fällen nicht erreicht. So erzielen etwa ein Viertel der 15-Jährigen im Bereich der Lesekompetenz und der mathematischen Grundbildung nicht das Niveau, das für den mittleren Abschluss unabdingbar notwendig ist. Einem Viertel eines Jahrgangs fehlen also elementare Voraussetzungen zur aktiven und selbstständigen Teilhabe an der

Gesellschaft. Damit aber verfehlt das Bildungssystem bei 25% der jungen Menschen sein Ziel.

2. Die Bandbreite der Leistungen in Deutschland ist so groß wie in keinem anderen der untersuchten Länder. Während die guten Schülerinnen und Schüler dem Vergleich mit den meisten OECD-Teilnehmern standhalten konnten, zeigten sich im unteren Bereich in verschärfter Weise die Defizite deutscher Schülerinnen und Schüler.

3. In Deutschland wirkt sich in besonderer Weise die soziale Herkunft auf den Schulerfolg aus. Besonders schlecht schnitten Schülerinnen und Schüler mit Migrationshintergrund ab.

4. In Deutschland gibt es große regionale Differenzen zwischen den einzelnen Bundesländern – und zwar sowohl im Blick auf die Leistungen als auch im Blick auf die Bewertung von Leistungen.

5. Länder, in denen es eine systematische Qualitätssicherung gibt, schneiden insgesamt besser, zum Teil sehr gut ab. Eine solche regelmäßige Qualitätssicherung fehlt bislang im deutschen Schulsystem.

Das Ergebnis ist deshalb so deprimierend, weil es zeigt, dass es dem deutschen Bildungssystem weder gelungen ist, gleiche Teilhabechancen für Menschen noch individuelle Entwicklungsmöglichkeiten sicherzustellen. Individualisierung und Bildungsgerechtigkeit sind aber die beiden entscheidenden Zielvorgaben für das Bildungssystem (vgl. Tenorth 2003, 158): Menschen müssen sich bilden können – unabhängig von ihrem Geschlecht, ihrer sozialen und regionalen Herkunft. Dass dies in Deutschland nicht in ausreichendem Umfang der Fall ist, war schon lange klar. Nun aber war die Erkenntnis unausweichlich, dass sich an dieser Situation trotz jahrzehntelanger Bemühungen nichts Entscheidendes geändert hat. Tenorth folgert:

Wir leben also in einer Situation, dass die basalen Verfassungsprinzipien der modernen, aufklärerischen, demokratischen Gesellschaften elementar verletzt werden, indem wir nämlich sowohl das Geschlecht (immer weniger) wie die soziale Herkunft (nahezu ungebremst) bei Bildungsprozessen durchschlagen lassen, aber nicht die ‚Natur' zur Geltung bringen [also die Möglichkeit des Individuums, sich durch Lernanstrengung zu bilden, d.Vf.] und die Möglichkeiten des Menschen hinreichend fördern. (Tenorth 2003, 158)

Um nichts Geringeres als um Verfassungsbruch handelt es sich also, wenn vor allem die soziale Herkunft der Kinder und Jugendlichen ihre Bildungschancen und Lebensperspektive maßgeblich bestimmt, nicht aber das organisierte Bildungssystem. – Wie haben die deutsche Bildungspolitik und die Bildungsadministration auf diese Ergebnisse reagiert?

Gefangen in bildungspolitisch zementierten Stellungen klammerte die Kultusministerkonferenz die Systemfrage: „Ist das dreigliedrige Schulsystem schuld an der Misere?" aus. Allerdings gab auch die PISA-Untersuchung selbst keine eindeutigen Hinweise auf leistungsfähigere Schulstrukturen. Stattdessen wurde das bisherige Verfahren der Steuerung von Bildungsprozessen über inhaltliche Vorgaben wie Lehrpläne, administrative Vorgaben, Finanzmittel und andere Instrumente einer kritischen Revision unterzogen.

Der PISA-Vergleich zeigte nämlich, dass viele Länder mit hohen Leistungserfolgen einerseits den Schulen große Freiheitsräume gewährten, andererseits aber die erzielte Qualität ihres Bildungssystems und dessen Resultate überprüften. Statt also Ressourcen bereitzustellen und Prozessnormen zu definieren, richteten diese Länder den Blick auf die Ergebnisse, die am Ende des Bildungsprozesses von den Schülerinnen und Schülern erreicht werden sollten.

Für die deutschen Bildungspolitiker bedeutete dies einen radikalen Perspektivenwechsel: Der gesamte Bildungsprozess sollte künftig von seinem erwünschten Ende her konzipiert werden, also von seinem „Outcome" her. „Outcome" ist dabei nicht formalistisch im Sinne der Vergabe von Zertifikaten zu verstehen, sondern umfasst:

den Aufbau von Kompetenzen, Qualifikationen, Wissensstrukturen, Einstellungen, Überzeugungen, Werthaltungen – also von Persönlichkeitsmerkmalen bei den Schülerinnen und Schülern, mit denen die Basis für ein lebenslanges Lernen zur persönlichen Weiterentwicklung und gesellschaftlichen Beteiligung gelegt ist. (Klieme et al. 2003, 12)

Nicht mehr durch die detaillierte Festlegung von Inhalten und Wegen des Unterrichts sorgt also der Staat für Qualität, sondern

dadurch, dass verbindliche Standards festgelegt werden und geprüft wird, ob diese auch tatsächlich erreicht worden sind. Mehr
Freiheit und Autonomie auf dem Weg bei größerer Verbindlichkeit der definierten Ziele und des Ergebnisses – so könnte
man den eingeleiteten Paradigmenwechsel knapp zusammen-
fassen.

Mit dieser Outcome-Orientierung war aber zwangsläufig der
Versuch verbunden, verbindlich festzulegen, welche Kompetenzen Schülerinnen und Schüler zu welchem Zeitpunkt erlangt
haben sollen. Die Kultusministerkonferenz beschloss daher bereits 2002, Bildungsstandards in Kernfächern zu erarbeiten und
landesweite Orientierungs- und Vergleichsarbeiten durchzufüh-
ren (vgl. KMK 2002).

## 2.2 Die Expertise „Zur Entwicklung
## nationaler Bildungsstandards"

In welchem Verhältnis stehen allgemeine Bildungsziele und
Standards? Von welchen Standards ist eigentlich die Rede und
was genau ist mit Kompetenzen gemeint? Wie sind Bildungsstandards zu entwickeln, einzuführen und zu nutzen?

Mit der Klärung dieser und anderer Fragen beauftragte das
Bundesministerium für Bildung und Forschung 2002 das Deut-
sche Institut für Internationale Pädagogische Forschung DIPF.
Unter Federführung von Eckhard Klieme entstand ein Gutach-
ten, das die weitere Diskussion grundlegend bestimmt hat (vgl.
Klieme et al. 2003).

### 2.2.1 Im Wirrwarr der Begriffe

Um eine tragfähige Grundlage für die bildungspolitischen Hand-
lungsperspektiven zu schaffen, bemühte sich die Klieme-Expertise um größtmögliche Klarheit bei der Definition und Verhältnisbestimmung der Begriffe. Dabei standen die Eckpfeiler des
gesamten Konzepts „Bildungsziele", „Bildungsstandards" und
„Kompetenzen" im Mittelpunkt.

## Bildungsziele

Bildungsziele sind relativ allgemein gehaltene Aussagen darüber, welche Wissensinhalte, Fähigkeiten und Fertigkeiten, aber auch Einstellungen und Werthaltungen, Interessen und Motive die Schule vermitteln soll. (Klieme et al. 2003, 20)

Bildungsziele haben eine normative Funktion. Sie sollen dem Bildungsprozess eine Richtung geben und ihn kritisch begleiten. Durch sie legt eine Gesellschaft den Auftrag der Schule fest und bestimmt daraufhin, an welchen Gegenständen und innerhalb welcher Systeme Bildung erworben werden kann. Mit Bildungszielen verbindet sich also die Frage nach dem, was allgemeine Bildung ist. In den Bildungszielen verdichtet sich daher der jeweilige gesellschaftliche Konsens über Bildung, genauer: das Verständnis von Bildung, das sich in dem demokratischen Prozess der Meinungs- und Willensbildung durchgesetzt hat. Bildungsziele implizieren darüber hinaus eine Verständigung darüber, welche Lernbereiche und Fächer zu dieser allgemeinen Bildung dazugehören und was den jeweiligen „Kern von Lernbereichen und Fächern" (Klieme et al. 2003, 20) ausmacht.

Die Zeiten, in denen eine mehr oder weniger fraglose Übereinkunft über allgemeine Bildungsziele herrschte, sind längst vorbei; in der Moderne erweisen sich allgemeine Bildungsziele als überaus strittig, abhängig von gesellschaftlichen und politischen Voraussetzungen, Machtverhältnissen und Problemlagen. Kontrovers ist vor allem die Frage, ob es heute noch einen Kanon von Wissen und Können geben könne und wie dieser festzulegen sei: ein Kanon, der trotz der Beschleunigung des Verfalls von Wissen und Fertigkeiten nicht veraltet und gerade darin zukunftsoffen ist. Sofern an Bildungszielen grundsätzlich festgehalten wird, wird ihnen keine operative, wohl aber eine regulative Bedeutung zuerkannt, die in ihrem über die Bildungswirklichkeit hinausweisenden Utopieüberschuss begründet liegt:

Hier werden die schönsten Zukünfte von Mensch und Welt formuliert, und erkennbar wird die Schule als ein Ort gesehen, diese Zukünfte herbeizuführen und die Normen und Ziele, Haltungen und Fähigkeiten zu realisieren, die in der Gesellschaft vermisst werden. (Klieme et al. 2003, 58)

Die Expertise formuliert den normativen Überschuss an dieser Stelle eher skeptisch und weist auf die Überforderung hin, die daraus für die Schule entstehen kann. Überforderung entsteht aber nur dann, wenn Bildungsziele als Handlungsanweisungen statt als Maßstäbe, die Bildungsprozesse kritisch begleiten, verstanden werden. Allgemeine Bildungsziele sind also keine messbaren Vorgaben für Bildungsprozesse, wohl aber Leitideen, auf die hin Bildungsprozesse letztlich angelegt sind. Darüber wird, darüber kann und darüber muss gestritten werden.

Bei allem Streit über Bildungsziele, so urteilt die Expertise, gibt es in modernen Gesellschaften einen „praktischen Konsens" (Klieme et al. 2003, 62):

Dieser Konsens bezieht sich sowohl, gesellschaftlich gesehen, auf die Erwartung, dass das Bildungssystem mit daran arbeitet, auf die Staatsbürgerrolle vorzubereiten, also zur Teilhabe am öffentlichen Leben zu befähigen, als auch, im Blick auf die Subjekte, auf die Erwartung, dass im Bildungswesen die Fähigkeiten erworben werden, das eigene Leben als Lernprozess selbst gestalten zu können, trotz der Unsicherheit von Beruf und Arbeit, Karriere und sozialer Lage. (Klieme et al. 2003, 62f.)

Mit dem Hinweis auf diesen gesellschaftlichen Konsens erinnert die Expertise daran, dass es im Bildungsprozess grundsätzlich um die Beziehungen zwischen Individuum und Gesellschaft geht, die durch diesen Prozess stimuliert werden (oder eben auch nicht). Die Schule soll es auf der einen Seite allen Heranwachsenden ermöglichen, unabhängig von Herkunft, Religion und Geschlecht am gesellschaftlichen und kulturellen Leben selbstständig teilhaben zu können – damit ist das Recht des Individuums auf Bildung begründet. Die Schule soll auf der anderen Seite ein Mindestmaß an kultureller Gemeinsamkeit sichern, ohne die eine Gesellschaft nicht existieren kann – darum braucht eine Gesellschaft die Schule.

Sobald dieser Konsens jedoch konkreter ausgestaltet wird, entsteht Dissens bzw. beginnt die bildungstheoretische Debatte. Lesen, Schreiben, Rechnen – die traditionellen basalen Kulturtechniken – reichen nach Ansicht der Expertise nicht aus, damit junge Menschen am sozialen und kulturellen Leben moderner Gesellschaften teilhaben können.

Die Heranwachsenden müssen vielmehr fähig werden für den Gebrauch der Computer, für den Umgang mit Medien, für die Herausforderungen einer multikulturellen Welt, und sie müssen zugleich in der Form der Welterfahrung von den einfachen Formen des Ich-zentrierten Umgangs mit Welt auf die grundlegenden wissenschaftlichen Modi der Welterfahrung übergehen können. (Klieme et al. 2003, 67)

Die basalen Kulturtechniken müssen daher ergänzt werden um weitere Kenntnisse und Kompetenzen in den verschiedensten Bereichen. Mit dieser Erweiterung entstehen auf der einen Seite neue Begründungsfragen und -notwendigkeiten, denn es ist ja keineswegs geklärt, sondern hängt wiederum vom Verständnis allgemeiner Bildung ab, um welche Kenntnisse und Kompetenzen es sich dabei handeln soll bzw. muss. Auf der anderen Seite verlangt die Unübersichtlichkeit dessen, was man heute wissen und können soll, nach einer Ordnung: Wie kann es gelingen, Bereiche zu bestimmen, die helfen, die Unübersichtlichkeit zu ordnen und zugleich die Breite gesellschaftlicher Wirklichkeit und menschlichen Lebens abzudecken? Können Strukturen entdeckt und überzeugend begründet werden, die das, was allgemeine Bildung ist, darstellbar machen?

Bereits die klassische Bildungstheorie kennt solche fundamentalen Dimensionen allgemeiner Bildung (vgl. Tenorth 2003, 161), grundlegende und unverzichtbare Bereiche, in denen das „Lernen des Lernens" (so bereits die klassische Formulierung von Friedrich Schleiermacher 1808, 238 und Wilhelm von Humboldt 1809, 218) gelernt wird, ein Lernen, das dauerhaft wirksam ist und das von seinen Ursprungssituationen abgelöst angewendet werden kann.

Wilhelm von Humboldt nennt vier solcher Dimensionen: die historische, die mathematische, die linguistische und die ästhetisch-expressive Dimension der Bildung (vgl. Humboldt 1809, 170). Diese Dimensionen sind keine Unterrichtsfächer, sondern bezeichnen unterschiedliche Lernbereiche, denen Unterrichtsfächer zugeordnet werden können. Religion ist bei Humboldt keine eigene Dimension, sondern Teil des historischen Lernbereichs. Anders ist dies etwa bei Johann Gottfried Herder, für den Religion als Quelle und Krone der Humanität eine zentrale Domäne allgemeiner Bildung ist (vgl. Herder 1784).

An diese klassischen Systematisierungen knüpft auch die Klieme-Expertise an und referiert zustimmend den anregenden Versuch Jürgen Baumerts, die Grundstruktur der Allgemeinbildung und des Kanons abzubilden. Baumert beschreibt als Modi der Weltbegegnung die

- „kognitiv-instrumentelle Modellierung der Welt",
- die „aesthetisch-expressive Begegnung und Gestaltung",
- die „normativ-evaluative Auseinandersetzung mit Wirtschaft und Gesellschaft"
- und schließlich den die Religionspädagogik besonders interessierenden Bereich „Probleme konstitutiver Rationalität" (Klieme et al. 2003, 68) – d.h. einen Bereich, der sich auf rationale Weise mit den Fragen der Letztbegründung menschlichen Daseins beschäftigt.

In diesen vier Bereichen sollen Schülerinnen und Schüler „kanonisches Orientierungswissen" (Klieme et al. 2003, 68) erhalten. Kanonisches Orientierungswissen meint hier eine verbindliche Festlegung von Wissen, das dazu befähigt, sich gegenwärtig und zukünftig in der Welt zurechtzufinden. Diesem kanonischen Orientierungswissen sind „basale Sprach- und Selbstregulationskompetenzen" zugeordnet, „Kulturwerkzeuge" (Klieme et al. 2003, 68), die die notwendige Voraussetzung dafür darstellen, sich in den verschiedenen Bereichen der Welt bewegen zu können.

## Bildungsstandards

Bildungsstandards orientieren sich an *Bildungszielen*, denen schulisches Lernen folgen soll, und setzen diese in konkrete Anforderungen um. (Klieme et al. 2003, 20)

Bildungsstandards müssen sich an der Frage messen lassen, ob sie den Zugang zu den oben genannten allgemeinen Bildungszielen ermöglichen.

Der Begriff „Standard", der etymologisch mit der Standarte im Zusammenhang steht, später das Richt- bzw. Eichmaß und die Norm bezeichnete, hat im Deutschen eine eher negative Konnotation: Eine Standardbehandlung verspricht nicht gerade eine individuelle Betreuung und bei der Standardausführung darf man keine Luxusausstattung erwarten. Der Ausdruck „weit über dem Standard" signalisiert eine überdurchschnittliche Leistung. „Standard" meint in diesen drei Beispielen einen wenig erstrebenswerten Durchschnitt. Vielleicht liegt es auch an unserem Sprachgebrauch, dass manche Kollegen auf den Standardbegriff im Zusammenhang mit Bildung emotional und negativ reagieren. Standard – das klingt nach Nivellierung von Unterschieden, nach Gleichmacherei und passt nicht zu dem aus idealistischen Traditionen schöpfenden deutschen Bildungsverständnis.

Während der Standardbegriff deshalb in Deutschland in der Vergangenheit keine Rolle in der Bildungsdiskussion gespielt hat, ist er in den anglo-amerikanischen Ländern, aber auch in den Niederlanden schon seit langer Zeit eingebürgert (vgl. Klieme et al. 2003, 31). Erstmals wurden 1860 in England Standards festgelegt, von deren Erreichen die Budgetierung der Elementarschulen abhängig war. Ganz unbegründet ist also der Verdacht nicht, dass mit der Einführung von Standards auch eine Ökonomisierung von Bildung verbunden sein kann.

In bildungspolitischen Zusammenhängen können „Standards" verstanden werden als Beschreibung der durchschnittlichen Leistung (Was *haben* Schülerinnen und Schüler im Durchschnitt erreicht?). Durchgesetzt hat sich aber ein Verständnis von „Standard" als normativer Größe (Was *sollen* Schülerinnen und Schüler erreichen?).

Man kann dann erstens unterscheiden, ob sich Standards auf den „Input" beziehen, also auf die Ressourcen, die den Schulen zur Verfügung gestellt werden (z.B. die Ausstattung der Schulen, die Qualifikation der Lehrer), aber auch auf die normativen Vorgaben in der Form von Lehrplänen und Rechts- und Verwaltungsvorschriften, oder ob Standards auf den „Outcome" ausgerichtet sind – also auf die anzustrebenden Ergebnisse, die das Schulsystem hervorbringt, insbesondere auf die Lernergebnisse der Schüler. Standards nach dem Verständnis der Klieme-Expertise sind ergebnisbezogen, also outcome-orientiert. Bildungsstandards sind daher:

Anforderungen an das Lehren und Lernen in der Schule. Sie benennen Ziele für die pädagogische Arbeit, ausgedrückt als erwünschte Lernergebnisse der Schülerinnen und Schüler. (Klieme et al. 2003,12)

Zweitens kann man unterscheiden, ob Standards auf der Ebene allgemeiner Bildungsziele formuliert werden oder auf der Ebene von mehr oder weniger bereichsspezifischen Kompetenzen, auf der Ebene von Lernzielen und Lerninhalten oder auf der Ebene von Testergebnissen, bei denen der Standard auf einer Testwerteskala durch einen Grenzpunkt markiert ist. Die Klieme-Expertise hat sich dafür entschieden, Bildungsstandards in Kompetenzmodellen auszudrücken. Das, was Schülerinnen und Schüler am Ende eines Bildungsabschnitts können sollen, wird also durch möglichst präzise definierte Kompetenzen beschrieben. In dieser Form sind sie „nach oben und unten anschlussfähig" (Klieme et al. 2003, 33): nach oben, weil sie sich an Bildungszielen orientieren, nach unten, weil sie prinzipiell in Aufgaben und Tests umsetzbar sind.

Drittens ist zu entscheiden, ob sich Bildungsstandards auf ein Niveau beziehen, das von (fast) allen Schülern erreicht werden kann (= Mindeststandard), auf ein Ideal (= Exzellenzstandard) oder auf ein durchschnittlich zu erwartendes Niveau (= Regelstandard). Die Expertise empfiehlt, Kompetenzen in Stufen zu differenzieren und dabei eine Stufe als Mindeststandard zu definieren. Das zugrunde liegende Modell der Klieme-Expertise sieht demnach folgendermaßen aus:

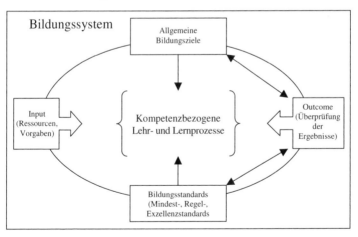

## Kompetenzen und Kompetenzmodelle

Bildungsstandards konkretisieren die Ziele in Form von *Kompetenzanforderungen*. Sie legen fest, über welche Kompetenzen ein Schüler, eine Schülerin verfügen muss, wenn wichtige Ziele der Schule als erreicht gelten sollen. Systematisch geordnet werden diese Anforderungen in Kompetenzmodellen, die Aspekte, Abstufungen und Entwicklungsverläufe von Kompetenzen darstellen. (Klieme et al. 2003, 21)

War bei den Bildungszielen die Schule als Ganze im Blick, so geht es bei den Kompetenzen um die Fähigkeiten des einzelnen Schülers, der einzelnen Schülerin. Die Schule wird aber dadurch nicht von ihrer Aufgabe dispensiert, systematisch für den Aufbau und Erwerb der Kompetenzen des einzelnen Schülers Sorge zu tragen. – Was sind „Kompetenzen"?

Die Expertise greift den *Kompetenzbegriff* auf, der von dem Psychologen Franz E. Weinert im Rahmen eines OECD-Projektes entwickelt wurde (vgl. Weinert 2001). Dabei setzte Weinert sich mit anderen Kompetenzkonzepten auseinander, so etwa mit der sprachwissenschaftlichen Unterscheidung von Kompetenz und Performanz bei Noam Chomsky (vgl. Chomsky 1980), aber auch mit dem Ansatz, von „Schlüsselproblemen" aus notwendige Schlüsselkompetenzen zu formulieren, die die Schule vermitteln soll (vgl. Münzinger/Klafki 1995; Klafki 1993b). Nach Weinert zeichnet sich der Kompetenzbegriff durch folgende Merkmale aus:

1. Kompetenzen beziehen sich auf die notwendigen Fähigkeiten, die ein Individuum oder eine Gruppe von Individuen in die Lage versetzen, komplexe Anforderungen erfolgreich zu bewältigen.

2. Die erfolgreiche Bearbeitung der Anforderungen verlangt primär kognitive, aber in vielen Fällen auch motivationale, ethische, volitionale (d.h. den Willen betreffende) und soziale Fähigkeiten und Bereitschaft.

Unter Kompetenz versteht die Expertise unter Rückgriff auf Weinert deshalb:

die bei Individuen verfügbaren oder von ihnen erlernbaren kognitiven Fähigkeiten und Fertigkeiten, bestimmte Probleme zu lösen, sowie die damit verbundenen motivationalen, volitionalen und sozialen Bereit-

24

schaften und Fähigkeiten, die Problemlösungen in variablen Situationen erfolgreich und verantwortungsvoll nutzen zu können. (Klieme et al. 2003, 72)

Die Expertise vertritt damit ein enges Kompetenzverständnis, das schwerpunktmäßig auf *kognitive Leistungen* ausgerichtet ist. Im Unterschied zur frühen Lernzieldiskussion der 1970er Jahre setzen Kompetenzen in viel stärkerem Maße die „Handlungssouveränität der Subjekte" voraus (Dressler 2007a, 28). Die Entscheidungsfreiheit des Subjekts, seine „Bereitschaft", Kompetenzen zu nutzen, wird zugleich mit emotionalen, sozialen und willensmäßig bestimmten „Fähigkeiten" gekoppelt, die die Expertise als Bedingung für Transferfähigkeit („in variablen Situationen") und Erfolg der Problemlösung sowie für Verantwortung bei ihrer Nutzung versteht.

Nach Auffassung der Expertise genügt es also nicht, über bestimmte Kompetenzen zu verfügen, wenn nicht gleichzeitig andere Dispositionen und Fähigkeiten hinzutreten. Dass dabei auch ethische Gesichtspunkte, also wertorientierte Einstellungen im Sinne der Übernahme von Verantwortung, berücksichtigt werden, sollte – auch im Blick auf den RU – hervorgehoben werden.

Kompetenzen entwickeln sich nach der Klieme-Expertise durch systematischen Aufbau, intelligente Vernetzung und variierende Einbettung von Wissen in *fachlich bestimmten Domänen*. Damit grenzen sich die Verfasser von einem unspezifischen weiten Kompetenzbegriff ab, der auf den Erwerb überfachlicher Fähigkeiten und Fertigkeiten abhebt und alle Bereiche schulischer Lernprozesse mit Hilfe des Kompetenzbegriffs erfassen will. Ausdrücklich wird deshalb das in der Berufspädagogik vertretene Modell der Sach-, Methoden-, Sozial- und Personalkompetenz abgelehnt, auch wenn seine Komponenten als bedeutsam eingeschätzt werden (vgl. Klieme et al. 2003, 75).

Ein isoliertes fächerübergreifendes Lern- und Methodentraining jedenfalls kann sich nicht auf den Kompetenzbegriff der Klieme-Expertise berufen. Stattdessen gehen die Verfasser davon aus, dass Kompetenzen in einem speziellen Erfahrungs- und Inhaltsbereich („Domäne") ausgebildet werden, der im

Schulsystem durch Fächer repräsentiert wird (vgl. Klieme et al. 2003, 134f.).

Es kann daher nicht verwundern, dass die Klieme-Expertise die Hauptaufgabe bei der Entfaltung des Kompetenzbegriffs den Fächern, insbesondere den Fachdidaktiken, zuweist. Diese haben darzulegen, in welcher Weise fachbezogene Kompetenzen gestuft sind und wie sie aufgebaut werden können. Deshalb benötigen die Fächer *Kompetenzmodelle* als „wissenschaftliche Konstrukte" (Klieme et al. 2003, 23), die:

den Standards eine Orientierungskraft für den Unterricht (geben), indem sie unmittelbar einsichtig und nachvollziehbar, illustriert an konkreten Anforderungen, demonstrieren, welche Entwicklungs- und Niveaustufen fachliche Kompetenzen haben." Kompetenzmodelle „haben die Aufgaben, die Ziele, die Struktur und die Ergebnisse fachlicher Lernprozesse zu beschreiben. Sie bilden die Komponenten und Stufen der Kompetenzentwicklung von Schülerinnen und Schülern ab und bieten somit eine Orientierung für schulisches Lehren und Lernen. (Klieme et al. 2003, 135)

Fachbezogene Kompetenzmodelle beschreiben also zum einen die *Niveaustufen* der Kompetenzen, die zugleich einen unumkehrbaren sukzessiven Entwicklungsprozess einschließen:

Jede Kompetenzstufe ist durch kognitive Prozesse und Handlungen von bestimmter Qualität spezifiziert, die Schülerinnen und Schüler auf dieser Stufe bewältigen können, nicht aber auf niedrigeren Stufen. (Klieme et al. 2003, 76)

Die Klieme-Expertise führt als Beispiel die mathematische Kompetenz (vgl. Klieme et al. 2003, 76f.) an: Auf der untersten Stufe verfügen Schülerinnen und Schüler über arithmetisches Wissen, das abgerufen und unmittelbar angewendet werden kann. Auf der obersten Stufe können Schülerinnen und Schüler komplexe Modellierungen vornehmen und innermathematisch differenziert argumentieren.

Zum anderen entwerfen Kompetenzmodelle den *Zusammenhang von Lernprozess und Kompetenzentwicklung*. Das Lehren und Lernen in den Fächern ist auf den Erwerb von Kompetenzen anzulegen und umgekehrt ist der Aufbau von Kompetenzen auf einen adäquaten Lehr-Lern-Prozess angewiesen. Das Spezifikum eines kompetenzorientierten Lehr-Lern-Prozesses besteht darin, dass es durch ihn zu einer Verknüpfung von Wissen und Können kommt, dass also das angeeignete Wissen von vornherein auf Anwendungssituationen bezogen wird, in denen die Kompetenzen zugleich entwickelt, erprobt und nachgewiesen werden können:

> Die Verknüpfung von Wissen und Können darf also nicht auf Situationen „jenseits der Schule" verschoben werden. Vielmehr ist bereits beim Wissenserwerb die Vielfalt möglicher Anwendungs-Situationen mit zu bedenken. (Klieme et al. 2003, 79)

Bezogen auf den Unterricht zieht dieser Ansatz eine tief greifende Wendung des didaktischen Denkens nach sich: Im Vordergrund steht das Arrangement von geeigneten Situationen, die Herausforderungscharakter haben und in denen bestimmte kognitive Fähigkeiten und Fertigkeiten zur Bewältigung der Situation erworben und bereits früher entwickelte Kompetenzen variabel aktualisiert werden müssen. Dass Kompetenzen in signifikanten Lernsituationen erworben, aber in multiplen Situationen genutzt werden können, ist eine zentrale Voraussetzung der Kompetenzmodelle. Deshalb kommt alles darauf an, die Vernetzung des Wissens in den Lehr- und Lernprozessen anzustreben und seine Transfermöglichkeiten auszubauen.

*Kriterien guter Bildungsstandards*
Die fachbezogenen Kompetenzmodelle müssen, wenn sie handlungsleitende Funktion beanspruchen wollen, auf möglichst prägnante Bildungsstandards achten. Gute Bildungsstandards zeichnen sich aus durch (vgl. Klieme et al. 2003, 25–30):

- Fachlichkeit
  Die schulischen Fächer stehen in Beziehung zu wissenschaftlichen Disziplinen, die wiederum bestimmte Modi der Wirklichkeitserschließung repräsentieren. Fächerübergreifende Kompetenzen sind, sofern sie bei fachbezogenen Lernprozessen ins Spiel kommen, nach der Klieme-Expertise erst auf der Grundlage solider fachlicher Kompetenzen möglich (Klieme et al. 2003, 26.75).

- Fokussierung

27

Bildungsstandards sollen sich auf Kernbereiche des jeweiligen Unterrichtsfaches beziehen. Diese sind dezidiert als Verschlankung der bisherigen inhaltslastigen Curricula gedacht und sollen nur das festlegen, was für alle verbindlich ist. Dadurch sollen Bildungsstandards eine größere Orientierungskraft bekommen.

- Kumulativität
Bildungsstandards setzen auf langfristige Prozesse, bei denen Lernprozesse und Inhalte aufeinander aufbauen, miteinander vernetzt und immer wieder angewandt werden. So entstehen nachhaltig wirkende Lernergebnisse.

- Verbindlichkeit für alle
Die Klieme-Expertise geht von Mindeststandards aus, die schulformübergreifend für alle Schülerinnen und Schüler gelten sollen. Die Klieme-Expertise will damit im Unterschied zu einer Orientierung an Regelstandards bzw. Exzellenzstandards eine Defizitorientierung bei der Leistungsmessung überwinden und positiv formulieren, was jeder Schüler können muss.

- Differenzierung
Um dennoch Leistungsunterschieden gerecht zu werden, sind unterschiedliche „Niveaustufen" festzulegen, ebenso sind bestimmte Profilierungsmöglichkeiten für einzelne Schulen im Blick. Die Ausformulierung solcher Differenzierungen ist jedoch den Ländern und den Schulen überlassen und soll nicht zentral festgelegt werden.

- Verständlichkeit
Bildungsstandards sollen klar, knapp und nachvollziehbar formuliert werden, und zwar nicht nur für Lehrerinnen und Lehrer, sondern auch für Eltern und Schüler. Nur dann können Bildungsstandards tatsächlich eine steuernde Funktion übernehmen.

- Realisierbarkeit
Bildungsstandards beschreiben keine Utopien, sondern sollen unter den gegebenen schulischen Bedingungen realisierbare Ziele des Unterrichts fixieren.

## Überprüfbarkeit

Bildungsstandards zielen auf die Überprüfbarkeit der Lernergebnisse, d.h. es soll erhoben werden, in welchem Umfang und auf
welcher Niveaustufe sich Schülerinnen und Schüler fachbezogene Kompetenzen angeeignet haben. Deshalb gewinnen zwangsläufig Testverfahren an Bedeutung, die die Vergleichbarkeit der
Ergebnisse gewährleisten. Ähnlich wie in der PISA-Untersuchung sind Testverfahren auf Aufgabenstellungen angewiesen,
deren Lösung als Indikator für die aufgebauten Kompetenzen
fungiert.

Nach einer entsprechenden Qualifizierung könnten einzelne
Schulen und Schulverbände die Entwicklung von kompetenzorientierten, testtheoretisch abgesicherten und validen Aufgabenstellungen durchaus selbst übernehmen – mit dem entscheidenden Vorteil, dass es nicht so sehr um das Ranking verschiedener
Schulen, Regionen und Länder ginge, sondern vielmehr die
Förderung des einzelnen Schülers im Vordergrund stände. Dezidiert ausgeschlossen wird in der Expertise, dass das Ergebnis
von Tests die Benotung des Schülers vorgibt. Testverfahren heben *einen* Aspekt schulischen Lernens hervor, der die Langzeit-
und Alltagsbeobachtungen der Lehrerinnen und Lehrer nicht
ersetzt, sondern nur ergänzt (vgl. Klieme et al. 2003, 84).

Kontrolle der Ergebnisse heißt aber auch, dass die Lehrerinnen und Lehrer selbst, darüber hinaus aber auch die Schule als
System auf dem Prüfstand stehen. Heinz-Elmar Tenorth spricht
in diesem Zusammenhang von einer „Umkehr der Beweislast bei
Erfolg und Misserfolg schulischer Arbeit" (Tenorth 2005, 47).
Nicht mehr die Schülerinnen und Schülern, die man bislang bei
Misserfolg von einer Schulart zur anderen durchreichte, sind für
den Erfolg haftbar zu machen, sondern jetzt stehen die Anstrengung und die Arbeit der Institution Schule im Fokus, die dafür
verantwortlich sei, dass ein Mindestniveau von allen Schülerinnen und Schülern erreicht werde.

## Zusammenfassung

Die Klieme-Expertise entwirft ein bildungspolitisches Konzept,
in dem Bildungsziele, Bildungsstandards, Kompetenzen und
Testverfahren in einem genau beschriebenen Verhältnis zueinan-

der stehen und gemeinsam den Bezugsrahmen für eine weitreichende Umsteuerung des Bildungswesens bilden:

Bildungsstandards [...] greifen allgemeine *Bildungsziele* auf. Sie benennen die *Kompetenzen*, welche die Schule ihren Schülerinnen und Schülern vermitteln muss, damit bestimmte zentrale Bildungsziele erreicht werden. Die Bildungsstandards legen fest, welche Kompetenzen die Kinder und Jugendlichen bis zu einer bestimmten Jahrgangsstufe erworben haben sollen. Die Kompetenzen werden so konkret beschrieben, dass sie in Aufgabenstellungen umgesetzt und prinzipiell mit Hilfe von *Testverfahren* erfasst werden können. (Klieme et al. 2003, 19)

Die Bildungsstandards sind also ein „zentrales Gelenkstück" (Klieme et al. 2003, 19) zwischen den allgemeinen Zielen und den tatsächlichen Leistungen der Schülerinnen und Schüler. Durch sie soll die Kluft zwischen den normativen Vorgaben und den empirischen Ergebnissen überbrückt werden, ohne das eine oder das andere aus den Augen zu verlieren. Für Lehrerinnen und Lehrer sind die Bildungsstandards deshalb ein „Referenzsystem für ihr professionelles Handeln" (Klieme et al. 2003, 19), weil sie an ihnen ihre Arbeit orientieren können.

## 2.2.2 Was leistet die Expertise?

Es scheint ein Anliegen der Verfasser der Klieme-Expertise zu sein, zwischen der idealistischen deutschen Bildungtradition („Bildungsziele") und dem pragmatisch orientierten anglo-amerikanischen Bildungsverständnis („Aufgaben und Tests") zu vermitteln. Deshalb bezeichnet Tenorth Kompetenzmodelle als „eine adäquate Umsetzung eines zeitgemäßen Konzepts von Allgemeinbildung" (Tenorth 2003, 156).

Die Expertise versucht, ein Gleichgewicht zwischen beiden Traditionen herzustellen. Sobald das Modell zu der einen oder zu der anderen Seite aus der Balance gerät, droht hier ein überfordernder Idealismus, der den Blick auf die Realität scheut und das Scheitern vieler Schülerinnen und Schüler im besten Fall verdrängt, im schlechtesten Fall billigend in Kauf nimmt; und dort droht ein pragmatischer Reduktionismus, bei dem die Schule nichts mehr leistet als eine möglichst optimale Anpassung an die weitgehend durch ökonomische Mechanismen bestimmten Erfordernisse des Gesellschaftssystems. Die EKD-Bildungsdenk-schrift „Maße des Menschlichen" (vgl. Kirchenamt 2003) warnt deshalb zu Recht vor einer Verengung des Bildungsbegriffs. Nicht immer entgeht die Klieme-Expertise der Gefahr, den empirisch-pragmatischen Zugriff zu stark zu betonen.

Der schwerpunktmäßig auf kognitive Leistungen begrenzte Kompetenzbegriff der Expertise ist ambivalent zu beurteilen. Seine Stärke liegt darin, dass er

1. in der Tradition der Aufklärung von einem Menschenbild ausgeht, das im Gebrauch der geistigen Fähigkeiten die spezifische Weise der menschlichen Weltbegegnung und -aneignung sieht,

2. von vornherein funktional zugespitzt ist, d.h. auf seine Leistung bei der Erschließung von Wirklichkeit ausgelegt ist,

3. sich beschränkt auf einen Bereich, der präzise beschreibbar und überprüfbar ist, und nicht den Anspruch erhebt, alle menschlichen Tätigkeiten, Fähigkeiten und Fertigkeiten einzuschließen,

4. die Bedeutung anderer Fähigkeiten und Bereitschaften für die Wirklichkeitserschließung nicht ausklammert, sondern ihren Zusammenhang mit kognitiven Kompetenzen einbezieht,

5. nicht beansprucht, die Gesamtheit der Bildungsprozesse abzubilden, sondern sich mit einem Ausschnitt des Lehrens und Lernens bescheidet,

6. die Erlernbarkeit der kognitiven Fähigkeiten und Fertigkeiten unterstellt und damit den systematischen Lehr- und Lernprozessen eine entscheidende Aufgabe zuweist und zutraut.

Die Schwächen des Begriffs machen sich dann bemerkbar, wenn das gesamte Bildungssystem von ihm dominiert und alle Strukturen und Aktivitäten von ihm her bestimmt werden. In diesem Fall droht die Kompetenzorientierung,

▪ den Freiraum individueller Schwerpunktsetzungen zu begrenzen,

▪ die Interessenbildung von Schülerinnen und Schülern, die nachhaltige Lernprozesse überhaupt erst in Gang setzt, zu verhindern,

- das Spektrum der Lehr- und Lernprozesse unangemessen einzuschränken,
- das Leistungsvermögen der Schülerinnen und Schüler nur aus einem segmentierten Blickwinkel heraus wahrzunehmen und damit ihrer Persönlichkeitsentwicklung in allen ihren emotionalen und sozialen Dimensionen nicht gerecht zu werden.

Es wird entscheidend darauf ankommen, wie sich dieser Kompetenzbegriff „materialisiert", in welchen Strukturen, Aufgaben und Testverfahren er sich niederschlägt und in welcher Weise die Lehrerinnen und Lehrer mit den neuen Herausforderungen umgehen.

Überzeugend ist das Insistieren der Expertise auf Mindeststandards. Dass jeder Schüler, jede Schülerin in den verschiedenen Fächern den Mindeststandard erreicht, ist in einer Gesellschaft anzustreben, die in Aufnahme des Mottos der amerikanischen Bildungskampagne als politisches Ziel formuliert, dass kein Kind verloren gehen darf. Nur wenn dieses Ziel erreicht wird, besteht für die schwachen Schüler die Möglichkeit, selbstständig in dieser Gesellschaft zu überleben und ein selbstbestimmtes Leben führen zu können.

Neu und wesentlich ist die grundsätzliche Anwendungsorientierung, die mit dem Aufbau von systematischem Wissen verknüpft ist. Der Unterricht steht vor der Herausforderung, intelligente Lernsituationen herzustellen, die systematisch die Differenz von Wissen und Können überwinden. Dies muss und wird die Praxis des Unterrichts verändern.

Der Blick auf das Ergebnis von Lernprozessen ist im Rahmen der Qualitätssicherung des Bildungssystems prinzipiell als Gewinn zu bewerten. Mit Recht wird jedoch auf die Gefahr hingewiesen, dass Schule und Unterricht allein auf die Vorbereitung von Tests reduziert werden könnten und dass alles Übrige, das sich nicht in Tests erfassen lässt, für Zeitverschwendung erklärt wird.

Zudem befürchten manche Kritiker, dass Tests keineswegs eine Verbesserung der Unterrichtsqualität garantierten, und wenden mit einer inzwischen geläufigen Metapher ein, dass vom „vielen Wiegen allein ein Schwein nicht fett" werde. Trotz dieser nicht von der Hand zu weisenden Gefahren ist es m.E. notwendig, dass die Ergebnisse von Unterrichts- und Lernprozessen genauer als bislang in den Blick genommen und überprüft werden.

Sofern die Überprüfungs-Aufgaben tatsächlich kompetenzorientiert formuliert werden, stellen sie eine beachtliche Herausforderung sowohl für Lehrer und Lehrerinnen als auch für Schülerinnen und Schüler dar. Schülerinnen und Schüler haben einen Anspruch darauf, dass sie im Unterricht auf kompetenzorientiertes Arbeiten vorbereitet werden. Dies leistet ein Unterricht, der aktiviert, selbstständig macht und also tatsächlich dazu befähigt, in neuen Anwendungssituationen erlerntes Wissen und Können sinnvoll einzusetzen. Die Überprüfung von Kompetenzen zielt deshalb darauf, die Güte des Unterrichts nachhaltig zu steigern.

Aus der Perspektive der Fachdidaktiken, die lange Zeit eher am Rande der pädagogischen Diskussion standen, ist es zu begrüßen, dass diese durch die Notwendigkeit, fachspezifische Bildungsstandards festzulegen und Kompetenzmodelle auszuarbeiten, wieder stärker wahrgenommen werden. An ihnen liegt es, das Konzept fachspezifisch auszubauen, praktisch umzusetzen und die Ergebnisse zu evaluieren.

### 2.2.3 Bildungspolitische Auswirkungen

Zwei Jahre nach der Veröffentlichung der ersten PISA-Untersuchung beschloss die Kultusministerkonferenz im Dezember 2003 Bildungsstandards für Deutsch, Mathematik und die erste Fremdsprache für den mittleren Schulabschluss (Jahrgangsstufe 10) (vgl. KMK 2005, 5). Ein Jahr später kamen in den genannten Fächern Bildungsstandards für den Hauptschulabschluss und in Deutsch und Mathematik für den Primarbereich hinzu (vgl. KMK 2005, 5f.). Ebenfalls verabredet wurde die Einführung von Bildungsstandards für den mittleren Schulabschluss in den naturwissenschaftlichen Fächern Biologie, Chemie und Physik (vgl. KMK 2005,6).

Diese Bildungsstandards wurden in den darauf folgenden Schuljahren verbindlich in allen Ländern eingeführt. Ob es zur bundesweiten Einführung von Bildungsstandards in anderen Fächern kommen wird, lässt die Darstellung der KMK offen. Im

Oktober 2007 schließlich vereinbarten die Kultusminister, die Einheitlichen Prüfungsanforderungen für die Abiturprüfung (EPA) zu bundesweiten Bildungsstandards für die Abiturprüfung weiterzuentwickeln, zunächst in den Fächern Deutsch, Mathematik und erste Fremdsprache (Englisch/Französisch), ferner für die naturwissenschaftlichen Fächer (Biologie, Chemie, Physik). Dabei soll auch geprüft werden, wie die Bildungsstandards über die Festlegung von Leistungsanforderungen hinaus auch für die Unterrichtsentwicklung möglichst schnell und umfassend nutzbar gemacht werden können (vgl. KMK 2007).

Die KMK legte sich 2005 auf überwiegend abschlussbezogene, schulformübergreifende Standards fest (vgl. KMK 2005, 13). Sie folgt an vielen Punkten der Klieme-Expertise, hat sich aber auf Regelstandards als ersten Schritt geeinigt, weil „Mindeststandards erst nach einem längeren Prozess der Erfahrung im Umgang mit Bildungsstandards formuliert werden können" (KMK 2005, 14f.).

Regelstandards werden auf einem mittleren Anforderungsniveau beschrieben. Sie beschreiben das, was im Durchschnitt in der Regel von Schülerinnen und Schülern einer Jahrgangsstufe erreicht werden soll. Sie beruhen auf Einschätzungen der Praktiker aus Schule und Unterricht und müssen zukünftig validiert werden.

Nicht ganz eindeutig klärt die KMK das Verhältnis von Lehrplänen und Bildungsstandards: Auf der einen Seite wird hervorgehoben, dass Lehr- und Rahmenpläne sowie Curricula weiterhin in vollem Umfang ihre Bedeutung haben, indem sie den „Weg zur Zielerreichung beschreiben und strukturieren". Auf der anderen Seite sollen Kerncurricula formuliert werden, die aber nur eine „ergänzende" Funktion haben sollen (KMK 2005, 18).

Zur wissenschaftlichen Begleitung, Normierung und Überprüfung der Bildungsstandards richtete die KMK 2004 das „Institut zur Qualitätsentwicklung im Bildungswesen" (IQB) an der Humboldt-Universität zu Berlin unter Leitung von Prof. Olaf Köller ein. In Zusammenarbeit mit diesem Institut sollen die Länder die Einhaltung der Standards überprüfen. Dies kann u.a. durch die Einführung und Auswertung von zentralen Vergleichs- und Abschlussprüfungen geschehen. Zugleich wird die Teilnahme an internationalen Vergleichsuntersuchungen weiterhin angestrebt. –

Die Kultusministerkonferenz resümiert ihr entscheidungsfreudiges Vorgehen folgerichtig so:

Somit ist ein Paradigmenwechsel in der Bildungspolitik im Sinne von „outcome-Orientierung" Rechenschaftslegung und Systemmonitoring eingeleitet. (KMK 2005, 6)

Vergleichsarbeiten und Abschlussprüfungen haben schon jetzt die Schule nachhaltig verändert. Das Monitum, der Unterricht konzentriere sich auf das „teaching to the test", hat merklich an Plausibilität gewonnen, zumal es nachdrücklich gestützt wird auf entsprechende Hinweise aus dem anglo-amerikanischen Umfeld (vgl. Schirp 2006, Schlömerkemper 2004).

Dass sich in gleichem Tempo bereits die Unterrichtsqualität entsprechend positiv im Sinne eines kompetenzorientierten Unterrichts verändert hat, darf bezweifelt werden. Besonders Lehrerinnen und Lehrer klagen über die Diskrepanz zwischen der zusätzlichen Belastung durch Tests, Vergleichsaufgaben und Prüfungen auf der einen Seite und den geringen unterrichtlichen Möglichkeiten, differenziert auf die Ergebnisse einzugehen und Schülerinnen und Schüler individuell zu fördern, auf der anderen Seite.

Überdies zeichnet sich ab, dass die erhoffte Verschlankung der inhaltlichen Vorgaben nicht erreicht, sondern dass der bisher gewohnte „Lehrplan-Input" nun obendrein durch „Outcome-Kontrolle" ergänzt wird. Auch den bereits vorliegenden Kernlehrplänen wohnt eine Tendenz zur Aufblähung und stetigen Anreicherung von weiteren – für notwendig erachteten – Inhalten inne, die die Kompetenzorientierung ad absurdum zu führen droht. Es rächt sich, dass die KMK der Radikalität der Klieme-Expertise nicht gefolgt ist, sondern Ziel- und Stofforientierung mit Kompetenzorientierung vermischt hat.

Während die Klieme-Expertise ausdrücklich betont hat, dass Bildungsstandards nicht als Kriterium für „Notengebung, Zertifizierung und Selektionsentscheidungen" (Klieme et al. 2003, 48) missbraucht werden dürfen, scheint sich genau diese Praxis vielerorts durchzusetzen.

Mit der Konzentration der Bildungsstandards auf ‚Kernfächer' droht zudem eine Abwertung von anderen Fächern. Als ‚Nebenfächer' werden sie auch nebensächlich.

# 3. Kontroverse: Bildungsstandards für den RU?

## 3.1 „Religion" in der Klieme-Expertise

In der Klieme-Expertise ist nur an einer einzigen Stelle von Religion die Rede und dort auch nur in einer abgedruckten Graphik von Jürgen Baumert (vgl. Klieme et al. 2003, 68).

Baumert hatte seinen – auf Herders Bildungsverständnis rekurrierenden – Ansatz bereits 2002 in einem Vortrag unter dem Stichwort „Struktur eines Kerncurriculums" skizziert (vgl. Baumert 2002). Er differenzierte zwischen unterschiedlichen Formen der Rationalität, von denen jede in besonderer Weise im menschlichen Handeln zur Geltung komme. Die kognitiv-instrumentelle Rationalität der Mathematik, der Technik und der Naturwissenschaften stellte er neben die ästhetisch-expressive in Kunst, Literatur, Musik und der körperlichen Übung, die evaluativ-normative Logik des Rechts, der Wirtschaft und der Gesellschaft steht neben den „Fragen des Ultimaten", die im Horizont „konstitutiver Rationalität" zu bearbeiten sind (vgl. Baumert 2002, 7).

Die unterschiedlichen Rationalitätsformen eröffnen jeweils eigene Horizonte des Weltverstehens, die für Bildung grundlegend und nicht wechselseitig austauschbar sind. Schulen moderner Gesellschaften institutionalisieren die reflexive Begegnung mit jeder dieser unterschiedlichen menschlichen Rationalitätsformen. (Baumert 2002, 7)

Damit entwirft Baumert ein stimmiges Konzept für „die latente Struktur eines kanonischen Orientierungswissens, das die Grundlage moderner Allgemeinbildung darstellt" (Baumert 2002, 7). Insgesamt bilden also die Fächer diese „Modi der Weltbegegnung" (Baumert 2002, 7) ab, auch wenn die Auswahl und der Zuschnitt von Unterrichtsfächern und der Inhalte kulturell bedingt sehr unterschiedlich sein können. Bei der Institutionalisierung des Zugangs zu religiös-konstitutiven Fragen konstatiert Baumert die größten kulturabhängigen Unterschiede, zumal in diesem Bereich nicht einmal in jedem Fall der Vorrang des reflexiven Zugangs selbstverständlich sei.

Dieses auf die Modi der Weltbegegnung bezogene Orientierungswissen korreliert Baumert mit basalen Kulturwerkzeugen. Daraus ergibt sich folgende Matrix (Baumert 2002, 11; Klieme et al. 2003, 68):

Grundstruktur der Allgemeinbildung und des Kanons

| Modi der Weltbegegnung (Kanonisches Orientierungswissen) | Basale Sprach- und Selbstregulationskompetenzen (Kulturwerkzeuge) | | | | |
|---|---|---|---|---|---|
| | Beherrschung der Verkehrssprache | Mathematisierungskompetenz | Fremdsprachliche Kompetenz | IT-Kompetenz | Selbstregulation des Wissenserwerbs |
| Kognitiv-instrumentelle Modellierung der Welt<br>Mathematik<br>Naturwissenschaften | | | | | |
| Aesthetisch-expressive Begegnung und Gestaltung<br>Sprache/Literatur<br>Musik/Malerei/Bildende Kunst<br>Physische Expression | | | | | |
| Normativ-evaluative Auseinandersetzung mit Wirtschaft und Gesellschaft<br>Geschichte<br>Ökonomie<br>Politik/Gesellschaft<br>Recht | | | | | |
| Probleme konstitutiver Rationalität<br>Religion<br>Philosophie | | | | | |

Baumert ordnet die Probleme konstitutiver Rationalität primär den Fächern Philosophie und Religion zu und begründet damit ihr Eigenrecht im Fächerkanon. Diese Zuordnung ist nicht unumstritten (vgl. Tenorth 2005, 45), sondern hängt davon ab, ob eher der Bildungsbegriff Humboldts oder der Herders in Anspruch genommen wird. Die Klieme-Expertise verhält sich an dieser für den RU neuralgischen Stelle unentschieden.

Baumert hat dieses Konzept bisher nicht weiter ausgeführt. Allerdings ist es wohl weniger so zu verstehen, dass Philosophie und Religion die Aufgabe zugewiesen wird, „problematisch werdendes Wissen in den anderen Modi der Weltorientierung in seinem Charakter, seinen Konstitutionsbedingungen und in seinen Grenzen" (Nipkow 2005, 118) zu durchleuchten und nach dem „Charakter von ‚Rationalität' überhaupt zu fragen, nach dem, was sie ‚konstitutiv' begründet" (Nipkow 2006, 21) – so Karl Ernst Nipkow in seiner Interpretation der Klieme-Expertise. Damit erhielten Philosophie und Religion „Aufgaben quer zu den anderen Lernbereichen" (Nipkow 2005, 118) und bildeten eine Art „Meta-Fächer".

Auch wenn diese aufklärungskritische Problemstellung immer auch einen Aspekt des Philosophieunterrichts und RUs ausmacht, so scheint Baumert selbst eher grundlegende anthropologische Fragen im Blick zu haben, die „das Woher, Wohin und Wozu des menschlichen Lebens" (Baumert 2002, 7) betreffen. Es liegt freilich nahe, mit dem Komplex des „Ultimaten" auch Kants elementare Fragen „Was kann ich wissen?", „Was soll ich tun?" und „Was darf ich hoffen?" (Kant 1781, A 805/B 833) zu verbinden.

Festzuhalten ist, dass sich von der Klieme-Expertise her ein Rückgriff auf Baumert anbietet, der dem Fach Religion die unausweichliche, systematische Auseinandersetzung mit Fragen konstitutiver Rationalität zuweist und ihm daher einen ausgewiesenen unvertretbaren Ort im Fächerkanon der Schule zubilligt.

## 3.2 Religionspädagogische Reaktionen

Noch bevor sich die religionspädagogische Diskussion entfalten konnte, reagierte die deutsche Bischofskonferenz überraschend schnell. Bereits im September 2004 verabschiedete sie kirchliche Richtlinien für Bildungsstandards in der Sekundarstufe I (vgl. Bischofskonferenz 2004). Damit steckte sie den Rahmen sowohl für die religionspädagogische Arbeit ab als auch für die konkreten administrativen Vorhaben der Länder. Inzwischen ist dieser Rahmen auch auf die Primarstufe (vgl. Bischofskonferenz 2006) und die Oberstufe (vgl. EPA KR 2006) ausgeweitet worden.

Für den Kenner kirchlicher Strukturen kaum überraschend verlief der Rezeptionsprozess im evangelischen Bereich anders. Auf unterschiedlichen Ebenen (religionspädagogische Wissenschaft, kirchliche Ausschüsse und Expertengruppen, Lehrplankommissionen) wurde die Debatte um Bildungsstandards und Kompetenzen im evangelischen Raum aufgenommen: kontrovers, ungleichzeitig und unkoordiniert. Einzelne und Gruppen entwickelten Kompetenzmodelle, formulierten Bildungsstandards und legten Aufgabenbeispiele vor. Die universitäre Bearbeitung des Themas ist noch in vollem Gange, doch fast zeitgleich gibt es erste Lehrpläne auf der Basis von Kompetenzmodellen. Die in den verschiedenen Kompetenzmodellen formulierten Bildungsziele sind erwartungsgemäß strittig, manchmal werden Kompromisse gesucht und gefunden, zuweilen laufen die Diskussionsstränge auch einfach aneinander vorbei. Fazit: Die Lage ist nach wie vor unübersichtlich.

Die evangelische Religionspädagogik nahm sich des Themas rasch an. So veranstaltete der Arbeitskreis für Religionspädagogik zwei Tagungen (2003 und 2004) zu diesem Thema (vgl. Rothgangel/Fischer 2004). Die dort gehaltenen Vorträge und Diskussionen haben die Arbeit an der Begründung von Kompetenzmodellen und deren Ausgestaltung sowie die Formulierung von Bildungszielen und -standards für den RU vorangetrieben. Zeitgleich berief das Comenius-Institut Münster eine Expertengruppe, die einen Vorschlag für ein Kompetenzmodell für den RU sowie Bildungsstandards für den mittleren Schulabschluss erarbeiten sollte (vgl. Fischer/Elsenbast 2006). Teilweise in Personalunion wurden die bundesweiten Einheitlichen Prüfungsanforderungen in der Abiturprüfung Katholische Religionslehre und Evangelische Religionslehre auf der Grundlage eines Kompetenzansatzes neu formuliert und im November 2006 von der KMK beschlossen (vgl. EPA ER 2006; vgl. EPA KR 2006).

Noch vor einer endgültigen religionspädagogischen Durchdringung wurden in einigen Bundesländern die Richtlinien und Lehrpläne für die verschiedenen Schulformen im Fach Evangelische Religionslehre auf der Basis unterschiedlicher Kompetenzmodelle revidiert. Den Vorreiter bildete hierbei Baden-Württemberg: Innerhalb des neuen Bildungsplans von 2004, der einen grundsätzlichen Paradigmenwechsel für Schule und Lernen anstrebt (vgl. Ministerium BW 2004), hat das Land auch für das Fach Evangelische Religionslehre einen kompetenzorientierten Bildungsplan vorgelegt und Bildungsstandards formuliert.

Auch in anderen Bundesländern liegen erste kompetenzorientierte Lehrpläne vor, z.b. in Mecklenburg-Vorpommern für das Gymnasium in Jahrgangsstufe 11 und 12, bzw. wird an entsprechenden Lehrplänen gearbeitet. In Niedersachsen gibt es beispielsweise kompetenzorientierte Formulierungen in den neuen Rahmenrichtlinien für alle Schulformen (vgl. Niedersächsisches Kultusministerium 2003). Für die Grundschule wurde sogar ein eigenes Kompetenzmodell für den RU entwickelt (vgl. Niedersächsisches Kultusministerium 2006).

Seit Kurzem sind erste kompetenzorientierte Religionsbücher auf dem Markt bzw. in Vorbereitung (vgl. Kirchhoff et al. 2007; Koretzki/Tammeus 2008, Kraft et al. 2005a, 2005b; Petri/Thierfelder, 2006; Schmidt, 2007), die in unterschiedlicher Weise Anregungen für eine unterrichtspraktische Umsetzung geben.

## 3.3 Argumente:
## Warum Skepsis gegenüber dem kompetenzorientierten RU angebracht ist

Die ungetrübte Handlungsfreude der Administration, die noch keineswegs erschöpft ist, sondern künftig wohl erst zur Hochform auflaufen wird, hat das Nachdenken darüber, ob es überhaupt sinnvoll ist, den RU kompetenzorientiert und ausgerichtet an Bildungsstandards zu gestalten, längst überrollt. Sie hat aber nicht verhindern können, dass sich an manchen Orten und auf unterschiedlichen Ebenen bei evangelischen Religionspädagogen und Praktikern auch eine deutliche Distanz zu dem anstehenden Paradigmenwechsel bemerkbar machte. Die variantenreich geäußerte Kritik bezieht sich schwerpunktmäßig auf fünf Aspekte:

- auf das Verhältnis von Bildung und Standards,
- auf die Gefahr der Reduktion von Lernprozessen im RU auf Kompetenzen und Standards,
- auf die Renaissance der früheren Lernzielorientierung in einem neuen Gewand,
- auf die fehlende praktische Realisierbarkeit,
- auf das Problem der Überprüfbarkeit.

### 3.3.1 Argument 1: „Bildung ist etwas anderes als Kompetenzerwerb" – Wider die Gefahr der Ökonomisierung der Bildung

3.3.1.1 In grundsätzlicher Weise nimmt die 2003 – also zeitgleich mit der Klieme-Expertise – erschienene Denkschrift der EKD „Maße des Menschlichen. Evangelische Perspektiven zur Bildung in der Wissens- und Lerngesellschaft" zur Frage eines neuzeitlichen Bildungsbegriffs Stellung. Es geht ihr darum, vernachlässigte Dimensionen des Bildungsauftrags zu klären und damit einer Vertiefung der Diskussion zu dienen. Gegenüber einem formelhaften und schillernden Gebrauch des Bildungsbegriffs versucht die Denkschrift, einen Beitrag zu einem mehrdimensionalen Verständnis von Bildung zu leisten.

Die evangelische Kirche fragt nach den Maßstäben, an denen Bildung in ihrer humanen Qualität zu messen ist. (Kirchenamt 2003, 9)

Sie will dabei die Voraussetzungen des Bildungsbegriffs in theologischer Perspektive beschreiben, in besonderer Weise die unterschiedlichen Lebenslagen von Kindern, Jugendlichen und Erwachsenen in Bildungsprozessen berücksichtigen und das „volle Spektrum der Aufgaben einer ‚zeitgemäßen Bildung'" (Kirchenamt 2003, 10) diskutieren. Dabei kommen grundlegende anthropologische Prämissen ins Spiel, die es verbieten, Bildung auf optimale Funktionalität und Flexibilität zu beschränken:

Ohne Lebensgenuss und zweckfreie Kreativität, ohne Selbstentfaltung und Sorge für andere, ohne Freundschaft und Liebe, ohne das Streben nach Wahrheit und ohne jene innere Befriedigung, die aus Quellen wie der philosophischen Einsicht oder dem religiösen Glauben erwächst, verarmt menschliches Leben. Es wird sinnleer und vielfach auch so empfunden. (Kirchenamt 2003, 26)

Daraus leitet die Denkschrift ab, dass Bildung sich notwendig selbst überschreite und ihr insofern der Aspekt der Transzendenz und die Gottesfrage innewohne (vgl. Kirchenamt 2003, 85ff.). Gegenüber der Einschätzung, dass alles gegenwärtig zu erwerbende Wissen nur eine sehr überschaubare „Halbwertzeit" habe und dementsprechend alles Wissen schnell veralte, wendet die Denkschrift ein, dass es sehr wohl bleibendes, für das Leben des Einzelnen und das Zusammenleben der Menschheit zentrales

Wissen und Nachdenken gebe, z.B. die Gottesfrage, die Frage nach Gerechtigkeit und Solidarität, der Erhalt von Frieden oder der Umgang mit der Natur (vgl. Kirchenamt 2003, 27). In der Denkschrift werden als anthropologische Grundlagen schöpfungstheologische und rechtfertigungstheologische Leitlinien formuliert, an denen sich ein evangelisches Bildungsverständnis zu orientieren habe (vgl. Kirchenamt 2003, 58ff.).

Aus diesem theologisch begründeten Ansatz zieht die Denkschrift Konsequenzen: Dort, wo der umfassende Horizont von Ethik und Religion in Lernprozessen vernachlässigt und ausschließlich auf den Erwerb von praktikablen Kenntnissen, Fähigkeiten und Fertigkeiten abgehoben wird, verfehlt die Pädagogik zentrale Dimensionen des Menschseins:

Die Suche einer Lerngesellschaft nach ‚Qualifikationen' und ‚Kompetenzen' überschreitet ferner Grenzen, wenn (falls sie überhaupt in den Blick kommen) die Bedeutung von Moral und Religion pädagogisch auf ‚moralische' und ‚religiöse Kompetenzen' reduziert wird. Religion und Ethik sind keine direkt vermittelbaren ‚Fertigkeiten', vielmehr stellen sie vor Fragen, bei denen es um das gesamte menschliche Dasein geht. Beherrschbares und grundsätzlich Nicht-Beherrschbares, Verfügbares und grundsätzlich Nicht-Verfügbares sind auseinander zu halten. (Kirchenamt 2003, 70)

Die Denkschrift richtet sich also nicht grundsätzlich gegen Kompetenzen und Standards für den Unterricht, verweist aber auf deren begrenzte Reichweite, die den besonderen Bildungsauftrag des RUs nicht hinreichend erfassen kann, und warnt vor den Gefahren eines reduktionistischen Bildungsverständnisses (vgl. auch Korsch 2006). Gleichwohl setzt sich die Denkschrift für ein differenziertes Leistungsverständnis ein, in dem einerseits die unantastbare Würde des Menschen vor aller Leistung zum Ausdruck kommt, andererseits Leistungsfähigkeit und Anstrengungsbereitschaft gefördert werden. Dazu sind Bedingungen zu schaffen, die Leistung anregen:

[E]s geht um „bildendes Lernen" durch verbesserte Unterrichtsqualität, den Abbau sozialer Schranken und die Stärkung der Eltern und Familien. (Kirchenamt 2003, 26)

Für unseren Kontext sind m.E. folgende Überlegungen wesentlich:

1. Gegen ein Verständnis von Lernen, das allein an den gegenwärtigen und zukünftigen gesellschaftlichen Notwendigkeiten ausgerichtet ist, also vorwiegend technisch-funktional ist, setzt die Denkschrift ein Verständnis von Lernen, das als „bildendes Lernen" (Kirchenamt 2003, 14 u.ö.) beschrieben wird.

Darin kommt – unter Rückgriff auf humanistische Bildungstraditionen – zum Ausdruck, dass es das Subjekt selbst ist, das sich bildet. Die Gegenwart des sich bildenden Subjekts darf nicht für die Zukunft aufgeopfert werden („auf Vorrat lernen") – so formuliert die Denkschrift in Aufnahme Friedrich Schleiermachers (vgl. Kirchenamt 2003, 63). Die Verfasser der Denkschrift räumen zwar selbstverständlich ein, dass nicht jeder Lerngegenstand jederzeit als unmittelbar bedeutsam erscheint, insgesamt aber müsse Lernen als persönlich sinnvoll erfahren werden. Bildendes Lernen ist sinnvolles Lernen. Es bedeutet:

einhalten, nachdenken, sich sammeln, Zeit lassen zum Begreifen, zu sich selbst kommen – und so auch zu den Sachen. (Kirchenamt 2003, 63)

Dass Bildung Zeit brauche, Phasen des Schaffens und der Muße, wird immer wieder hervorgehoben. Besonders der Gedanke der Rhythmisierung von Lernzeit ist für die Schulpraxis anregend: „Rhythmisierung" kann erstens bezogen werden auf die *großen Rhythmen der Schule* (Schuleingang, Schulwechsel, Schulabschluss). Sie kann zweitens den *Rhythmus des Schuljahres* bezeichnen, der einerseits durch den christlichen Festkreis und die damit verbundenen Ferienzeiten, andererseits durch schulische Phasen größerer und geringerer Anspannung, z.B. durch Vorbereitungen und Korrektur von Klassenarbeiten oder Klausurphasen, gekennzeichnet ist. Schließlich richtet sie sich drittens aber auch auf den *wöchentlichen Rhythmus*, den *Tagesrhythmus* und sogar auf den *Rhythmus einer Unterrichtseinheit*, in denen es gleichfalls gelingen muss, zwischen Phasen höchster Konzentration und Anstrengung und Phasen größerer Gelassenheit zu wechseln. Diese Schnittstellen sollten bewusst gestaltet werden, hier haben spirituelle Angebote einen besonderen Platz. In alledem kann der Leitgedanke nicht die immer größere Verdichtung und Verkürzung sein, sondern es muss Zeit gegeben werden für Nachdenklichkeit und Muße, die umfassende Bildung erst ermöglichen.

2. In der Denkschrift wird eine Definition von Bildung in einem umfassenden Sinn vorgelegt:

Die evangelische Kirche versteht Bildung als *Zusammenhang von Lernen, Wissen, Können, Wertbewusstsein, Haltungen (Einstellungen) und Handlungsfähigkeit im Horizont sinnstiftender Deutungen des Lebens.* (Kirchenamt 2003, 66)

Ähnlich wie in der Klieme-Expertise – nur mit anderem Vokabular – nimmt auch diese Definition den Zusammenhang von Lernen und Können, Wissen und Handeln auf. Zur Bildung gehört aber gleichrangig auch eine ethische Orientierung, die sich in wertbestimmten Haltungen und Einstellungen artikuliert. Denn die Perspektive für alle Bildungsprozesse ist nach der Auffassung der Denkschrift ein „Horizont sinnstiftender Deutungen des Lebens" (Kirchenamt 2003, 66). Dabei hält sie ihren Ansatz bewusst offen. Es wird nicht festgelegt und inhaltlich, z.b. christlich, bestimmt, welche sinnstiftenden Deutungen gemeint sind.

Die Definition lädt ein, sich in einer pluralen Gesellschaft über sinnstiftende Deutungen zu verständigen, sie aber in jedem Fall als Horizont von Bildungsprozessen in den Blick zu nehmen. Mit der Kategorie „Sinn" wird ein Begriff in die Bildungszieldebatte eingetragen, der sich sperrig zu anderen Zielformulierungen verhält. Darum ist es für die Denkschrift unverständlich, dass in internationalen Planungsdokumenten, die Bildungsziele beschreiben wollen, die Perspektiven des Ethos, der philosophischen Reflexion und der Religion fehlen (vgl. Kirchenamt 2003, 69).

3. Im Zusammenhang mit dieser Definition unterscheidet die Denkschrift zwischen Verfügungswissen und Orientierungswissen. Verfügungswissen meint die Anwendung von inhaltlichen und methodischen Kompetenzen, so wie man eine mathematische Formel anwendet, um ein bestimmtes Problem zu lösen.

Orientierungswissen ist dagegen inhaltlich wertendes Wissen, das eine spezifische Ausrichtung hat (z.B. die Perspektive von Gerechtigkeit und Solidarität) und Leitlinien benötigt, um praktisch werden zu können. Orientierungswissen umfasst Einsichten, die es ermöglichen, sich im Leben zurechtzufinden, aber auch solche, die dem Leben selbst Richtung und Sinn geben.

Auch damit ist wieder die Ebene von Bildungszielen angesprochen: Welche Orientierung braucht Wissen heute, um im beschriebenen Sinn „gebildet" zu sein? Die Beantwortung dieser Frage ist strittig, um sie muss gesellschaftlich gerungen werden.

In unserem Zusammenhang ist zu erörtern, wie Verfügungs- und Orientierungswissen aufeinander zu beziehen sind (vgl. Elsenbast/Götz-Guerlin/Otte, 2005, 7). Weder steht die Unterscheidung von Verfügungs- und Orientierungswissen im Gegensatz zur Einforderung von Kompetenzen und Standards noch ist der Kompetenzansatz mit Verfügungswissen gleichzustellen. Vielmehr ist zu prüfen, inwiefern Bildungsstandards auch zur Aneignung von Orientierungswissen hilfreich sein können. Bildungsstandards und Kompetenzmodelle müssen sich daran messen lassen, ob sie mit einem anspruchsvollen Bildungsbegriff, wie ihn die EKD-Denkschrift formuliert, kompatibel und zu ihm anschlussfähig sind.

3.3.1.2 Karl Ernst Nipkow nimmt das Bildungsverständnis der Denkschrift auf und entfaltet es in zwei Richtungen.

Gegen das an Kompetenzen orientierte Lernen setzt Nipkow die Selbstreflexivität des sich bildenden Subjekts. Es gehe um den Lernweg des Subjekts, dessen „Reflexionsstufen" (Nipkow 2005, 129) im Unterricht zu begleiten sind. Daher sei der Unterricht vor allem auf eine Kultur der Nachdenklichkeit angewiesen, die Freiheit und Zeit brauche:

Religion, Philosophie und andere Fächer sollten nicht nur zu einer leistungsstarken, sondern auch zu einer nachdenklichen Schule beitragen. (Nipkow 2005, 111)

Der Aufbau von Kompetenzen ziele dagegen nicht auf das sich bildende Subjekt und seinen Lernweg, sondern erinnere im Unterschied zur Wegmetaphorik an „Betonstrebebautechnik" (Nipkow 2005, 129). Die Subjektorientierung aber sei entscheidend für das Profil des RUs.

Neben diese Kritik an der fehlenden Subjektorientierung tritt bei Nipkow eine grundsätzliche Kritik am Kompetenzbegriff. Dieser meine im Kern nichts anderes als die Fähigkeit, Probleme zu lösen, und sei damit die Wiederkehr eines verkürzt verstandenen problemorientierten Ansatzes. Ebenso wenig wie dieser reiche auch der Kompetenzansatz aus:

Ein solcher Ansatz genügt nicht Religion, sofern diese ihrer Eigenlogik nach nicht in einzelnen Fähigkeiten zur ‚Problemlösung' in Situationen aufgeht, schon gar nicht in der erfolgreichen Bewältigung (coping) von Problemen. (Nipkow 2005, 133)

Aufgrund dieser beiden Kritikpunkte kommt Nipkow zu einem sehr grundsätzlichen und entschiedenen Urteil:

Das Konzept der Bildungsstandards genügt in der vorliegenden Form prinzipiell nicht für das Verständnis von Bildung als eines lebensgeschichtlichen „Erfahrungs- und Reflexionsprozesses" […]. (Nipkow 2005, 129)

Tatsächlich ist die von Nipkow avisierte Gefahr bei einer einseitigen und pragmatisch reduzierten Lesart der Klieme-Expertise nicht zu leugnen und wird bei ihrer administrativen Umsetzung nicht immer vermieden. Sie ist aber nicht notwendig mit dem Kompetenzbegriff verbunden. Im Gegenteil: Durch die Kompetenzorientierung kommen – anders etwa als bei einer Orientierung an Inhalten oder Lernzielen – die Schüler und Schülerinnen als Subjekte in den Blick. Es geht um Herausforderungen und Anforderungen, denen Schüler und Schülerinnen in ihrem gegenwärtigen und zukünftigen Leben begegnen und denen sie gewachsen sein sollten. Kompetenzorientiertes Unterrichten stellt daher das lebensbedeutsame Lernen der Schülerinnen und Schüler in das Zentrum des Evangelischen RUs.

Auch die Gleichsetzung von Kompetenzorientierung mit Problemorientierung ist nicht aus der Klieme-Expertise abzuleiten. Zwar wird in der entsprechenden Definition von Weinert von „erlernbaren kognitiven Fähigkeiten und Fertigkeiten, bestimmte Probleme zu lösen" (Klieme et al. 2003, 72) gesprochen, dies wird aber erläutert als die Fähigkeit, „konkrete Anforderungssituationen eines bestimmten Typs" (Klieme et al. 2003, 72) zu bewältigen. Die Expertise zielt mit dieser Erläuterung darauf, den Zusammenhang von Wissen und Können, Lernen und Handeln zu sichern, und öffnet deshalb den Begriff des Problems. Welche „konkrete[n] Anforderungssituationen eines bestimmten Typs" für den Unterricht relevant sind, ist fachdidaktisch zu bestimmen.

Im RU kommen vielfältige Anforderungssituationen zur Sprache, die mit den Kategorien „Problem und Lösung" – da ist Karl

Ernst Nipkow zuzustimmen – tatsächlich nicht zu fassen sind. Das Spektrum solcher Situationen reicht von kulturell vermittelten Zitaten aus der christlichen Tradition bis hin zu religiösen Texten und Zeugnissen, die sinnerschließende Fähigkeiten voraussetzen, von gesellschaftlich umstrittenen ethischen Fragen bis hin zur Einforderung einer Stellungnahme zur eigenen religiösen Position, von politisch komplexen Konflikten, in denen religiöse Momente eine Rolle spielen, bis hin zu existenziellen Grundfragen nach dem Woher und Wohin menschlichen Lebens. Die Identifizierung und Beschreibung solcher Anforderungssituationen und ihre unterrichtliche Realisierung in kompetenzbezogenen Lernprozessen setzt daher einen differenzierten didaktischen Reflexionsprozess voraus.

3.3.1.3 Wenn von Input und Outcome, von Standards, Tests und Qualitätsmanagement gesprochen wird, dann liegt der Eindruck nahe, es gehe um ein modernes Wirtschaftsunternehmen und nicht um Bildung. Die in der Klieme-Expertise überwiegend verwendete Sprache ist nüchtern und funktional – vielleicht ein Reflex auf die überbordende idealistisch geprägte Sprachform deutscher Pädagogik, sicher aber auch Ausdruck eines profilierten Verständnisses von Bildung und Schule in einer globalisierten, maßgeblich von ökonomischen Gesichtspunkten bestimmten kapitalistischen Gesellschaft zu Beginn des 21. Jahrhunderts. Die Sorge ist nicht unbegründet, dass sich in dieser Sprachform auch ein spezifischer Zugriff auf Wirklichkeit ausdrückt, an den theologische und pädagogische Anfragen zu stellen sind.

Energischen Widerspruch gegen die Gefahr einer Ökonomisierung der Bildung hat Bernhard Dressler in seinem Aufsatz „Menschen bilden? Theologische Einsprüche gegen pädagogische Menschenbilder" geäußert.

Bildung wird nun gegenwärtig – jedenfalls überwiegend in der Bildungspolitik – als ein technisch und ökonomisch zu bearbeitendes Feld der Entwicklung und Pflege von ‚Human-Kapital' gesehen, das der Standort Deutschland im globalisierten Markt benötigt. (Dressler 2003, 261)

Die Pädagogik weiche einem Grundsatzstreit aus, verzichte auf ein „explizites pädagogisches ‚Menschenbild'" (Dressler 2003, 263), habe sich weitgehend auf unverfängliche Arbeitsfelder zurückgezogen, falls sie sich nicht dem bildungspolitischen Mainstream dann doch als Stichwortgeberin zur Verfügung stellt. (Dressler 2003, 262)

Dieser Entwicklung stellt Dressler einen aus der Perspektive der Rechtfertigungslehre schöpfungstheologisch begründeten Bildungsbegriff entgegen: Als Gottes Ebenbild ist jedem Menschen – unabhängig von Alter, Geschlecht, Beruf oder Bildungsgrad – unbedingte Würde zugesprochen, jede/r ist beim Namen gerufen, jede/r ist Person. Die Personalität des Menschen hängt nach Dressler nicht an seiner Bildung, auch nicht an seiner Bildungsfähigkeit. Sie ist unveräußerlich. Als Teil der gefallenen Schöpfung sei der Mensch aber zugleich erlösungsbedürftig. In der Anerkennung dieser Erlösungsbedürftigkeit liege die Möglichkeit begründet, als freie Geschöpfe im Gegenüber zu Gott zu existieren.

Subjekt muss der Mensch im Prozess seiner Bildung erst werden, Person ist er immer schon. (Dressler 2003, 265)

Freiheit ist deshalb nach Dressler Ziel und Voraussetzung pädagogischen Handelns:

Damit ist ein Zirkel allen pädagogischen Handelns angesprochen: Es setzt aus Achtung vor der Unverfügbarkeit des Ebenbildes Gottes dessen Freiheit voraus, und es strebt als Ziel von Bildung und Erziehung allererst die Befähigung zur Freiheit an. (Dressler 2003, 267)

Es gehe in allem um „*verdankte* Freiheit" (Dressler 2003, 269): „verdankt" im Unterschied zu allen Versuchen, sich selbst zu erlösen und sich zu behaupten; aber eben auch um Freiheit, die dem Menschen ermöglicht, selbstbestimmt zu leben – „*zugesprochene* Autonomie" (Dressler 2003, 269). Wenn die mit der Geschöpflichkeit des Menschen verbundenen Grenzen anerkannt werden, so betont Dressler, führe dies nicht dazu, das Subjekt schwach zu machen, sondern das Subjekt in diesen Grenzen zu stärken. Mit diesem Ansatz tritt die Theologie mit kritischen Fragen an die Pädagogik heran:

Wo schlagen Bildungsideale in Vollkommenheitsansprüche um, die die Endlichkeit und Fehlbarkeit des Menschen ausblenden? Wo schreibt sich die Pädagogik selbst quasireligiöse Aufgaben des Heils, innerweltliche Erlösungsansprüche zu? Wo schlagen Subjektivitätsideale in Individualisierungskonzepte um, die die Sozialität des Menschen ignorieren und seiner Fähigkeit zur Solidarität nichts zutrauen? Wo werden Bildungsziele auf Qualifikationsmerkmale reduziert, mit denen Menschen für Zweckkalküle funktionalisiert und daher in ihrer Würde verletzt werden? (Dressler 2003, 270f.)

Die Theologie habe darum die Pädagogik immer daran zu erinnern, dass „Bildung nur dann funktional sein kann, wenn sie nicht nur funktional ist" (Dressler 2003, 271).

### 3.3.2 Argument 2: „RU ist *mehr*" – Das Beste geht verloren

Wie sich die grundlegende Verhältnisbestimmung von Bildung und Kompetenzen konkret für den RU auswirken kann, wird von Religionspädagogen und Praktikern kritisch kommentiert.

So warnt Friedrich Schweitzer vor einer Verabsolutierung des Kompetenzbegriffs. Auch wenn er den Übergang zu kompetenzorientiertem Arbeiten im RU insgesamt positiv beurteilt, sei ein differenzierter Kompetenzbegriff notwendig, mit dem neben inhaltlichen und formalen Kompetenzen „einstellungsbezogene Kompetenzen" (Schweitzer 2004, 238) beschrieben werden können:

Ohne existentiellen Bezug sind jedenfalls im Bereich religiöser Bildung alle inhaltlichen und formalen Kompetenzen ziemlich sinnlos, nicht zuletzt für die Kinder und Jugendlichen selbst! (Schweitzer 2004, 238)

Eben dieser existenzielle Bezug mache das Proprium des RUs aus und gehöre deshalb zu dem Unverfügbaren der pädagogischen Begegnung:

Am Ende darf bei der Umstellung auf kompetenzorientierte Arbeitsweisen sowie auf Bildungsstandards nicht aus dem Blick geraten, dass das Wichtigste und Beste am RU, aber auch an der Schule sich gerade nicht in Kompetenzen oder Standards ausdrücken lässt. Für ihr Aufwachsen brauchen Kinder und Jugendliche Erfahrungen und Begegnungen, Einsichten und Anstöße, die sich nicht operationalisieren oder messen lassen. (Schweitzer 2004, 240f.)

Schweitzers Anliegen scheint mir grundsätzlich berechtigt; die Erweiterung des Kompetenzbegriffs, die er vorschlägt, dient jedoch der Sache nur begrenzt. Zwar schließt die Definition des

Kompetenzbegriffs der Klieme-Expertise Emotionalität, Haltungen und Einstellungen mit ein, sie zielt aber vor allem auf kognitive Dispositionen. Baumert fasst diesen Vorrang der Reflexion in der Schule prägnant zusammen:

Auch wenn Lernprozesse unauflöslich in emotionales und motivationales Geschehen eingebettet sind, steht die Schule doch unter dem Primat des Kognitiven, und zwar mit höherem Alter der Schüler und Schülerinnen zunehmend. (Baumert 2002, 6)

Oft genug überschreitet der RU diesen Bereich – immer dann nämlich, wenn Schülerinnen und Schüler merken: „Hier geht es um mich, um mein Leben, um mein Leben mit anderen in unserer Gesellschaft", wenn sich also der Gegenstand des RUs existenziell erschließt. Ob aber dieses „Mehr" tatsächlich als Kompetenz dargestellt werden kann und sollte, ist fraglich. Kompetenzen sind lern- und überprüfbar – diese Bedingung gehört zum Kompetenzbegriff unaufhebbar dazu. Schweitzers Rede von „einstellungsbezogene[n] Kompetenzen" droht genau diese Grenze des Kompetenzbegriffs zu verwischen. – In dieselbe Richtung weist der Einspruch Albrecht Willerts:

Es könnte sein, dass das Fach RU für SchülerInnen gerade seinen Charme darin besitzt, dass „überprüfbare und testbare Kompetenzen" nur einen Bruchteil dessen ausmache[n], was in ihm ansteht und die Agenda bestimmt. (Willert 2004, 248)

Nun wird sich ein Schulfach dauerhaft nicht durch den Charme, den es bei Schülerinnen und Schülern besitzt, legitimieren können, dennoch akzentuiert auch diese Beobachtung ein wichtiges Moment: Die Einführung von Kompetenzen und Standards darf nicht den gesamten Unterricht dominieren, Freiheiten und Freiräume des Fachs sind auch unter den Vorzeichen von Bildungsstandards und Kompetenzorientierung zu wahren. Es muss Raum bleiben für aktuelle Interessen und persönlich bedeutsame Fragen von Schülerinnen und Schülern, es muss Zeit geben für Erfahrungen, die nicht überprüft und getestet werden.

Andererseits sollte die Berufung auf das „Mehr" des RUs nicht dazu benutzt werden, sich den Anforderungen eines kompetenzorientierten Unterrichts zu entziehen. Gerade weil das „Mehr" häufig nicht planbar ist, sollte umso mehr Energie in die Planung des didaktisch Machbaren gesetzt werden. Denn Schülerinnen und Schüler, die fachliche Kompetenz im RU entwickelt haben, werden in ganz anderer Weise ein existenzielles Verhältnis zu den Gegenständen gewinnen können.

Der Eindruck, dass Religion ein „Laberfach" sei, bei dem es einzig darauf ankomme, die richtige (d.h. die der Meinung des Lehrers entsprechende) „Meinung" zu haben, lässt sich wohl weniger dadurch entkräften, dass dauernd die Andersartigkeit des RUs behauptet wird, als vielmehr durch den Nachweis tatsächlich gewonnener Kompetenzen von Schülerinnen und Schülern.

Die Gefahr, dass die Ausrichtung an Standards den gesamten RU beherrschen kann, lassen besonders die Schilderungen aus Großbritannien erkennen (vgl. Rudge 2004). Seit den 1990er Jahren wird dort der Unterricht auf Standards verpflichtet. Linda Rudge, Dozentin am Keswick Hall Centre of Religious Education in Norwich, bilanziert:

Unterrichtsbeobachtungen […] belegen in überwältigender Weise jedenfalls die Hypothese, dass die Standards zwar höher geworden sein mögen, dass aber die persönliche (spirituelle) Entwicklung sowohl bei der Lehrer- als auch bei der Schülerschaft rückläufig ist. (Rudge, 2004, 222)

So nachvollziehbar diese Einschätzung auf den ersten Blick scheint und so sehr diese Einschätzung den Befürchtungen vieler deutscher Religionslehrerinnen und Religionslehrer entspricht, so unklar wird sie bei näherer Betrachtung: Nicht klar ist, was genau Linda Rudge mit „persönliche (spirituelle) Entwicklung" meint und ob dies ein zentrales Ziel des RUs an einer öffentlichen Schule sein kann; außerdem ist die Validität der Beobachtungen schwer einzuschätzen.

Die Standardformulierungen für den RU in Großbritannien sind darüber hinaus stark inhaltslastig und entsprechen einem differenzierten Kompetenzbegriff nur teilweise (vgl. Klieme et al. 2003, 31–35). In anderen Darstellungen wird zudem vermerkt, dass es „an vielen Stellen zu einer deutlichen Qualitätsverbesserung im RU" (Elsenbast/Fischer/Schreiner 2004, 26) gekommen sei.

Zwar wird auch in diesem Erfahrungsbericht darauf hingewiesen, dass der Testansatz rückwirkend den Unterricht bestimmt: Es werden die Dinge getestet und entsprechend dann auch unterrichtet, die sich „relativ leicht und kostengünstig (!) durch standardisierte Tests messen lassen" (Pachler 2002, 10). Zugleich wird aber auch festgestellt, dass der Prozess in Großbritannien noch nicht abgeschlossen ist. Zwei Lehren können aus den Erfahrungen in Großbritannien dennoch bereits jetzt gezogen werden:

1. Standards und Standardisierung dürfen nicht den gesamten RU dominieren, damit die „Rückwirkung einer Ergebnisnormierung auf die Prozessgestaltung" (Nipkow 2005, 113) in Grenzen gehalten werden kann.

2. Standardformulierungen bedürfen komplexer Kompetenzmodelle und herausfordernder Aufgaben, damit sie positivproduktiv auf Unterrichtsqualität und -entwicklung einwirken können.

RU ist „mehr" – die Sorge, dass die Festlegung von Bildungsstandards und die Einführung der Kompetenzorientierung zu einer reduktionistischen Verengung des RUs führen können, ist ernst zu nehmen; die Wirklichkeit eines an Kompetenzen und Standards orientierten RUs ist daher wachsam zu beobachten.

Gleichwohl bin ich davon überzeugt, dass die Freiräume und das „Mehr" den RUs weder bildungstheoretisch begründen noch bildungspolitisch sichern können. Statt das „Mehr" gegen Kompetenzen und Standards auszuspielen und das eine auf Kosten des anderen hervorzuheben, kommt es eher auf eine ausgewogene Balance zwischen Kompetenzen und Standards einerseits und offenen Phasen des Unterrichts andererseits an, in denen die nachdenkliche Reflexion und der freie Austausch über Erfahrungen im Mittelpunkt stehen:

Nicht alles kann, nicht alles muss in Kompetenzen ausgedrückt werden, aber der Bereich kompetenzorientierter Unterrichtsprozesse dürfte größer sein, als es zunächst den Anschein hat.

Kompetenzorientierung schützt vor der Überforderung, dass es im RU immer um das „Mehr" – das Besondere, das Herausragende – geht. Auch im RU ist vieles schlicht zu lernen und einzuüben. Damit empfiehlt sich kompetenzorientierter RU als alltagstaugliches Konzept, das die Voraussetzungen für tief gehende persönliche Lernprozesse im Bereich religiöser Bildung schafft.

### 3.3.3 Argument 3: „Lernziele in neuem Gewand" – Das hat es alles schon gegeben

Vielfach wird davor gewarnt, dass dem RU sachfremde Kategorien und Konzepte übergestülpt werden, wenn er sich an Kompetenzen ausrichtet (vgl. Schröder 2006, 91). Nicht selten wird auf die Irrwege des lernzielorientierten Unterrichts verwiesen und befürchtet, es handele sich bei der Kompetenzorientierung nur um dessen modernisierte Neuauflage.

Tatsächlich gibt es Überschneidungen der heutigen Debatte mit der von Saul B. Robinsohn 1967 propagierten „Bildungsreform als Revision des Curriculum". Robinsohn bestimmte als Ziel schulischer Lernprozesse die „Ausstattung zur Bewältigung von Lebenssituationen", für die bestimmte Qualifikationen erworben werden sollten. Von den prognostizierten Qualifikationen seien dann die Bildungsinhalte der Curricula „in optimaler Objektivierung" neu zu definieren (Robinsohn 1975, 45).

Zu erinnern ist in diesem Zusammenhang etwa an Siegfried Vierzigs Versuch, den lernzieltheoretischen Ansatz für den RU zu nutzen. In seinen Anfang der 1970er Jahre erschienenen Thesen leitete er aus dem Globalziel der

Fähigkeit, die religiöse Frage in den jeweiligen Entscheidungs- und Konfliktsituationen zu stellen und in Auseinandersetzung mit vorgegebenen Antworten religiöser und weltanschaulicher Traditionen vornehmlich der biblischen Botschaft zu einer eigenen Antwort zu kommen (Vierzig 1970, 12),

zahlreiche untergeordnete Lernziele ab und propagierte als übergeordnete Bildungsvorstellung die „Emanzipation" der Schülerinnen und Schüler. Die Unterrichtskonzepte, die auf diesen Lernzielen fußten, hatten allerdings mit Emanzipation wenig zu tun, sondern unterwarfen die Schüler einem behavioristischen Lernkonzept, in dem in einem kleinschrittigen Lernprozess operationalisierte Ziele ausgewiesen und angestrebt wurden (vgl. Lenhard 2007, 109). Insgesamt ist zu konstatieren, dass der Versuch, die Revision des Curriculums auf der Grundlage einer durchgehenden Lernzielorientierung zu betreiben, aus unterschiedlichen Gründen gescheitert ist (vgl. Fischer/Elsenbast 2006, 8f.; Klieme et al. 2003, 64).

Vergleicht man das Lernzielkonzept mit der Kompetenzorientierung, trifft der Hauptvorwurf, man handele sich damit ein technokratisches Unterrichtsdesign ein, nicht zu. Das Gegenteil ist der Fall: Während im lernzielorientierten Ansatz der Lernweg der Schülerinnen und Schüler und auch der Lehrprozess der Lehrerinnen und Lehrer durch detaillierte Unterziele straff festgelegt wurde, soll beim kompetenzorientierten Ansatz der Lernweg möglichst vielfältig gestaltet und den Notwendigkeiten und Möglichkeiten der Schüler vor Ort angepasst werden. Wenn die langfristigen Ziele des Unterrichts verbindlich vorgegeben sind, sind die Wege dahin variabel. Während es beim lernzielorientierten Ansatz um eine möglichst genaue Ausstrichelung der Lernziele ging, steht im Mittelpunkt des kompetenzorientierten Ansatzes die Förderung selbstständigen Lernens. Daher eröffnet die Kompetenzorientierung die Chance, vielfältige Lehr- und Lernprozesse zu nutzen.

Eine Gleichsetzung von Lernzielorientierung und Kompetenzorientierung ist also sachlich unbegründet. Der Hinweis auf den gescheiterten lernzielorientierten Weg kann aber bei der Arbeit an Kompetenzmodellen und der Festlegung von Bildungsstandards vor der Gefahr der Überregulierung warnen.


### 3.3.4 Argument 4: „Keiner weiß, wie es geht" – Das haben wir schon immer so gemacht

Es hat den Anschein, als verdankten sich ein Teil der Einwände gegen kompetenzorientiertes Lehren und Lernen schlicht der Tatsache, dass die von der Bildungsadministration eingeforderten Standards, Kerncurricula, Prüfungen und Tests als eine Art lästiger, aufgepfropfter Überbau betrachtet wird, der mit dem eigentlichen Kerngeschäft des Pädagogen nichts oder nur wenig zu tun haben.

Insbesondere ältere Kolleginnen und Kollegen registrieren in einer Art Abwehrhaltung, dass ihnen ein angeblicher Paradigmenwechsel zugemutet wird, von dessen Sinn und Tragweite sie nicht überzeugt sind. Was vor PISA guter Unterricht war, ist nach PISA kein schlechter – so lautet die auf den ersten Blick durchaus plausible These. Warum soll also der eigene Unterricht nun umgestellt werden, wenn er bisher durchaus ansehnliche Ergebnisse und eine hohe Zufriedenheit sowohl der Schüler als auch des Lehrers bewirkt hat? Auch bisher haben die Schüler nachweisbar Wissen erworben und Qualifikationen ausgebildet, die ihnen halfen, ihr eigenes Leben zu bestehen. Das schulsystemeigene Beharrungsvermögen trägt ein Übriges dazu bei, dass der Riesentanker Unterricht sich nur schwer in eine andere Richtung als bisher bewegt.

Vor allem aber ist vielen Lehrerinnen und Lehrern unklar, was sich denn konkret eigentlich ändern muss, wenn der Erwerb von Kompetenzen Leitgedanke der Unterrichtsplanung und Unterrichtsdurchführung werden soll. Was bedeutet es, „den Bildungsgang der Schüler vom Ende her zu denken und einen in sich stimmigen Lehr-/Lernprozess zu konzipieren, in dessen Verlauf die erforderlichen Kompetenzen sukzessive und mit wachsendem Ausprägungsgrad erworben werden können" (Lenhard 2007, 107)?

Für die Vielzahl der Lehrer, die ihren Unterricht bisher unter den Gesichtspunkten konzipiert haben: „Welchen Stoff muss ich vermitteln? Welche Aufgaben- und Fragestellungen, welche Ansätze und Positionen, welche Aspekte und Argumente will ich mit den Schülern durchnehmen?", bedeutet die Umstellung auf die neue Perspektive: „Welche Kompetenzen will ich durch die Auseinandersetzung mit einem spezifischen Thema fördern, ausbauen, entwickeln, entfalten, ausdifferenzieren?" (Lenhard 2007, 107) eine tief greifende Verunsicherung.

Ihre bisherige Strategie des Lehrens wird zwar nicht vollständig in Frage gestellt, muss sich aber nun vorrangig auf die Schüler und ihre Lernprozesse ausrichten. Dazu kommt, dass die religionspädagogische und unterrichtspraktische Materialproduktion (vgl. Breitel et al. 2006; Ziener 2006; Kirchhoff et al. 2007; Koretzki/Tammeus 2008; Kraft et al. 2005a, 2005b; Möller 2008; Petri/Thierfelder, 2006; Schmidt, 2007) schon auf hohen Touren läuft, aber unter dem Label „Kompetenzorientierung" durchaus auch fragwürdige und strittige Produkte auf den Markt kommen, die traditionelle Modelle oft nur anders benennen und attraktiv verpacken.

Eine Verständigung darüber, worin sich kompetenzorientiertes Lehren und Lernen von herkömmlichem unterscheidet, ist daher ein dringendes Desiderat religionspädagogischer Konkretisierungsbemühungen. Vor allem aber sollten der Zusammenhang von RU und Kompetenzerwerb empirisch überprüft und fachbezogene Kriterien für die Qualität kompetenzorientierten Lehrens und Lernens entwickelt werden.

### 3.3.5 Argument 5: „Als ob sich alles kontrollieren ließe …" – Prüfungen sind nichts Neues

Der letzte Diskursbereich ist von einer ambivalenten Argumentation geprägt. Auf der einen Seite wird – analog zu der These, das „Wichtigste und Beste" sei nicht in Kompetenzen auszudrücken – betont, dass sich der RU gerade dadurch auszeichne, dass er nicht permanent die Leistungen der Schüler überprüfe, sondern ihnen Freiräume zum offenen Gespräch, für Erfahrungen und Interaktion, für kreative Gestaltung und Gefühlsausdruck eröffne. Auf der anderen Seite wird, etwa von dem Saarbrücker Religionspädagogen Bernd Schröder, ins Feld geführt, dass „Einheitlichkeit der Maßstäbe, Vergleichbarkeit, Überprüfbarkeit, Output-Orientierung […] hinsichtlich der Allgemeinen Hochschulreife bereits Tradition und Konsens" seien (Schröder 2006, 92).

Ob hinter der Skepsis gegenüber Leistungsanforderungen im RU ein dezidiert theologischer Vorbehalt im Sinne der Rechtfertigungslehre steht oder ob die Reserve mancher Lehrer aus der puren Not – der Angst vor Abmeldungen – geboren ist, mag dahingestellt sein. Jedenfalls paart sich in dieser Zurückhaltung gegenüber der Überprüfung des Unterrichtserfolgs nicht selten die Ansicht, das Fach RU hebe sich von den anderen Unterrichtsfächern in spezifischer Weise ab, mit der fatalen Konsequenz, die Resultate des Faches seien deshalb auch nicht an einem feststellbaren Lernertrag ablesbar.

Umgekehrt darf bezweifelt werden, dass das durch zentrale Vorgaben detailliert geregelte Abitur notwendig auch den Blick der Lehrer auf die Kompetenzen einschließt, die in der Oberstufe erworben werden sollen. Eher ist zu vermuten, dass sich der Unterricht „weitgehend auf die materiale Abarbeitung bestimmter theologischer Positionen und Entwürfe, auf die Erschließung zentraler Texte und Themen konzentriert, deren Kenntnis im Abitur vorausgesetzt wird" (Lenhard 2007, 107).

Erlernbare Kompetenzen müssen auch im RU aller Schulformen und -stufen überprüft und – wo es sinnvoll ist – bewertet werden. In diesem Punkt kann und darf der RU keine Sonderrolle im Ensemble der übrigen Schulfächer spielen. Und es ist zu wünschen, dass für diesen Zweck nicht nur geeignete und valide Aufgabenstellungen entwickelt werden, sondern jeder einzelne Lehrer in die Lage versetzt wird, selbstständig angemessene Formen der Überprüfung zu entwerfen.

Allerdings steht die diagnostische Funktion solcher Überprüfungen in einem kompetenzorientierten Unterricht im Vordergrund; sie richtet sich auf den Lernprozess der einzelnen Schüler und stellt die Rückfrage an den Lehrer, was er zur gezielten Förderung der Kompetenzen in seinem Unterricht tun kann. Insofern ist die Notwendigkeit der Überprüfung von Kompetenzen letztlich eine Anfrage an die professionelle Handlungsfähigkeit des Religionslehrers.

## 3.4 Plädoyer: Warum es sich lohnt, kompetenzorientiert zu unterrichten

Häufig wird zunächst ein politisch-strategisches Argument für Standards und Kompetenzen genannt: Der konfessionelle RU stehe in der Öffentlichkeit zunehmend unter Legitimationsdruck, in der Bildungspolitik und Bildungsplanung gerate er immer mehr ins Abseits (deutlich wird dies etwa an Stundenkürzungen und Lehrermangel), in vielen Schulen werde er eher als lästiges Übel (z.B. wegen der Schwierigkeiten, die er im Stundenplan bereite) denn als Bereicherung wahrgenommen. Angesichts dieser Marginalisierung sei es wichtig, dass sich der RU offensiv in die bildungstheoretische und bildungspolitische Debatte einbringe und sich den Herausforderungen, die Kompetenzorientierung und Bildungsstandards mit sich bringen, öffentlich stelle (vgl. Becker 2003, 189; Schröder 2006, 90).

So richtig dieses politisch-strategische Argument sicherlich ist – man könnte es auch apologetisch-legitimatorisch nennen –, so wenig trägt es inhaltlich. Nicht jeder Außenanforderung sollten Theologie und Religionspädagogik genügen, es gibt Zumutungen, denen man nicht entsprechen darf, auch wenn es möglicherweise die institutionelle Sicherheit kosten könnte. Es müssen also inhaltliche Argumente hinzutreten, die von der Religionspädagogik bzw. vom RU her begründen, warum Kompetenzorientierung und Bildungsstandards den RU weiterbringen.

### 3.4.1 These 1: Kompetenzorientierung schärft das Profil des RUs

Die Religionspädagogik beteiligt sich mit einem ausgeprägten Bildungsverständnis am gesellschaftlichen Diskurs über Bildungsziele. Sie versteht sich dabei auch als Warnerin und Mahnerin, die dafür eintritt, Bildungsprozesse nicht auf dem Altar der Ökonomie und Effizienz zu opfern, sondern die Kinder und Jugendlichen als Subjekte der Bildung nicht aus dem Blick zu verlieren. Diese Haltung schließt den Versuch ein, genauer zu bestimmen, warum religiöse Bildung notwendig zur allgemeinen Bildung gehört und was sie konkret dazu beiträgt. Diesen Beitrag kann sie nur dann näher bestimmen, wenn sie sich für den Diskurs über Bildungsstandards und Kompetenzorientierung öffnet, der durchaus Anknüpfungsmöglichkeiten etwa im Sinne der Baumert'schen Modi der Weltbegegnung bietet.

Ein inhaltliches Profil erhält der RU dann, wenn er nach *außen* zeigen kann, was er in der öffentlichen Schule als gleichberechtigtes, aber auch als den Normen der Schule in gleichem Maße verpflichtetes Fach zu leisten in der Lage ist. Vollmundige Beschwörungen unverfügbarer und wertvoller Bildungserlebnisse helfen dabei nicht weiter, sondern nur der konkrete Nachweis, dass der RU auf einem hohen inhaltlichen Niveau, mit innovativen Lehr- und Lernkonzepten sowie mit nachvollziehbaren Ergebnissen zur aufgeklärten Mündigkeit der Schüler beiträgt. Er muss sich den Anforderungen und Zumutungen der öffentlichen Schule stellen, ohne seine evangelische Perspektive aufzugeben.

Nach *innen* hin gewinnt der RU dann an Gewicht, wenn er das, was die Schüler in ihm lernen können, offenlegt und die Schüler, Eltern und auch die Kollegen zu der Überzeugung gelangen, dass der RU mit der Lebenszeit der Kinder und Jugendlichen sorgsam umgeht und sie nicht für Allotria vergeudet. Wenn der RU einleuchtend begründet, welche Kompetenzen sich Schüler für den Umgang mit lebensgeschichtlich zentralen Anforderungen aneignen können, und wenn er darüber hinaus diese Kompetenzen auch tatsächlich vermittelt, muss ihm um sein Profil im Konzert der Fächer nicht bange sein.

### 3.4.2 These 2: Kompetenzorientierung nötigt zur Verständigung über verbindliche Anforderungen

Schon in der Vergangenheit gaben Lehrpläne und Richtlinien Auskunft darüber, was im RU unterrichtet werden sollte. Die auf den staatlichen Vorgaben fußenden Religionsbücher bieten eine Fülle von Materialien aller Art, die einen medial anregend gestützten, lernförderlichen Unterricht begünstigen. Gleichwohl lässt sich ein Missverhältnis zwischen „Input" und Ergebnissen konstatieren.

### Exkurs: Was können Schülerinnen und Schüler nach 10 Jahren RU? – Ein empirisches Projekt

Um die Kenntnisse und Fertigkeiten der Schülerinnen und Schüler zu Beginn der Arbeit in der Oberstufe empirisch zu überprüfen, wurde am Oberstufen-Kolleg an der Universität Bielefeld seit 2003 zu Beginn der Arbeit in den Religionskursen eine Fragebogenerhebung durchgeführt, die die Kenntnisse und Fähigkeiten von Schülerinnen und Schülern am Ende der Sekundarstufe I und zu Beginn der Sekundarstufe II dokumentieren soll.

Die Erhebung ist ein Projekt im Rahmen fachdidaktischer Lehrerforschung (vgl. Keuffer/Henkel 2005), hat bislang noch den Status eines *Pretests* und beansprucht nicht, repräsentativ zu sein. Mittlerweile sind 228 Schülerinnen und Schüler befragt worden. Die Schülerinnen und Schüler haben vor dem Oberstufen-Kolleg unterschiedliche Schulformen besucht: überwiegend Realschulen, Gesamtschulen und Gymnasien, wenige haben ihren Abschluss an einer Hauptschule absolviert. Dazu kommen noch Schüler, die keine Qualifikation für die Oberstufe haben, aber nach abgeschlossener beruflicher Ausbildung im Oberstufen-Kolleg aufgenommen werden. Insgesamt dürfte also der Leistungsstand der Schülerinnen und Schüler zu Beginn der Ausbildung am Oberstufen-Kolleg eher niedriger sein als der von Schülerinnen und Schülern, die durchgehend ein Gymnasium besucht haben.

Die Kollegiatinnen und Kollegiaten, die Kurse in Evangelischer Religionslehre belegen, sind zwar mehrheitlich evangelisch (44,25%); es nehmen aber auch verhältnismäßig viele katholische Schüler und Schülerinnen (21,24%) an unseren Kursen teil, dazu eine recht große Gruppe, die nach eigener Angabe keiner Religion angehört (18,58%), sowie eine kleinere Gruppe orthodoxer Schüler (3,54%) und Kollegiaten moslemischen (immerhin 6,19%) oder jüdischen Glaubens (0,44%). Die übrigen Schüler gehören einer anderen christlichen Konfession (3,98%) bzw. einer anderen Religion an (1,77%).

Der eingesetzte Fragebogen besteht aus zwei Teilen: Im ersten werden die jeweilige Einstellung zur eigenen Religion (Bedeutung, Praxis), die bisherige Teilnahme am RU in der Mittelstufe, die Beurteilung des miterlebten RUs, die Begründung, warum die Schülerinnen und Schüler Evangelische Religion und nicht Philosophie gewählt haben, sowie Erwartungen, die sie mit diesem Religionskurs verbinden, erhoben.

Der bisher besuchte Unterricht wird überwiegend positiv beurteilt: Am häufigsten wird als Begründung genannt, dass der RU abwechslungsreich und interessant gewesen sei und in ihm mit kreativen Methoden gearbeitet worden sei. Häufig genannt wird auch der Religionslehrer bzw. die Religionslehrerin. Positiv beurteilt wird, dass man etwas über andere Religionen erfahren hat und dass nicht nur mit der Bibel gearbeitet worden ist. Dies wird allerdings von einigen Schülerinnen auch ausdrücklich als Grund genannt, warum ihnen der bisherige RU nicht gefallen habe.

Der RU wird als „relaxed" beurteilt, er sei „stressfrei" gewesen, man habe sich in ihm wohlgefühlt. Negativ wird das häufige Wiederholen bestimmter Unterrichtsreihen genannt, dass der Unterricht „chaotisch" war, dass nur bestimmte Meinungen ernst genommen wurden und dass spezifisch theologische Themen nicht Gegenstand des Unterrichts waren – in der Sprache der Schüler: „dass das Thema Gott, Kirche nie so wirklich vorkam".

Im zweiten Teil des Fragebogens werden Kompetenzen auf drei Ebenen ermittelt: zunächst auf der Ebene der Entschlüsselung von religiösen Anspielungen in nicht-religiösen Kontexten. Die erste Aufgabe enthält eine Anspielung auf die biblische David-und-Goliath-Geschichte in einer Zeitungsüberschrift:

**David siegt über Goliath**
FSC Versmold schlägt Bayern München mit 2:1

27,2% der befragten Kollegiatinnen und Kollegiaten haben die Anspielung vollständig erkannt und richtig interpretiert. Im Großen und Ganzen ist die biblische David-und-Goliath-Geschichte bekannt (48,2%), immerhin 12,3% interpretieren die Anzeige falsch oder können mit der Anzeige nichts anfangen.

Bei der zweiten Aufgabe steht die Entschlüsselung einer Werbeanzeige für eine bestimmte Automarke im Mittelpunkt, die mit einer Anspielung auf das erste Gebot arbeitet:

Zwar erkennen hier viele Kollegiaten den Bezug zum ersten Gebot (39,5% haben partielle Kenntnisse, 12,3% interpretieren die Anzeige teilweise richtig, 25% vollständig richtig), deuten aber dennoch die Anzeige falsch. Ein Beispiel: Ein Schüler schreibt: „Wer an Gott glaubt, soll sich einen Honda kaufen."

Auf der zweiten Ebene geht es um elementare Wissensfragen, die sich auf das Christentum, aber auch auf den Islam und das Judentum beziehen. Die Fragen bewegen sich bewusst auf einem niedrigen Niveau: Hier dürfte, so war die Annahme, kein Schüler, der in der Regel zehn Jahre am RU teilgenommen hat, Schwierigkeiten haben. Erstaunlich viele Schülerinnen und Schüler antworten dennoch nicht bzw. falsch. Besonders schwer fallen ihnen Fragen zum Judentum und zur Reformation.

Noch problematischer sind die Ergebnisse des dritten Aufgabenbereichs, in dem es am Beispiel eines Gleichnisses (Lk 13, 18–21) um methodische Fähigkeiten im Umgang mit biblischen Texten geht. Die überwiegende Mehrheit antwortet, dass es ihnen leid tue, aber dass sie weder wüssten, wie man vorgehen solle, noch was das abgedruckte Gleichnis zu bedeuten habe. In Zahlen ausgedrückt: 51,8% können auf die Frage nach möglichen Methoden im Umgang mit den abgedruckten Gleichnistexten keine Auskunft geben bzw. antworten falsch. Eine richtige Idee, was Jesus mit dem Gleichnis sagen will, haben nur 9,2% der Kollegiatinnen und Kollegiaten. 39,9% antworten falsch und 32,5% geben keine Antwort.

Die Ergebnisse dieses *Pretests* bestätigen die Vermutung, dass es bei vielen Schülerinnen und Schülern eklatante Lücken gibt, und zwar in verschiedenen Kompetenzbereichen. Bei den bisher ausgewerteten Fragebögen besteht zwar ein Zusammenhang zwischen der Teilnahme am RU in den Klassenstufen 5–10 und den Ergebnissen, dennoch geben auf die Frage nach der Bedeutung des Gleichnisses immerhin 41,3% der Schüler, die regelmäßig am RU teilgenommen haben, eine falsche Antwort und 24,8% antworten gar nicht. Noch weniger lässt sich ein signifikanter Zusammenhang zwischen der eigenen Einstellung zur Religion und den gezeigten Kompetenzen nachweisen.


Für den RU wäre viel gewonnen, wenn das, was Schülerinnen und Schüler zu einem bestimmten Zeitpunkt ihrer Schullaufbahn können sollen, verbindlich vereinbart würde. Dies gilt besonders für den Unterricht in der Sekundarstufe I. Bisher scheint es eher in das Belieben des Religionslehrers gestellt, welche Themen er etwa in den Jahrgangsstufen 7–10 behandelt.

Dass er dabei allzu oft vom guten Willen der Schüler und ihrer Bereitschaft, trotz der Abmeldemöglichkeit am RU teilzunehmen, abhängig ist, verschärft das Problem. Denn sobald konkrete Lern- und Leistungsforderungen auf die Schüler zukommen, droht der Unterricht wie eine Reihe Dominosteine zusammenzufallen, was der Lehrer gelegentlich nur dadurch verhindern kann, dass er in Themenwahl und Anforderungen den Schülern entgegenkommt. Die systembedingte Balance zwischen Anpassung an die Interessen der Schüler und sachbezogenen Ansprüchen kann vom einzelnen Lehrer nur mit Mühe austariert werden.

Stattdessen ist eine Verständigung in der Fachkonferenz bzw. Fachschaft darüber notwendig, wie die am Ende der Sekundarstufe I nachzuweisenden Kompetenzen in der Schullaufbahn aufgebaut, sukzessive gefestigt und ausdifferenziert werden können. Die Kolleginnen und Kollegen einer Schule werden daher ein schulinternes Konzept für Kompetenzentwicklung im RU ausarbeiten und realisieren müssen. Damit einher geht die Verabredung über verbindliche Inhalte des Unterrichts in den verschiedenen Jahrgangsstufen, die der Beliebigkeit entzogen sind. Andererseits sind Freiräume für Themen offen zu halten, die je nach Situation und Interesse ergänzend aufgenommen werden können. Auch diese Themen sind allerdings auf die Kompetenzentwicklung zu beziehen.

Es würde allerdings eine Überforderung für die Kollegen vor Ort bedeuten, sollte ihnen die Ausarbeitung eines kompletten Lehrplans zugemutet werden. Notwendig sind daher Rahmenvorgaben, mit denen ein übergeordnetes Kompetenzmodell eingeführt und dieses in einem Kerncurriculum konkretisiert wird.

In jedem Fall müssen die Schüler von vornherein wissen, was im RU auf sie zukommt und was von ihnen erwartet wird. Je mehr ihnen bewusst ist, dass der RU wie jedes andere Fach selbstverständlich auch auf Lernen und Können ausgerichtet ist, und je klarer sie ihre eigenen Lerngewinne wahrnehmen, desto eher werden sie bereit sein, sich auf diese „Normalität" einzulassen, vor allem dann, wenn ihnen deutlich wird, dass ihnen die erworbenen kognitiven Fähigkeiten und Fertigkeiten auch bei der Bearbeitung von existenziellen Sinn- und Wertfragen, bei der Suche nach Orientierungen und beim Umgang mit lebenswichtigen Problemen und Situationen zu Gebote stehen.

### 3.4.3 These 3: Kompetenzorientierung hält Wissen und Können, Lernen und Handeln zusammen

Der Kompetenzbegriff geht von einem Zusammenhang von Wissen und Können aus, der sich in der Bewältigung konkreter Anforderungssituationen bewährt. Die Stoßrichtung des Ansatzes zielt zum einen auf die oft kritisierte Anhäufung deklarativen Wissens, das unsystematisch, funktions- und kontextlos von Schülern nur zum Zwecke der Wiedergabe etwa in Klassenarbeiten abgespeichert und genauso schnell wieder vergessen wird. Kompetenzen werden erst dadurch erworben, dass bereichsspezifisches Wissen systematisch aufgebaut, miteinander verbunden und mit Handlungssituationen verknüpft wird.

Zum anderen beharrt der Kompetenzbegriff darauf, dass die primäre, ausgezeichnete Weise der Weltbegegnung und Welterschließung der kognitive Zugang ist. Für den RU bedeutet dies zunächst einmal die Abkehr von der verbreiteten Klage über die „Verkopfung" des Unterrichts, bei der unterschwellig eine Missachtung geistiger Tätigkeit mitschwingt und der Ton des Unterrichts auf Emotionalität, Sozialität und praktizierte Religiosität gelegt wird.

Im Unterricht geht es dagegen vorrangig um die geistige Auseinandersetzung mit Religion. Allerdings ist diese geistige Arbeit nicht als Aneignung von Fakten und isolierten Kenntnissen aufzufassen, sondern als Klärung von bedeutsamen Situationen, in denen sich spezifische Anforderungen an das Handeln und Verhalten der Schüler stellen. Dieser Prozess ist als Lernprozess konzipiert, in dem funktionale Kenntnisse erworben und auf dieser Grundlage Fähigkeiten und Fertigkeiten ausgebildet werden können. Lernen im RU ist daher prinzipiell darauf gerichtet, die Handlungsfähigkeit der Schüler in religiös bedeutsamen Kontexten zu erweitern. Nicht für den Unterricht soll gelernt werden, sondern für die Bewährung in lebenspraktischen Zusammenhängen.

Kompetenzorientierung zieht einen veränderten RU nach sich. Es bedarf besonderer didaktischer Anstrengung, damit die Verschränkung von Wissen und Können gelingen kann. Statt von den Inhalten her zu denken, wird der Religionslehrer bzw. die Religionslehrerin bei der Planung des Unterrichts von gegenwärtigen und zukünftigen Situationen ausgehen, in denen Schülerinnen und Schüler vor besonderen Herausforderungen stehen, die Kompetenzen religiöser Bildung erfordern.

Solche anspruchsvollen Kontextualisierungen sind keineswegs nur als methodisches „Absprungbrett" zu verstehen, sondern als didaktisch qualifizierte Lerngelegenheit, in der gemeinsam mit den Schülern reflektiert wird, welche Kenntnisse und Kompetenzen nötig sind, wie sie erworben werden können und auf welchem Weg sie eingeübt, gesichert und für den künftigen Gebrauch verfügbar gemacht werden können.

### 3.4.4 These 4: Kompetenzorientierung geht vom lernenden Subjekt aus

Subjekte des kompetenzorientierten RUs bleiben die Schülerinnen und Schüler (vgl. im Folgenden Obst/Lenhard 2006, 56–58). Es ist ihr Leben und es ist ihre Welt, für deren Aneignung, Gestaltung und Reflexion der RU Orientierungen und Fähigkeiten vermittelt. – Lehrkräfte im RU gehen von der

Überzeugung aus, dass in jedem als Gottes Ebenbild geschaffenen Menschen Potentiale liegen, die darauf warten, fruchtbar gemacht zu werden. (Huber, W. 2004)

Sie fördern deshalb die Schülerinnen und Schüler in differenzierter Weise, damit diese von ihren Potenzialen Gebrauch machen und verantwortlich und selbstbestimmt leben können. Damit streben sie eine „Befähigungsgerechtigkeit" (Huber, W. 2004) an.

Schüler als Subjekte des Evangelischen RUs sind Gestalter ihrer eigenen Lernprozesse. Sie müssen daher Gelegenheiten bekommen, sich konstruktiv an der Planung der Lernwege, der Lerninhalte und Ziele, an der selbstständigen Aneignung von Wissen und Können, an der Präsentation der Ergebnisse, an der Beurteilung ihrer Lernerfolge und an der Reflexion über das Gelingen des Lehr-Lern-Prozesses zu beteiligen.

Die Schüler als Subjekte des Evangelischen RUs wahrzunehmen, bedeutet, die individuellen Lernprozesse der einzelnen Schülerinnen und Schüler zu organisieren, zu fördern und zu begleiten. Es kommt darauf an, die Gegenstände des RUs mit der

Lebensgeschichte und den eigenen Erfahrungen, den Interessen und dem Vorwissen der Schüler zu verhaken und über die Lebensbedeutsamkeit des neuen Wissens Auskunft zu geben. Lebensbedeutsamkeit erweist sich daran, ob das zu erwerbende Wissen hilft, elementare Fragen mit religiösen Dimensionen zu bearbeiten, mögliche Aufgaben und Herausforderungen des religiös pluralen Alltags zu bewältigen und die eigene Religiosität und das eigene Handeln zu reflektieren.

### 3.4.5 These 5: Kompetenzorientierung begünstigt vernetzendes nachhaltiges Lehren und Lernen

Im kompetenzorientierten Unterricht geht es nicht um kurzfristige Lernleistungen, sondern um nachhaltige Lernprozesse. Nachhaltig ist der Kompetenzerwerb, wenn Wissen, Fähigkeiten, Fertigkeiten und Einstellungen nicht nur punktuell und aktuell abrufbar sind, sondern langfristig verankert werden. Nachhaltige Lernprozesse setzen zum einen voraus, dass der gesamte Bildungsgang im RU als strukturierte Einheit begriffen wird. Damit scheidet eine beliebige Abfolge von nicht miteinander verbundenen Themen ebenso aus wie etwa eine sporadische und beziehungslose Behandlung von Bibelstellen. Das Desiderat sequenziellen Lernens muss daher auch auf der Ebene des Curriculums eingelöst werden, wenn es zu einer Nachhaltigkeit der Lernergebnisse kommen soll.

Zum anderen sind aber auch die konkreten Lernprozesse im RU selbst im Sinne kumulativen Lernens anzulegen. Kompetenzorientiertes Arbeiten legt besonderen Wert auf einübende und wiederholende Vernetzung von Wissen und Verankerung von Fähigkeiten. Solches Lernen ist auch auf Sicherungsformen, wie etwa Portfolios, angewiesen, die den individuellen Lernfortschritt und die erbrachten Leistungen, aber auch die Anforderungen und Aufgabenstellungen über längere Zeiträume hinweg dokumentieren. Nicht um eine quantitative Ansammlung des Erlernten geht es dabei, sondern darum, die gewonnenen Kompetenzen in möglichst vielfältigen Zusammenhängen unter Beweis zu stellen und auch über einen längeren Zeitraum auf sie zurückgreifen zu können.

### 3.4.6 These 6: Kompetenzorientierung sichert
### die Qualität des Unterrichts

Es kann Religionslehrerinnen und Religionslehrern, Religions-
pädagoginnen und Religionspädagogen nicht gleichgültig sein,
welche Ergebnisse der RU hervorbringt. In der Religionspädagogik überwog über Jahrzehnte hin ein Interesse an normativen
Überlegungen zum RU: Welche Bildungsaufgaben soll der RU
erfüllen? Erst langsam tritt die Frage nach dem, was faktisch im
RU passiert, in das Blickfeld (vgl. zum Überblick Schweitzer
2007b).

Bisher standen aber bei empirischen Untersuchungen eher
Einstellungen im Mittelpunkt – und zwar sowohl die Einstellungen der Religionslehrer und Religionslehrerinnen zu ihrem Fach
als auch die Einstellungen der Schülerinnen und Schüler zum
RU bzw. zu bestimmten Themengebieten des Fachs (vgl. etwa
Bucher 2000; Bucher/Miklas 2005; Feige 2000; Kliemann/Rupp
2000; Ziebertz 1994).

So wichtig solche Untersuchungen sind, so wenig geben sie
Auskunft darüber, was tatsächlich im RU geschieht und was
Schüler und Schülerinnen in ihm wirklich lernen. Eine über eine
einzelne Schule hinausgehende, überregionale Untersuchung
über das, was Schülerinnen und Schüler nach 13, 10 bzw. 4 Jahren RU können, gibt es bislang nicht. Die Debatte um Bildungsstandards und Kompetenzmodelle hat die Forderung nach solchen Untersuchungen verstärkt (vgl. Schröder 2003, 109); an
einigen Stellen wird deshalb jetzt an Untersuchungsdesigns zur
Erfassung von Schülerleistungen gearbeitet (vgl. Benner 2004;
Schieder 2004; vgl. unten Kap. 4.4).

Weitreichende Erfahrungen mit Leistungen im RU liegen im
Blick auf die Abiturprüfungen vor. Sowohl im schriftlichen als
auch im mündlichen Bereich haben sich länderspezifische Formen und Anforderungen etabliert, die Auskunft darüber geben
sollen, welche Kenntnisse und Fähigkeiten die Schüler durch den
Unterricht der Oberstufe erworben haben (vgl. zum RU in der
Oberstufe Kirchenamt 2004; Marggraf 2006; Rothgangel/Biehl
2006).

Auch die Fähigkeit, wissenschaftspropädeutisch zu arbeiten,
ist durch Aufgabenformen, wie etwa die Facharbeit, Seminarar-

beit oder Jahresarbeit im Fach Religion (vgl. Obst 2001) gefördert worden. Allerdings liegen auch für die Oberstufe keine vergleichenden Untersuchungen vor, aus denen valide Folgerungen für das Leistungsvermögen der Schüler gezogen werden könnten. Es ist allenfalls auf der Grundlage erfahrungsgestützter Beobachtungen zu vermuten, dass die Abiturprüfungen im Fach Religion den Vergleich mit anderen Fächern nicht scheuen muss. Welche domänenspezifischen Kompetenzen die Schüler allerdings erworben haben, entzieht sich nach wie vor dem religionspädagogischen Kenntnisstand.

Erst recht ist eine Überprüfung dessen, was der RU an nachweisbaren Wirkungen hervorbringt, für die Sekundarstufe I anzustreben. Denn hier entscheidet sich, welchen Fundus an Fähigkeiten und Fertigkeiten religiöser Bildung Schülerinnen und Schüler, die mit einem mittleren Schulabschluss die Schule verlassen, für ihr späteres Leben mitnehmen. Hier entscheidet sich aber auch, auf welcher Grundlage der Oberstufenunterricht aufbauen kann.

Eine solche Überprüfung ist auf plausible Kriterien und Maßstäbe angewiesen und bedarf deshalb abgesicherter Standards. Allerdings schafft eine Qualitätskontrolle allein noch keine Veränderung. Sie gibt aber den Blick auf die Realität des RUs frei. Die Analyse der Realität kann dazu beitragen, die Qualität des RUs zu sichern und zu erhöhen.

# 4. Grundlagen:
# Kompetenzen und Standards religiöser Bildung

Die Gemengelage bei der Entwicklung von Kompetenzen und Standards religiöser Bildung ist gegenwärtig noch außerordentlich unübersichtlich. Im Folgenden wird der Versuch unternommen, die wichtigsten Konzepte in ihren Grundstrukturen darzustellen. Dabei werden partiell sich überschneidende Grundmuster und übereinstimmende Referenzen auf religionspädagogische und bildungstheoretische Ansätze erkennbar, aber auch Divergenzen in der Profilierung der Modelle, vor allem aber viele ungelöste, vielleicht auch unlösbare Probleme. Das Unternehmen „Kompetenzen und Standards religiöser Bildung" erscheint noch längst nicht als so weit gediehen, dass von einem konsistenten Projekt geredet werden kann; vielmehr ergibt sich das Bild einer Suchbewegung, deren Ziel zwar erkennbar ist, deren Abgründe, Sackgassen und Stolpersteine aber an jeder Ecke lauern.

## 4.1 Religiöse Kompetenz als Globalziel religiöser Erziehung – der Ansatz Ulrich Hemels (1988)

Auch wenn der Begriff „religiöse Kompetenz" erstmals von dem evangelischen Praktischen Theologen Michael Schibilsky 1978 verwendet wurde (Schibilsky 1978), hat der Ansatz des Katholiken Ulrich Hemel die gesamte Debatte über Kompetenzen und Standards im RU sehr viel nachhaltiger beeinflusst.

Prof. Dr. Ulrich Hemel (geb. am 9. August 1956) studierte von 1974 bis 1979 in Mainz und Rom Katholische Theologie, Wirtschafts- und Sozialwissenschaften, Philosophie und Sprachwissenschaften. 1988 promovierte und habilitierte er an der Katholisch-Theologischen Fakultät der Universität Regensburg. Bis 1991 war Hemel als Privatdozent tätig, er wechselte dann zur Boston Consulting Group, wo er bis 1996 als Manager arbeitete. Im selben Jahr wurde er zum außerplanmäßigen Universitätsprofessor der Universität Regensburg ernannt und in die Europäische Akademie der Wissenschaften und Künste berufen. Hemel übernahm 1996 bei der Paul Hartmann AG eine Abteilungsleitung, von 2001 bis 2004 war er Vorsitzender des Vorstandes. Seit 2004 ist er geschäftsführender Gesellschafter der „Strategie und Wert Unternehmensberatungs- und Beteiligungs-GmbH", von 2005 bis 2007 war er zusätzlich Vorsitzender der Geschäftsleitung der 2D-Holding GmbH (Süddekor-Dakor-Gruppe). Der Bundesverband Deutscher Unternehmensberater (BDU) zeichnete Hemel 2003 mit dem „BDU Manager Award" aus; sein Buch „Wert und Werte. Ethik für Manager" wurde 2005 von der Financial Times Deutschland zum „Wirtschaftsbuch des Jahres" gekürt. Gemeinsam mit seiner Frau gründete Hemel 2006 die international tätige Stiftung „Kinder ohne Grenzen", die sich unter anderem Kindern in den Elendsvierteln der kolumbianischen Millionenstadt Medellín widmet. 2008 wurde Hemel zum Präsidenten der Katholischen Universität Eichstätt-Ingolstadt gewählt. Die Beschreibung der Tätigkeitsfelder Hemels macht deutlich, dass wir es hier mit einem außergewöhnlichen, auch außerordentlich kreativen Theologen zu tun haben – exzeptionell auch seine Habilitationsschrift, ein Werk von immerhin 800 Seiten, das er als 32-Jähriger schrieb.

Ulrich Hemel legt in seiner 1988 in Regensburg von der Katholisch-Theologischen Fakultät angenommenen Habilitationsschrift „Ziele religiöser Erziehung. Beiträge zu einer integrativen Theorie" (vgl. Hemel 1988) ein differenziertes Modell vor, das religiöse Kompetenz in ihren verschiedenen Dimensionen als Globalziel religiöser Erziehung entfaltet und begründet. Ausgehend von der Feststellung, dass heute die Weitergabe von „Lebenswissen" von einer Generation zur nächsten nicht mehr so selbstverständlich funktioniert wie früher, stellt er die Frage: „Wozu überhaupt religiös erziehen?" (Hemel 1988, VI) Die Arbeit widmet sich dementsprechend der aus seiner Sicht vernachlässigten Zielbestimmung religionspädagogischen Handelns aus theologischer und humanwissenschaftlicher Perspektive.

Als Globalziel religiöser Erziehung nennt Hemel „religiöse Kompetenz" (Hemel 1988, 672). Er hält den Begriff der religiösen Kompetenz für geeignet, weil er einerseits die grundsätzliche Spannung religiöser Erziehung offen halte, die auf Glauben hin wirken, diesen aber nie durch pädagogische Mittel erzwingen könne, andererseits verdeutliche, dass der Glaube auf das ganze Leben des Menschen ausstrahle und sich nicht nur auf einen

Teilbereich des Menschen richte (vgl. Hemel 1988, 672). Damit leiste religiöse Erziehung einen wesentlichen Beitrag zur Persönlichkeitsentwicklung:

Die Entfaltung religiöser Kompetenz soll nämlich eine verantwortliche Glaubensentscheidung ermöglichen, ohne dass der Glaube aufgedrängt oder einfachhin als Folge von Erziehung dargestellt würde. (Hemel 1988, 673)

Der Kompetenzbegriff sei religionspädagogisch unbelastet und anschlussfähig an die humanwissenschaftliche Diskussion. Hemel definiert religiöse Kompetenz als

die erlernbare, komplexe Fähigkeit zum verantwortlichen Umgang mit der eigenen Religiosität in ihren verschiedenen Dimensionen und in ihren lebensgeschichtlichen Wandlungen. (Hemel 1988, 674)

In dieser Definition hat der Begriff „Religiosität" eine Schlüsselstellung. Hemel greift auf diesen Begriff zurück, weil er ihn in der religionspädagogischen Debatte für heuristisch fruchtbar hält. Er eignet sich insbesondere als Analyseinstrument in einer durch Pluralismus geprägten gesellschaftlichen Situation, in der es Religiosität auch ohne Bezug auf eine bestimmte Religion gibt. Dabei geht Hemel von der Hypothese aus, dass

Religiosität als die *Fähigkeit zu religiöser Selbst- und Weltdeutung* in vorgegebenen theologischen und soziologischen Kontexten zur biologischen und anthropologischen Grundausstattung des Menschen gehört. (Hemel 2002, 14)

Jeder Mensch müsse die Welt deuten – es bestehe ein so genannter „Weltdeutungszwang" (Hemel 2002, 14) –, dies geschehe immer im Zusammenhang und in Auseinandersetzung mit vorgegebenen Sinn- und Deutestrukturen. Nicht jeder Mensch bediene sich dabei *religiöser* Sinnsysteme, wohl aber sei jeder Mensch für eine religiöse Deutung und die damit verbundenen Lernprozesse offen.

Es ist daher konsequent, von einer elementaren religiösen Lernfähigkeit und Lernoffenheit des Menschen auszugehen. (Hemel 2002, 14)

Die anthropologische Fähigkeit zur *religiösen* Selbst- und Weltdeutung bezeichnet Hemel als „fundamentale [...] Religiosität" (Hemel 1988, 543). Er vergleicht dies mit der von dem Sprachwissenschaftler Noam Chomsky beschriebenen generellen Sprach-fähigkeit (Kompetenz) und dem jeweiligen Vermögen, in einer bestimmten Sprache auch tatsächlich zu kommunizieren (Performanz). Diese fundamentale Religiosität muss zwar – anders als der von Hemel übergeordnete unausweichliche „Weltdeutungszwang" – nicht notwendig aktuell, also im konkreten Lebensvollzug realisiert werden. Sie ist aber entfaltungsfähig und entfaltungsbedürftig. Die Entfaltung von Religiosität ist ein Prozess, der in Verbindung mit der übrigen Sozialisation und Persönlichkeitsentwicklung und in Beziehung zu nicht-religiösen Entwicklungsprozessen steht, insbesondere zur Weltdeutungskompetenz, zur Sprachkompetenz und zur allgemeinen Symbolfähigkeit.

Religiöse Erziehung verfolgt daher zwei Ziele: Zum einen hat sie das pädagogische Ziel im Blick, einen Beitrag zur Persönlichkeitsentwicklung, zur Menschwerdung des Menschen zu leisten, indem sie Kindern und Jugendlichen zu einer differenzierten Weltdeutungskompetenz verhilft (vgl. Hemel 1988, 561f.). Zum anderen ist sie daran interessiert, dass der Einzelne sich mit der überlieferten Religion und ihren Traditionen identifiziert und sie entsprechend praktiziert (vgl. Hemel 1988, 562ff.).

Allerdings ist das Ereignis „religiöser Identifikation" kontingent und entzieht sich der religionspädagogischen Verfügbarkeit. Einen Automatismus zwischen religiöser Erziehung und religiöser Weltdeutung, zwischen religiöser Kompetenz und Glauben gibt es nicht. Vielmehr sind religionspädagogische Bemühungen ein mehrperspektivisches kommunikatives Geschehen, dessen Ergebnis prinzipiell offen ist (vgl. Hemel 1988, 543ff.). Gleichwohl richtet sich die religiöse Erziehung auf die Förderung religiöser Selbst- und Weltdeutung im Rahmen einer bestimmten Tradition.

Hemel stellt heraus, dass einer religiösen Kompetenz nicht unbedingt eine religiöse Performanz entsprechen muss. So behalten christlich erzogene Kinder ihre religiöse Kompetenz, auch wenn sie sich später vom Christentum abwenden. Ihre religiöse Kompetenz wird in diesem Fall nicht im Akt der religiösen Identifikation als Performanz aktualisiert (vgl. Hemel 1988, 565ff.).

In welcher Weise kann die fundamentale Religiosität am besten entfaltet werden? Hemel lehnt alle eindimensionalen Modelle religiöser Erziehung ab, die entweder nur die kognitive Dimen-

sion oder nur die emotional-affektive Dimension beachten, Modelle, in denen es nur um Einweisung oder ausschließlich um Einübung geht (vgl. Hemel 1988, 575ff.).
Er greift stattdessen auf die Dimensionen von Religiosität zurück, die der amerikanische Religionssoziologe Charles Y. Glock beschrieben hat. Im Unterschied zu anderen Religionssoziologen hatte Glock Religiosität nicht nur auf äußeres Verhalten oder auf die Zugehörigkeit zu einem bestimmten Milieu bezogen, sondern differenziert (vgl. Glock 1962) zwischen

- der ideologischen Dimension (ideological, d.h. den Glauben an ein höheres Wesen betreffend sowie den Inhalt, das Ziel und die Verwirklichung des göttlichen Willens),
- der ritualistischen Dimension (ritualistic; d.h. die Glaubenspraxis betreffend),
- der intellektuellen Dimension (intellectual, d.h. das Wissen betreffend),
- der Erfahrungsdimension (experiential, d.h. die Erfahrung betreffend)
- sowie der Handlungsdimension von Religiosität (consequencial; d.h. die Konsequenzen des Glaubens betreffend).

Von einer solchen Mehrdimensionalität der Religiosität geht auch Hemel aus und ordnet den Dimensionen jeweils spezifische Kompetenzen zu (vgl. Hemel 1988, 675–689):

| Ziele | Definition | Ebene | Kompetenz |
|---|---|---|---|
| religiöse Sensibilität | religiöse Aufgeschlossenheit, Ansprechbarkeit, Offenheit | affektiv-emotional | Wahrnehmungsfähigkeit |
| religiöse Ausdrucksfähigkeit | alle Verhaltensweisen, die einer religiösen Motivation entspringen | handlungsbezogen | Befähigung zur Übernahme religiöser Rollen |
| religiöse Inhaltlichkeit | Deutung von religiöser Lebenspraxis | kognitiv | religiöse Bildung |
| religiöse Kommunikation | sprachliche und nichtsprachliche Kommunikation (Mensch-Gott; Mensch-Mensch) | kommunikativ | Sprach- und Interaktionskompetenz, Dialogkompetenz, Symbolfähigkeit |

73

| Ziele | Definition | Ebene | Kompetenz |
|-------|-----------|-------|-----------|
| religiös moti-<br>vierte Lebens-<br>gestaltung | ganzheitlich,<br>umfassend | volutional,<br>wertend | Entscheidungs-<br>kompetenz |

## 1. Religiöse Sensibilität

Der Begriff schließt religiöse Aufgeschlossenheit, Ansprechbar-keit, Offenheit, Wahrnehmungsfähigkeit und Aufmerksamkeit eines Menschen ein und bezieht sich vor allem auf die Ebene der Gefühle. Im Unterricht geht es dabei um die Vermittlung religiö-ser Erfahrung, um die Schärfung des Symbolsinns, um die Tie-fendimension der Wirklichkeit. Hemel isoliert religiöse Sen-sibilität nicht von religiöser Inhaltlichkeit, sondern postuliert zwischen beiden Dimensionen eine positive Beziehung. Die Kompetenz, die Hemel der religiösen Sensibilität zuordnet, ist die „immer feinere Wahrnehmungsfähigkeit für religiöse Wirk-lichkeit" (Hemel 1988, 676). Diese Kompetenz entwickelt sich nach Hemel dynamisch und ist in diesem Prozess veränderungs-fähig.

## 2. Religiöse Ausdrucksfähigkeit

Damit meint Hemel alle Verhaltensweisen, die einer religiösen Motivation entspringen. Er formuliert an dieser Stelle zurückhal-tend, weil religiöser Ausdruck bereits eine religiöse Haltung und damit eine zumindest partielle Identifikation voraussetzt. In jedem Fall bedarf die Ausdrucksfähigkeit der freien Zustimmung. In dieser Dimension wird eine handlungsbezogene Zielebene ange-sprochen. Als Kompetenz nennt er die Befähigung zur Über-nahme religiöser Rollen. Sie impliziert pragmatisches Wissen, z.B. das Wissen darum, wie man sich in einem Gottesdienst verhält.

## 3. Religiöse Inhaltlichkeit

Damit sind kognitive Aspekte der Religiosität gemeint. Diese Dimension bezieht sich auf lebendiges, deutungsfähiges Wissen, sie setzt die anderen Dimensionen voraus bzw. ist auf sie zu beziehen. Entscheidend ist für Hemel die *Verbindung* von Kog-nition und religiöser Lebenspraxis, so z.B. die Fähigkeit, religiö-ses Ausdrucksverhalten deuten zu können.

Religiöse Bildung ist die Kompetenz, die aus der Dimension religiöser Inhaltlichkeit erwächst. Sie ist keineswegs auf wissensorientierte Lehr- und Lernprozesse zu beschränken, sondern umfasst die „Aneignung von Orientierungsgrößen zur persönlichen Weltdeutung" (Hemel 1988, 681), d.h. sie ist eng mit allgemeiner Persönlichkeitsentwicklung verbunden, weil sie zu einer wertenden Stellungnahme herausfordert. Religiöse Bildung leistet – so Hemel – einen präventiven Beitrag zur Bewältigung von religiösen Orientierungskrisen.

## 4. Religiöse Kommunikation

Dieser Begriff meint die sprachliche und die nicht-sprachliche Kommunikation sowohl auf der vertikalen Ebene der Beziehung zwischen Gott und Mensch als auch auf der horizontalen Ebene der Beziehung von Mensch zu Mensch. Letztere ist zu unterscheiden in Binnenkommunikation zwischen Christ und Christ und Außenkommunikation zwischen Christ und Nicht-Christ. Kommunikation umfasst alle Bereiche, die eine Beziehung anbahnen. Für religionspädagogisches Denken ist Verständigungsfähigkeit eine zentrale Kompetenzdimension. Die damit angestrebten Ziele liegen auf der sozialen und kommunikativen Ebene. In dieser Dimension geht es vor allem um den Erwerb von religiöser Sprachkompetenz, Interaktionskompetenz, Dialogkompetenz, Symbol- und Mitteilungsfähigkeit.

## 5. Religiös motivierte Lebensgestaltung

Als fünfte Dimension religiöser Kompetenz nennt Hemel eine religiös motivierte Lebensgestaltung. In ihr kommt der ganzheitliche und umfassende Charakter von Religiosität zum Ausdruck. Sie ist der „Horizont" (Hemel 1988, 573) subjektiver Religiosität und umfasst Ziele auf der Ebene des Wertens und Wollens, also Ziele, die die ganze Person betreffen. Gegenüber den anderen Dimensionen nimmt sie eine Sonderstellung ein, weil hier Identifikation vorausgesetzt wird (vgl. Hemel 1988, 573). Sie ist von grundlegender Bedeutung und hat zugleich einen problematischen Charakter, weil sie nicht auf Indoktrination beruhen kann, gleichwohl aber die Erziehung Identitätsstiftung anstrebt.

Diese Dimension zielt auf die Entfaltung religiöser Entscheidungskompetenz, d.h. auf die persönlich verantwortete Entschei-

dung für oder gegen eine bestimmte Form von Selbst- und Weltdeutung.

Es gelingt Hemel, eine Gesamttheorie religiöser Erziehung zu
entfalten. Dabei erweist sich die Rezeption des Kompetenzbegriffs als außerordentlich fruchtbar. Er fokussiert das Problem der
religiösen Erziehung nicht auf das Handeln des Erziehers oder
auf hehre, nicht mehr hintergehbare Bildungsziele, sondern darauf, dass Kinder und Jugendliche im Prozess ihrer religiösen
Entwicklung spezifische Lernprozesse durchlaufen und sich
bestimmte Fähigkeiten und Fertigkeiten aneignen, die für ihr
Leben notwendig sind. Religiöse Erziehung ist demnach eine
Variante allgemeiner Erziehung, die auf die Entfaltung mensch-
licher Selbst- und Weltdeutung angelegt ist.

Die Überlegung, den Glock'schen religionssoziologischen
Dimensionen Teilkompetenzen religiösen Lernens entsprechende
Ziele zuzuordnen, eröffnet Handlungsfelder für die Religionspädagogik, die alle sozialen Kontexte wie Familie, Kindergarten,
Kirche oder Schule umfassen. Damit ist das Konzept Hemels
nicht nur anschlussfähig zu pädagogischen Fundamentalfragen
(der Mensch – fähig zur und angewiesen auf Selbstdeutung und
Weltdeutung) und soziologischen Interpretationen von Religiosität, sondern Hemel setzt auch Religiosität und Glaube, Erziehung
und religiöse Identifikation in ein theologisch differenziertes
Verhältnis.

Er hält an der Kontingenz des Glaubens gegenüber den Er-
ziehungsprozessen fest und schärft immer wieder ein, dass etwa
die beiden Dimensionen „religiöses Ausdrucksverhalten" und
„religiöse Lebensgestaltung" auf freier Entscheidung beruhen
und nur bedingt auf religiöse Erziehung zurückzuführen sind.
Die Performanz religiöser Identifikation – so Hemel – ist keine
notwendige Folge religiöser Erziehungsprozesse; allenfalls kann
die religiöse Kompetenz als Ziel der Erziehung angestrebt
werden.

Gleichwohl stellen sich aus evangelischer Perspektive gravie-
rende Fragen an Hemels Modell. Zunächst erscheint es theologisch problematisch, von einer Konstante „fundamentaler Religiosität" auszugehen, die gleichsam in der schöpfungsmäßigen
Natur des Menschen verankert ist und als ungebrochener, insge-

76

samt positiv bewerteter Anknüpfungspunkt für religiöse Bildungsprozesse dient. Die von Hemel postulierte Offenheit für und Fähigkeit zur religiösen Selbst- und Weltdeutung ist als anthropologische Voraussetzung für die Begegnung mit der konkreten Gestalt der Religion aufzufassen, in der die allgemeine religiöse Kompetenz als realisierte Performanz zum Ziel kommt. Der Kern des Hemel'schen Konzepts dürfte daher eine Spielart der traditionellen katholischen Verhältnisbestimmung von Natur und Gnade sein.

Aus evangelischer Sicht ist der Religionsbegriff dagegen ambivalent und eignet sich keineswegs unbesehen als zentrale Kategorie für Bildungsprozesse. Das Verhältnis von Religion und Glaube ist jedenfalls nicht einfach als Kontinuum von Potenzialität und Aktualität zu bestimmen, sondern bedarf der theologischen Kritik im Licht der Selbstkundgabe Gottes. Der Aufstieg von inhaltsloser Religiosität als formaler Weltdeutungsfähigkeit zu inhaltlich konkretisierter Religion im Sinne katholisch profilierten Christentums ist daher von Seiten evangelischer Religionspädagogik nicht ohne Weiteres nachvollziehbar.

Hemel selbst hat den Ton seiner Überlegungen auf die „religiöse Inhaltlichkeit" gelegt, der er „religiöse Bildung" als Teilkompetenz zuordnet. Damit deutet er an, dass dieser Bereich insbesondere im schulischen Kontext von hervorragender Bedeutung ist, während er offen lässt, ob die Bereiche „religiöses Ausdrucksverhalten" und „religiöse Lebensgestaltung" nicht eher in die Zuständigkeit der Gemeindekatechese oder Familienbildung gehören. Insgesamt ist daher bei den Hemel'schen Dimensionen religiösen Lernens genauer zu prüfen, ob sie im Rahmen der öffentlichen Schule und unter den spezifischen Bedingungen des RUs ihren Ort haben und inwieweit sie zur Geltung gebracht werden können und sollen.

## 4.2 Die deutschen Bischöfe:
### Kirchliche Richtlinien zu Bildungsstandards (2004)

Unmittelbar nach den Grundsatzbeschlüssen der Kultusministerkonferenz (2003) griff die deutsche Bischofskonferenz mit eigenen Richtlinien für Bildungsstandards für den katholischen

RU in der Sekundarstufe I die schulpolitische Entwicklung konstruktiv auf. Mit ihren normativen Vorgaben anerkannte sie damit grundsätzlich, dass Bildungsstandards „auch im RU ein sinnvolles und nützliches Instrumentarium zur Verbesserung der Unterrichtsqualität" seien (Bischofskonferenz 2004, 12), wenn ihre Bedeutung, Reichweite und Grenzen im Rahmen des „kirchlichen Konzepts religiöser Bildung" bestimmt werde (Bischofskonferenz 2004, 5). Vor dem Hintergrund dieses Konzeptes, das die Bischofskonferenz 1974 im Beschluss der Würzburger Synode dargelegt und 1996 in dem Wort „Die bildende Kraft des RUs" fortgeschrieben hatte,

werden mit Kompetenzen die Fähigkeiten und die ihnen zugrunde liegenden Wissensbestände bezeichnet, die für einen sachgemäßen Umgang mit dem christlichen Glauben, mit anderen Religionen und der eigenen Religiosität notwendig sind. Sie dienen gemeinsam dem Erwerb persönlicher religiöser Orientierungsfähigkeit (Bischofskonferenz 2004, 13).

Da der RU aber letztlich auf nicht operationalisierbare und evaluierbare christliche Haltungen und Einstellungen zielt (vgl. Bischofskonferenz 2004, 10), es ihm also „nicht nur um ein Bescheidwissen über Religion und Glaube, sondern immer auch um die Ermöglichung von Religion und Glaube selbst" geht (Würzburger Synode 1974, zit. in: Bischofskonferenz 2004, 8. 10), benennen Bildungsstandards „nur einen – allerdings wichtigen – Teil der Ziele des katholischen RUs" (Bischofskonferenz 2004, 11).

Von dieser Verhältnisbestimmung von Bildungsstandards und religiöser Bildung einerseits und von Kenntnissen und Kompetenzen andererseits ausgehend, unterscheidet die Bischofskonferenz „allgemeine Kompetenzen" und „inhaltsbezogene Kompetenzen". Die allgemeinen Kompetenzen werden „von den Schülerinnen und Schülern in der Auseinandersetzung mit Inhalten des christlichen Glaubens und anderer Religionen erworben" (Bischofskonferenz 2004, 16). Die allgemeinen Kompetenzen sind folgerichtig als unspezifische Fähigkeiten formuliert, während bei den inhaltsbezogenen Kompetenzen konkrete Wissenselemente und Operationen angegeben werden. Auf der allgemeinen Ebene religiöser Bildung nennt die Bischofskonferenz (vgl. Bischofskonferenz 2004, 13):

| Religiöse Phänomene wahrnehmen | | In religiösen Fragen begründet urteilen |
| --- | --- | --- |
| Religiöse Sprache verstehen und verwenden | Auseinander-setzung mit Inhalten des christlichen Glaubens | Sich über religiöse Fragen und Überzeugungen verständigen |
| Religiöse Zeugnisse verstehen | Religiöses Wissen darstellen | Aus religiösen Motiven handeln |

Sachlich unterscheiden die Bischöfe also zwischen einer allgemein religiösen

- Wahrnehmungskompetenz,
- hermeneutischen Kompetenz,
- Darstellungskompetenz,
- Urteilskompetenz,
- dialogischen oder kommunikativen Kompetenz
- Handlungskompetenz.

Die Ebene der inhaltsbezogenen Kompetenzen orientiert sich allerdings nicht mehr an den allgemeinen Teilkompetenzen, sondern an theologisch bestimmten „Gegenstandsbereichen, die das religiöse Grundwissen thematisch gliedern" (Bischofskonferenz 2004, 16):

- Mensch und Welt
- Die Frage nach Gott
- Bibel und Tradition
- Jesus Christus
- Kirche
- Religionen und Weltanschauungen.

Auch wenn im Papier der Bischöfe betont wird, es gehe dabei nicht um Unterrichtsthemen, leistet es selbst dem Missverständnis Vorschub, es handele sich hier um das fachlich verbindliche

79

Grundwissen, das im Unterricht zu vermitteln und anzueignen sei. Die ausgeführten Standards und die ihnen zugeordneten Indikatoren formulieren nämlich Inhaltsaspekte der christlichen Tradition in einer verbalen Einkleidung, die nur oberflächlich in drei Anforderungsbereiche (reproduzieren, Zusammenhänge herstellen, beurteilen und reflektieren) gegliedert ist. Der Schwerpunkt der inhaltsbezogenen Konkretisierungen liegt jedenfalls auf der Reproduktion von Kenntnissen und ihrer beispielhaften Zuordnung, nicht aber auf der Entfaltung von Kompetenzen, wie sie im ersten Teil der Darstellung angelegt wurde.

In einem letzten Teil zeigen sich die Richtlinien offen für didaktisch anspruchsvolle Aufgabenstellungen und Evaluationsmaßnahmen, aber auch für die Entwicklung von Kerncurricula und Schulcurricula.

Man wird die Richtlinien der Bischofskonferenz als einen ersten Versuch beurteilen können, mit dem komplexen Geflecht aus Standards und Bildungszielen, Kenntnissen und Kompetenzen, Inhalten und Fähigkeiten konstruktiv, aber unter Wahrung der Essentials des katholischen RUs umzugehen. Dabei liegt der Fortschritt des Ansatzes

- in der Bereitschaft, das bildungspolitische Konzept der Bildungsstandards samt seinen Implikationen (Überprüfung, Evaluation, Kerncurricula etc.) zu übernehmen und auf den RU anzuwenden,
- in der Verhältnisbestimmung von Kompetenzen und übergeordneter religiöser Bildung,
- in der Begrenzung der Reichweite der Kompetenzen und Standards,
- in der Ausdifferenzierung von Teilkompetenzen religiöser Bildung und
- in der Betonung des Zusammenhangs von domänenspezifischer Kompetenzentwicklung und Auseinandersetzung mit konkreten fachlichen Inhalten.

Als eher problematisch einzuschätzen ist die Diskrepanz zwischen allgemeinen Kompetenzen und inhaltsbezogenen Standards. Sie verdankt sich wohl vor allem dem Versuch, als wesentliches Ziel des RUs „die Befähigung zur Glaubensentscheidung" (Bischofskonferenz 2004, 10) zu definieren und den Unterricht auf die „Ermöglichung von Religion und Glaube selbst" (Bischofskonferenz 2004, 8) anzulegen. Diesem Ziel dienen letztlich auch „kognitive […] Prozesse der Wissensaneignung der elementaren Inhalte des christlichen Glaubens in seiner konfessionellen Prägung" (Bischofskonferenz 2004, 10). Die inhaltsbezogenen Standards haben daher eine funktionale Bedeutung im Vollzug der katholischen Glaubensunterweisung.

Der Schwerpunkt religiöser Bildung im RU der Sekundarstufe I besteht mithin in der Aneignung und exemplifizierenden Darstellung kirchlich-theologisch vorgegebener Lehrinhalte, für die der Begriff des „Orientierungswissens" (Bischofskonferenz 2004, 16) in Anspruch genommen wird. Demgegenüber abstrahieren die allgemeinen Kompetenzen von der konfessionellen Verortung des RUs, erhalten deswegen aber auch keine strukturierende Bedeutung, sondern fungieren als eine Art Überbau.

Sachlich zeigt sich hier eine ähnliche Zuordnung von allgemeiner religiöser Kompetenz und spezifisch christlicher Performanz wie bei Ulrich Hemel. Damit ist eine Engführung des Kompetenzbegriffs verbunden, die nicht das letzte Wort für den Evangelischen RU sein kann.

Die Deutsche Bischofskonferenz hat dasselbe Konzept mit leichten Modifikationen 2006 auch für den RU in der Grundschule vorgelegt. Die Richtlinien gehen zunächst auf die religiösen Bildungsziele in der Grundschule ein und geben religionspädagogisch zu bedenken, dass „christliche Glaubensinhalte in der Grundschule weniger abstrakt-lehrhaft als vielmehr im Vertrautmachen mit den Ausdrucksformen des Glaubens erschlossen werden" (Bischofskonferenz 2006, 11). Deutlicher noch als in den Richtlinien für die Sekundarstufe I wird als eines der ‚Haltungsziele' die „Wertschätzung des Glaubens der katholischen Kirche" (Bischofskonferenz 2006, 13) genannt und die Aufgabe des RUs als „Hinführung zum Glauben" beschrieben (Bischofskonferenz 2006, 14). Das vorgelegte Kompetenzmodell entspricht aber mit seiner Aufteilung in allgemeine Kompetenzen und inhaltsbezogene Kompetenzen dem bekannten Raster, das für die besonderen Bedingungen der Grundschule adaptiert wird:

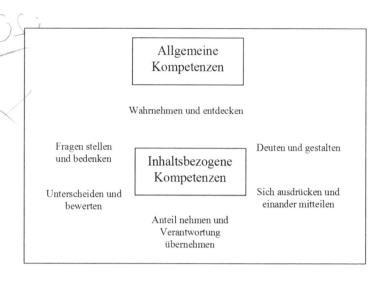

(Bischofskonferenz 2006, 18)

Klarer als in den Richtlinien von 2004 werden hier die inhaltsbezogenen „Kernkompetenzen" (Bischofskonferenz 2006, 25)
mit den allgemeinen Kompetenzen zumindest in der grafischen
Übersicht verschränkt. Ob freilich die Konkretionen mancher
Kernkompetenzen auch nur annäherungsweise den strengen Bedingungen überprüfbarer Standards genügen, sei als Frage ange-
merkt.

## 4.3 Der baden-württembergische Bildungsplan und das Kompetenzmodell für den Evangelischen RU (2004)

Bereits 2001 setzte Baden-Württemberg als erstes Bundesland
Kommissionen ein, die Lehrpläne mit einer Ausrichtung an
Standards und Kompetenzen ausarbeiten sollten. In enger Ko-
operation, aber mit deutlich erkennbarer inhaltlicher Differenz
zur katholischen Bildungsplankommission erarbeitete die evan-
gelische Bildungsplankommission ein Kompetenzmodell für den
Evangelischen RU, das 2004 veröffentlicht wurde. Auch der
Bildungsplan geht, wie Hemel, von dem Leitbegriff „religiöse
Kompetenz" aus, welche als Fähigkeit verstanden wird,

die Vielgestaltigkeit von Wirklichkeit wahrzunehmen und theologisch zu reflektieren, christliche Deutungen mit anderen zu vergleichen, die Wahrheitsfrage zu stellen und eine eigene Position zu vertreten sowie sich in Freiheit auf religiöse Ausdrucks- und Sprachformen (zum Beispiel Symbole und Rituale) einzulassen und sie mitzugestalten. (Ministerium BW Bildungsstandards EvR 2004, 25)

„Religiöse Kompetenz" bewegt sich – so der Ansatz in Baden-Württemberg – auf der Ebene von Basiskompetenzen, die unterschiedliche Zugänge bei der Erschließung von Wirklichkeit eröffnen sollen (vgl. Rupp/Müller 2004, 14). Auch wenn sich die Verfasser durchaus der grundsätzlichen theologischen und religionspädagogischen Schwierigkeiten bewusst sind, die mit diesem Begriff verbunden sind, wählen sie ihn einerseits mangels übereugender Alternativen, andererseits weil er aus ihrer Sicht die nötige Offenheit besitzt: Er umschließt vielfältige Ausdrucksformen christlichen Glaubens, Kompetenzen unterschiedlicher Art lassen sich ihm subsumieren. Dem entspricht der weite Religionsbegriff, den die Autoren im Anschluss an den Religionssoziologen Thomas Luckmann (vgl. Luckmann 1996) als eine Gesamtheit jener Aussagen verstehen,

die das Leben von Menschen zu einer allerletzten Wirklichkeit in Bezug setzen, von dorther umfassend deuten und so das Leben vergewissern (Rupp/Müller 2004, 15; vgl. auch Gräb 2002,28).

Ein solch umfassender, offener Religionsbegriff leiste es auch, implizite Religion zu integrieren, also Religiosität, die sich nicht auf eine in einer institutionalisierten Religion verehrte transzendente Größe richtet. Damit erweise sich dieser Begriff gerade auch für den RU als geeignet, weil er auch inhaltlich unbestimmte religiöse Hoffnungen, Sehnsüchte und Bedürfnisse der Schülerinnen und Schüler anspreche. – Der Leitbegriff „religiöse Kompetenz" wird in zwei Kompetenzkreise entfaltet (Rupp/Müller 2004, 16):

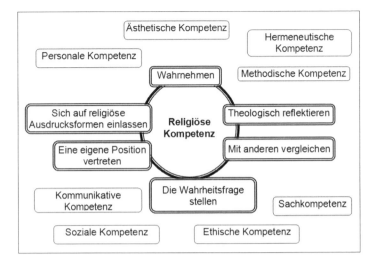

Im inneren Kreis werden die Kompetenzen genannt, die konstitutiv zu religiöser Kompetenz gehören. Diese Kompetenzen werden auf elementare Leitfragen bezogen, die aus der Schülerperspektive formuliert sind: Was dürfen wir hoffen? Wer bin ich? Wie sehen wir die Welt? Woher kommen wir? Was glauben wir? Was ist wahr? Was sollen wir tun? In solchen Fragesituationen sollen die Schülerinnen und Schüler sich religiös kompetent verhalten, d.h. auf der Basis fundierten Wissens argumentieren, urteilen, kommunizieren und handeln können.

Im äußeren Kreis werden allgemeine, fachübergreifende Kompetenzen genannt, die nicht nur, aber eben auch im RU gefördert werden. Diesem „1+8"-Modell (vgl. Ziener/Scheilke 2004, 231) werden dann sieben theologische Dimensionen zugeordnet, an denen die jahrgangsbezogenen Standards entwickelt und entfaltet werden sollen. – Als Dimensionen werden genannt:

- Mensch (anthropologische Dimension),
- Welt und Verantwortung (schöpfungstheologisch-ethische Dimension),
- Bibel (exegetische Dimension),
- Gott (theologisch-religiöse Dimension),
- Jesus Christus (christologisch-soteriologische Dimension),

84

- Kirche und Kirchen (ekklesiologisch-pneumatologische Dimension),
- Religionen und Weltanschauungen (religionswissenschaftliche Dimension) (vgl. Ministerium BW Bildungsstandards EvR 2004, 26).

Diese theologischen Dimensionen sollen den Bezug zur Theologie als Fachwissenschaft verdeutlichen. Sie sind nicht als Unterrichtsthemen zu verstehen, sondern sie sollen die jeweils verbindlichen Unterrichtsgegenstände durchdringen. Kompetenzen und Dimensionen werden in einem weiteren Arbeitsgang in jahrgangsspezifischen Standards entfaltet, diese wiederum auf Unterrichtsinhalte bezogen. Für den Unterricht müssen also Standards, Dimensionen und Inhalte religionspädagogisch reflektiert miteinander verknüpft und in Unterrichtsreihen ausgearbeitet werden – eine höchst anspruchsvolle Aufgabe!

Wie sieht das konkret aus? Der Bildungsplan für die Klasse 6 gibt an, welche Standards die Schülerinnen und Schüler in Klasse 5 und 6 in der Auseinandersetzung mit welchen Inhalten erworben haben sollen. Er ist also auf einen Zwei-Jahres-Rhythmus hin angelegt. Er liefert nicht, wie bisher, Lehrplaneinheiten, die der Lehrer direkt umsetzen konnte, ebenso wenig gibt er eine Reihenfolge an, in der die Themen bearbeitet werden sollen. Vielmehr geht der Bildungsplan davon aus, dass die Lehrerinnen und Lehrer an den Schulen in den jeweiligen Fachkonferenzen zusammenarbeiten und selbstständig Standards und Inhalte in einem schulinternen Curriculum miteinander verschränken.

So soll beispielsweise in der Dimension „Gott" die Kompetenz erworben werden:

an Beispielen [zu] zeigen, wie sich Menschen in Worten der Klage, des Dankes und des Lobes an Gott wenden (Ministerium BW Bildungsstandards EvR 2004, 27).

Mit welchen konkreten Inhalten diese Kompetenz verbunden wird, steht den Lehrerinnen und Lehrern frei. Allerdings bieten sich in den aufgelisteten verbindlichen Themenfeldern einige Inhalte besonders an, so etwa bei dem genannten Beispiel das Themenfeld Psalmen. Das Pensum der verbindlichen Inhalte ist – wenn man den Zeitraum von zwei Jahren bedenkt – relativ gering.

Da die jahrgangsbezogenen Standards relativ abstrakt formuliert sind und den Grundanforderungen an Überprüfbarkeit nur sehr bedingt entsprechen, werden inzwischen für alle Schulformen und Jahrgangsstufen „Niveaukonkretisierungen" ausgearbeitet, die die beschriebenen Kompetenzen auf drei Niveaustufen entfalten (vgl. Ministerium BW Niveaukonkretisierungen). An konkreten Problemstellungen wird jeweils aufgezeigt, was Schülerinnen und Schüler können müssen, wenn sie einer der drei Niveaustufen genügen wollen.

Die Arbeit mit dem baden-württembergischen Bildungsplan lässt den Unterrichtenden viel Spielraum; wenn man ihn aber nutzen will, setzt das ein hohes Maß an theologischer und didaktischer Kompetenz der Lehrerinnen und Lehrer voraus. Allerdings ergeben sich auch hier kritische Anfragen und Einwände:

1. Die zur religiösen Kompetenz gehörenden Teilkompetenzen sind nicht systematisch aus dem Begriff „religiöse Kompetenz" abzuleiten. Es gibt kein theoretisches Konzept, das erklärt, warum diese und nicht andere Teilkompetenzen zur „religiösen Kompetenz" gehören.

2. Die Verschränkung der Teilkompetenzen mit Fragesituationen, in denen sich die Kompetenzen bewähren müssen, wird auf der Ebene der jahrgangsbezogenen Standards und Inhalte nur ansatzweise oder gar nicht ausgeführt.

3. Die fachübergreifenden Kompetenzen sind in sich widersprüchlich. Auf der einen Seite werden aus der Berufspädagogik bekannte globale Kompetenzen wie personale Kompetenz, Sachkompetenz, methodische Kompetenz und Sozialkompetenz aufgeführt, auf der anderen Seite eher fachspezifische wie hermeneutische, ethische, kommunikative und ästhetische Kompetenz. Beide Kompetenzmodelle sind nicht miteinander kompatibel und überschneiden sich in weiten Teilen (vgl. Nikolova et al. 82)

4. Das Verhältnis von fachübergreifenden Kompetenzen zu fachspezifischen Teilkompetenzen ist nicht geklärt.

5. Die Verschränkung der Standards mit Inhalten ist nur teilweise so gelungen, wie es das oben angeführte Beispiel vermuten lässt. Stellenweise sind die Inhalte der alten Lehrpläne

einfach übernommen worden, so dass der Bildungsplan insgesamt stark inhaltslastig ist und sich diese Ebene im Unterricht letztlich durchsetzt.

Auch dieser Ansatz dürfte daher sowohl konzeptionell als auch im Detail überholbar sein.

## 4.4 Das Berliner Modell religiöser Kompetenz: Ein empirisches Forschungsprojekt

Das Berliner Bildungswissenschaftler Dietrich Benner und der praktische Theologe Rolf Schieder stellten 2004 ein Forschungsprojekt vor, das sich zum Ziel gesetzt hatte, ein fachspezifisches, empirisch geprüftes Modell religiöser Kompetenz auszuarbeiten und zugleich ein Instrumentarium zu erstellen, mit dem religiöse Kompetenz auf unterschiedlichen Niveaus ausdifferenziert und gemessen werden kann. Dieses Instrument könne künftig den „Verantwortungsträgern von Schule und Unterricht […] für die sinnvolle Normierung und qualifizierte Weiterentwicklung von Unterricht zur Verfügung gestellt" werden (Nikolova et al. 2007, 85).

Grundlage des Forschungsprojektes ist eine bildungstheoretische Verortung des RUs, die Benner in seinem Aufsatz „Bildungsstandards und Qualitätssicherung im RU" (vgl. Benner 2004) vorgenommen hat. Benner geht von der Vielfalt der historisch vorfindlichen Konfessionen und Religionen aus, in denen Menschen unterschiedliche Formen des Umgangs mit Religion praktizieren. Ihre Existenz allein rechtfertige jedoch noch keineswegs eine schulische Beschäftigung mit den entsprechenden Phänomenen. Schulischer RU könne auch nicht durch eine kirchlich eingeforderte Interessenlage begründet werden, sondern es müsse eine „nicht hintergehbare Notwendigkeit schulischer Erziehung und Unterweisung" (Benner 2004, 25) hinzutreten.

Er diagnostiziert zunächst, dass religiöse Erziehung heute nicht mehr allein durch die Familien und die Religionsgemeinschaften zu gewährleisten sei, sondern dass religiöse Erziehung durch öffentliche Erziehung – also schulischen Unterricht – unterstützt werden müsse. Das setzt aber voraus, dass die Gesellschaft ein Interesse an religiöser Erziehung hat.

Benner begründet das gesellschaftliche Interesse an der Tradierung von Religion dreifach:

1. Schulischer RU kann religionszivilisierend wirken. Bestimmte Formen von Religion stören bzw. beeinträchtigen das gesellschaftliche Zusammenleben. Schulischer RU kann solche Erfahrungen aufgreifen und reflexiv bearbeiten. Es können Ideen wie die der Toleranz, der Unmöglichkeit, die Wahrheit zu besitzen, etc. den Schülerinnen und Schülern nahe gebracht werden. Solche Vermittlungsprozesse können sich verändernd auf die Ausübung von Religion auswirken.

2. Schulischer RU hat eine aufklärend-erinnernde Funktion. Weil die Vermittlung religiöser Traditionen heute häufig nicht mehr im privaten Bereich geschieht, wird der Raum, den Religion als Teil menschlichen Lebens früher eingenommen hat, von anderen Kräften besetzt: Das können fundamentalistische Sekten ebenso sein wie quasi-religiöse Ersatzphänomene. Die Schule muss deshalb die Fähigkeit zur Tradierung von Religion wieder künstlich herstellen.

3. Schließlich müsse erwogen werden, was innerhalb der Gesellschaft und ihres Zusammenlebens fehle, wenn Religion nicht mehr tradiert werde. Benner sieht die Leistung der christlichen Religion unter Rückgriff auf Friedrich Schleiermacher darin, dass das Gefühl „schlechthinniger Abhängigkeit" des Endlichen vom Unendlichen eine Lebenspraxis wie ein cantus firmus trägt, in der – wieder Schleiermacher in seiner apologetischen Schrift „Über die Religion. Reden an die Gebildeten unter ihren Verächtern" (Schleiermacher 1799) – „alles mit […], nichts aus Religion"(Schleiermacher 1799, 39) getan wird. Was heißt das? Religion soll nicht Handlungen veranlassen und zu Taten antreiben, sondern religiöse Gefühle „sollen wie eine heilige Musik alles Tun des Menschen begleiten" (Schleiermacher 1799, 38f.). Religion eröffnet also einen Horizont, in dem Menschen im Gefühl ihrer Abhängigkeit zum Unendlichen zu freiem Handeln aufgerufen sind. Benner sieht darin einen grundsätzlich antifundamentalistischen Ansatz des christlichen Glaubens: Religion wird nicht für politische Zwecke funktionalisiert, qualifiziert aber menschliche Existenz in spezifischer Weise.

Deshalb sieht Benner in dieser Funktion den entscheidenden Grund für die bildungstheoretische Unverzichtbarkeit des RUs (vgl. Benner 2004, 27f.).

Die drei Funktionen christlicher Religion – die religionszivilisatorische, die aufklärend-erinnernde und die existenziell-gründende – weisen dem christlichen RU in der öffentlichen Schule einen legitimen Ort zu. Zwar argumentiert Benner aus einer pädagogischen Außenperspektive; er setzt aber eine bestimmte theologische Sicht des christlichen Glaubens voraus, die sich als aufklärerisch-neuzeitlich qualifizieren ließe und die er gegen problematische Formen von Religion und deren aktuelle Gefahren ins Spiel bringt.

Auf der Grundlage dieser bildungstheoretischen Platzierung des RUs haben Dietrich Benner, Rolf Schieder, Henning Schluß und Joachim Willems mit weiteren Mitarbeitern eine empirische Untersuchung über die Kompetenzen von Schülerinnen und Schülern nach der Klasse 10 begonnen (Benner 2004; Benner et al. 2007; Schieder 2004; Nikolova et al. 2007, Krause et al. 2008). Religiöse Kompetenz verstehen sie zentral als eine reflexive, also kognitiv bestimmte Kompetenz, die von Glaubensüberzeugungen und -einstellungen zu unterscheiden ist. Sie beschränkt sich nur auf die Aspekte, die sich unterrichtlich vermitteln lassen und mit einem spezifischen Instrumentarium empirisch erhoben werden können (vgl. Nikolova et al. 2007, 69ff.)

In diesem Forschungsprojekt werden als heuristisches Raster folgende Kategorien verwendet:

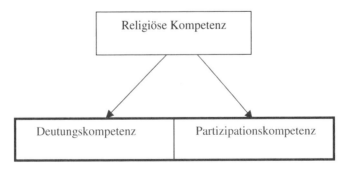

Jeweils bezogen auf:

- die Bezugsreligion bzw. -konfession des Unterrichts (nicht unbedingt identisch mit der „eigenen Religion" der Schüler)
- auf andere Religionen und Konfessionen
- religiöse Aspekte in außerreligiösen Bereichen (Spuren des Religiösen in Gesellschaft und Kultur).

Die „Deutungskompetenz" beinhaltet religiöses Erfahrungswissen, religionskundliche Grundkenntnisse sowie hermeneutische Fähigkeiten. Sie richtet sich sowohl auf Gegenstände, die im engeren Sinne als religiös zu bezeichnen sind, als auch auf solche, die nicht religiös im engeren Sinne sind, sehr wohl aber religiös interpretiert werden können. Mit dem Begriff „Partizipationskompetenz" greifen die Autoren einen Begriff aus der politischen Bildung auf und begründen ihn allgemein damit, dass schulische Lernprozesse immer über den innerschulischen Kontext hinausgehen und zur Teilnahme am gesellschaftlichen Leben befähigen sollen. Bei der „Partizipationskompetenz" geht es daher um die Reflexion erworbener Partizipationserfahrungen, Kenntnisse religiöser Kommunikations- und Organisationsformen sowie um die selbstständige Stellungnahme zu religiösen Partizipationsmöglichkeiten. Beide Teilkompetenzen stehen zueinander in einem korrespondierenden Verhältnis und beeinflussen sich gegenseitig.

Dieses relativ einfache Modell bildet die Basis für die Entwicklung von Testaufgaben, mit denen – ähnlich wie bei PISA – Niveaustufen religiöser Kompetenz überprüft werden können. Das Berliner Team nutzt dafür anerkannte teststatistische Überprüfungsverfahren zur Validierung der Aufgaben, die inzwischen in zwei unveröffentlichten Testheften vorliegen und in Pilotuntersuchungen in Berlin und Brandenburg bereits eingesetzt wurden (vgl. Krause et al. 2008,178–180). Das Projekt ist so weit gediehen, dass die Verfasser eine Niveaustufenbeschreibung zur religiösen Deutungskompetenz publiziert haben, die durch ein breites Spektrum von Aufgaben mit verschiedenem Schwierigkeitsgrad abgesichert ist (Nikolova/Schluß/Weiß/ Willems 2007, 81). – Die Niveaustufen lauten:

Einfaches Wahrnehmen und Interpretieren von religiösen Inhalten.

Wahrnehmen und Interpretieren von religiösen Inhalten aus komplexeren Textzusammenhängen.

Wahrnehmen und Interpretieren von religiösen Inhalten aus komplexeren Textzusammenhängen und finden der Antwort durch selbständige Vernetzung der gefundenen Informationen.

Wahrnehmen und Interpretieren von religiösen Inhalten aus komplexeren Textzusammenhängen und finden der Antwort durch den Nachvollzug eines Perspektivenwechsels.

Wahrnehmen und Interpretieren von religiösen Inhalten aus komplexeren Textzusammenhängen und finden der Antwort durch sachangemessene Unterscheidung der gefundenen Informationen nach verschiedenen Zusammenhängen.

Wahrnehmen und Interpretieren von religiösen Inhalten aus komplexeren Textzusammenhängen und finden der Antwort durch Hinterfragen und Relativierung der eigenen Erwartungen im Lichte des Textes.

Wahrnehmen und Interpretieren von religiösen Inhalten aus komplexeren Textzusammenhängen in der Auseinandersetzung mit vertrauten Elementen in fremden Kontexten und der Infragestellung der Vorerwartung im Lichte dieser Erkenntnisse.

Wahrnehmen und Interpretieren von religiösen Inhalten aus komplexeren Textzusammenhängen im Lichte der Kenntnis verschiedener Fachlogiken (z.B. ökonomischer, religiöser, politischer, ethischer), die in einer Aufgabe in einem ungewohnten Kontext identifiziert und aufeinander bezogen werden können.

Das Berliner Projekt gibt zu weitreichenden Erwartungen Anlass. Seine Ergebnisse könnten dazu führen, dass künftig nicht nur genauere Auskunft darüber möglich sein wird, „welchen Einfluss erteilter RU an der öffentlichen Schule auf die Entwicklung religiöser Kompetenz als einem Bestandteil des Fähigkeitsspektrums der schulischen Allgemeinbildung hat" (Krause et al. 2008, 187), sondern dass auch bei der Entwicklung von Kompetenzrastern und Kerncurricula für den RU validere Kriterien angelegt werden können. Gleichwohl sind auch an das Berliner Modell kritische Rückfragen zu richten.

1. Fraglich erscheint, ob das Modell das Prädikat „fachspezifisch" verdient (vgl. Rothgangel 2008). Es setzt sich m.E. nicht ausreichend mit dem tatsächlich erteilten Evangelischen RU auseinander, sondern unterstellt, dass es oberhalb und außerhalb konkreter Lehr- und Lernvorgänge eine unspezifische Religiosität und religiöse Kompetenz gibt, die wie ein Hohlkörper mit beliebigen Inhalten gefüllt werden könne.

2. Problematisch ist, dass sich die Schlichtheit des Modells offenbar weniger dem Bemühen verdankt, der Differenziertheit der Kompetenzen religiöser Bildung gerecht zu werden als vielmehr ein handhabbares Instrument für empirische Untersuchungen entwickeln zu können (vgl. etwa Nikolova et al. 2007, 85). Dass „die Frage der empirischen Umsetzbarkeit" nicht nur der „Lackmustest" von Kompetenzmodellen religiöser Bildung sein soll, sondern sich die empirische Überprüfbarkeit zum alleinigen Konstruktionsprinzip von Kompetenzen und Standards aufschwingt und damit der Zwang zur Vereinfachung und Operationalisierung die Sachproblematik überlagert, dürfte mit Recht religionspädagogischen Widerspruch herausfordern.

3. Angesichts der ausschließlichen Ausrichtung auf testtheoretisch valide Aufgaben ist zu erwägen, ob diese die einzige Möglichkeit darstellen, im RU erbrachte Leistungen und Kompetenzen zu überprüfen. Das alltäglich von Lehrerinnen und Lehrern praktizierte Instrumentarium von Leistungsüberprüfungen hat zwar nicht die wissenschaftliche Dignität ausgearbeiteter Testhefte, erfüllt aber in Annäherungen durchaus ebenfalls den Zweck der Leistungsüberprüfung. Entscheidend dürfte sein, dass die Lehrerinnen und Lehrer Hilfen bekommen, wie sie ihre eigenen Lernstandserhebungen und Leistungsüberprüfungen unter Berücksichtigung der unterschiedlichen Niveaustufen möglichst abgesichert und kompetenzorientiert anlegen können.

4. Bedenkenswert erscheint außerdem, ob die Niveaustufen der religiösen Deutungskompetenz differenziert und trennscharf

genug sind, um unterschiedliche Leistungsniveaus erfassen zu können. Dabei dürften bereits die Begriffe „Wahrnehmen und Interpretieren" als Beschreibung von Operationen unzureichend sein. Die Formulierung „finden der Antwort" setzt voraus, dass überhaupt relevante Fragen in einem Textzusammenhang für den Schüler identifizierbar sind. Auch die unterscheidenden Operationen „Vernetzung", „Nachvollzug eines Perspektivenwechsels", „Unterscheidung nach Zusammenhängen" und „Hinterfragen und Relativierung der eigenen Erwartungen" dürften nur schwer als Sequenz aufsteigender Schwierigkeitsgrade zu definieren sein. Grundsätzlich ist zu fragen, ob die Abstraktheit der Niveaustufen nicht das Problem überdeckt, dass der Schwierigkeitsgrad einer Aufgabe entscheidend von der Komplexität des konkreten vorliegenden Textes abhängt.

5. Schließlich leuchtet wenig ein, dass die vorliegenden Niveaustufen anderes aussagen sollen als die aus der PISA-Untersuchung bekannten Stufen für die Lesekompetenz. Die Differenz zur Lesekompetenz besteht jedenfalls vordergründig nur in der Hinzufügung des Gegenstandes der Interpretation: „Religiöse Inhalte".

## 4.5 Eine bundesländerübergreifende Expertise: Der Entwurf des Comenius-Instituts Münster (2006)

Das Comenius-Institut Münster berief im Sommer 2004 eine Expertengruppe, die in einer Expertise bundesländerübergreifend Standards und Kompetenzerwartungen für den Abschluss der Sekundarstufe I erarbeiten sollte. In dieser Expertengruppe arbeiteten Vertreter und Vertreterinnen der verschiedenen religionspädagogischen Institutionen (universitäre Religionspädagogik und Praktische Theologie, Studienseminare, Pädagogisch-Theologische Institute, Comenius-Institut) zusammen. – Die Expertengruppe machte sich zur Aufgabe,

ein fachdidaktisch begründetes und unterrichtspraktisch erprobtes Modell für grundlegende Kompetenzen religiöser Bildung zu entwickeln (Fischer/ Elsenbast 2006,5) und dieses in Beispielaufgaben zu konkretisieren. Im Unterschied zur Klieme-Expertise handelt es sich bei dem vorgelegten Papier nicht um ein ausgefeiltes, stimmiges Gesamtkonzept, sondern um einen „Vorschlag" (Fischer/Elsenbast 2006, 5), der die weitere Diskussion anregen und einen Prozess initiieren soll, der aber zugleich alle Spuren der Vorläufigkeit an sich trägt und die Spannungen, Widersprüche und Kontroversen der Expertengruppe spiegelt. Daher sollen im Folgenden vornehmlich die Grundentscheidungen der Expertise dargestellt werden, ohne dass im Einzelnen jeweils auf Probleme und Leerstellen aufmerksam gemacht wird. Auch die äußerst vielgestaltigen Beispielaufgaben (vgl. Fischer/Elsenbast 2006, 24–72) können in dieser Darstellung nicht weiter berücksichtigt werden.

### 4.5.1 Der Aufriss der Expertise

Nach einer allgemeinen Einführung über „Bildungsstandards im bildungspolitischen Kontext" (vgl. Fischer/Elsenbast 2006, 7–12) wendet sich die Expertise dem Verhältnis von „Religion und allgemeiner Bildung" zu (vgl. Fischer/Elsenbast 2006, 13–16). Unter der Frage „Welchen Stellenwert gewinnt Religion im Gefüge allgemeiner Bildung?" (vgl. Fischer/Elsenbast 2006, 13–14) skizziert der Entwurf zunächst einen bildungstheoretischen Rahmen und erläutert im Abschnitt „Wodurch zeichnet sich ‚gebildete Religion' als Ziel des RUs aus?" das Bildungsziel des RUs (vgl. Fischer/Elsenbast 2006, 14–15).

Im zentralen dritten Kapitel wird ein „Modell für Kompetenzen religiöser Bildung" entwickelt (vgl. Fischer/Elsenbast 2006, 17–21). Erst danach – im vierten Kapitel – taucht zum ersten Mal das Wort „evangelisch" auf: „Das Modell für Kompetenzen religiöser Bildung und seine Realisierung im evangelischen RU" (vgl. Fischer/Elsenbast 2006, 21–23). Im fünften Kapitel wird der Ansatz schließlich durch Beispielaufgaben vgl. Fischer/ Elsenbast 2006, 24–72) konkretisiert und im sechsten werden Perspektiven für die Weiterarbeit (vgl. Fischer/Elsenbast 2006, 73–81 entwickelt.

Die Expertise legt also zunächst eine allgemeine bildungs- und religionstheoretische Begründung des RUs vor. Auf dieser

Grundlage entwickelt sie ein allgemeines Kompetenzmodell religiöser Bildung, das dann in einem weiteren Schritt auf den Evangelischen RU bezogen und schließlich konkretisiert wird. Die Argumentationsstruktur folgt dem Schema „allgemeine Bildung – religiöse Bildung – religiöse Bildung im Evangelischen RU", das den RU als Spezialfall religiöser Bildung versteht. Dabei setzt die Expertise einen allgemeinen Begriff von Religion voraus, merkt jedoch an, dass dieser Begriff nicht unstrittig sei:

Der Expertengruppe steht vor Augen, dass dieser Begriff keineswegs eindeutig und unproblematisch ist; sie nutzt ihn hier im Bewusstsein seiner Unzulänglichkeit, aber auch seiner Unersetzlichkeit als „Arbeitsbegriff". (Fischer/Elsenbast 2006, 21)

### 4.5.2 Bildungstheoretische Begründung

Einleitend erklärt die Expertise, dass die Antwort auf die Frage, ob man Standards und Kompetenzmodelle auch für den RU brauche, davon abhänge,

in welchem bildungstheoretischen Rahmen Zielsetzungen und Funktionen des RUs in der Schule bestimmt werden. (Fischer/Elsenbast 2006, 13)

Die Verfasser beschreiben zunächst die Situation der Schule in der Moderne: Auch in der Schule spiegele sich der Verlust einer inhaltlich bestimmten Leitidee, die die Vielfalt der verschiedenen Weltzugänge, Werte und Rationalitäten zusammenführen könne. Darum sei ein „substanziell gehaltvolle[r] und zugleich konsistente[r]" (Fischer/Elsenbast 2006, 13) Begriff von Allgemeinbildung verloren gegangen.

Weil ein allgemeiner und konsistenter Begriff von Allgemeinbildung heute nicht mehr möglich sei, könne die Schule nur noch unterschiedliche Weltzugänge und Horizonte des Weltverstehens eröffnen, argumentieren die Verfasser. Der Entwurf rekurriert deshalb auf Jürgen Baumerts Modell, interpretiert aber dessen Ansatz eher soziologisch:

Religion gehört in die Schule, weil es die spezifische Form religiöskonstitutiver Rationalität bzw. – einfach ausgedrückt – weil es Religion gibt. (Fischer/Elsenbast 2006, 13)

Verknüpft wird dieser Ausgangspunkt mit Benners Überlegungen zur „Grundstruktur moderner Bildung" (vgl. Benner 2002), die den drei Schulstufen unterschiedliche Aufgaben bei der Erschließung von Zugängen zur kulturell vorgegebenen Wirklichkeit zuweisen. Aus der schlichten Faktizität der Religion folgt für die Expertise der Gegenstandsbereich des RUs:

Der RU richtet sich auf das gesellschaftlich vorfindliche und identifizierbare Phänomen Religion bzw. Religionen sowie auf religiöse Praxis in unterschiedlichen Erscheinungsformen einschließlich der individuellen religiösen Überzeugungen und Ausdrucksgestalten. (Fischer/Elsenbast 2006, 14)

Der religionssoziologischen und religionsphänomenologischen Differenzierung der Religion in Erscheinungsformen religiöser Praxis, religiöse Überzeugungen und Ausdrucksgestalten entspricht die grundlegende Kompetenz, die im RU vermittelt werden soll: „sich in der sozialen Wirklichkeit von Religion(en) zurechtfinden zu können" (Fischer/Elsenbast 2006, 14).

Allerdings ist die Möglichkeit, die Ziele von Lernprozessen im RU durch Kompetenzen auszuweisen, begrenzt. Die Grenze liegt dort, wo Überzeugungen ins Spiel kommen, die den Hintergrund einer individuellen Religionspraxis ausmachen und die sich deshalb dem unterrichtlichen Arrangement entziehen. Theologisch werde diese Grenze durch die Differenzierung zwischen unverfügbarem Glauben und dem lehr- und lernbaren Medium des Glaubens, der Religion, markiert.

### 4.5.3 Das Bildungsziel des RUs: Gebildete Religion

Die Verfasser der Expertise bestimmen als Ziel des RUs „gebildete Religion" (Fischer/Elsenbast 2006, 14) und folgen damit einer auf Schleiermacher zurückzuführenden protestantischen Bildungstradition (vgl. Bahr 2006). Wurde Religion im vorangehenden Abschnitt vor allem als gesellschaftliches Phänomen verstanden – „Es gibt Religion" –, so geht es hier um Religion als subjektive Erfahrung: „Der Mensch hat Religion, er ist religiös."

Der Mensch ist nach der Expertise religiös gebildet, wenn er die Fähigkeit besitzt, zwischen der Außen- und Binnenperspektive der Religion zu unterscheiden und zwischen beiden Sichtweisen zu wechseln. Die Außenperspektive ist die Perspektive des distanzierten Nachdenkens über Religion, die Binnenperspektive meint die Perspektive des Vollzugs einer Religion (vgl. Fischer/ Elsenbast 2006, 15). Beide zueinander ins Verhältnis setzen zu können, sei das Kennzeichen neuzeitlicher, aufgeklärter religiöser Bildung.

Auch für die Bildungsprozesse im RU wird diese doppelte Perspektive religiöser Bildung in Anspruch genommen: Es geht ihm um die „Reflexion einer Praxis" der „Religion als zu einer ‚Kultur des Verhaltens zum Unverfügbaren'" (Hermann Lübbe, zit. in Fischer/Elsenbast 2006, 14) und um den „urteilsfähigen Zugang zu dieser Praxis".

Über die Urteilsfähigkeit in religiösen Angelegenheiten hinaus muss daher die Fähigkeit und Bereitschaft gehören, symbolische Sprache als solche erkennen und deuten zu können bzw. selbst symbolisch zu kommunizieren. (Fischer/Elsenbast 2006, 14)

Ergänzend rekurriert die Expertise hier auf die Unterscheidung aus dem englischsprachigen Bereich zwischen „learning about religion" und „learning from religion" (Fischer/Elsenbast 2006, 15), die als die beiden „Schlüsselaspekte des Lernens in religious education" verstanden werden. Allerdings betonen die Verfasser an anderer Stelle ihres Papiers: Dass die Schülerinnen und Schüler

(evangelische) Religion lernen (‚learning religion'), wird er [sc. der RU], da dies für Lehrprozesse unverfügbar ist, weder anstreben können noch sollen – und dennoch faktisch immer wieder auslösen. (Fischer/Elsenbast 2006, 22)

Worin die Differenz zwischen der dem RU aufgetragenen Binnenperspektive einerseits (Stichworte „symbolisch kommunizieren", „religiöse Rede", „Vollzug einer Religion", „religiös kommunizieren" und „learning from religion"; Fischer/Elsenbast 2006, 14f.) und dem ausgeschlossenen „Religion lernen" besteht, wird nicht erörtert.

Wie sich diese doppelte Perspektive des RUs in der Praxis auswirkt, lässt sich an einem Beispiel demonstrieren: So bleibt der RU noch ganz auf der Ebene der Außenperspektive, wenn über die Bedeutung des Advents, seinen biblischen Hintergrund, die Herkunft und Bedeutung von Adventstraditionen und -bräuchen nachgedacht wird. Die Binnenperspektive wird erst eingenommen, wenn Advent im RU tatsächlich in der Perspektive des Kommens Jesu Christi gefeiert – also auch die Ebene der Zelebration des Brauchtums – überschritten wird.

### 4.5.4 Das Kompetenzmodell

Im Zentrum der Expertise steht das „Modell für Kompetenzen religiöser Bildung" (vgl. Fischer/Elsenbast 2006, 17ff.). Zwar führen die Verfasser hier die Referenzstellen für den Begriff „religiöse Kompetenz" bei Michael Schibilsky und Ulrich Hemel an, verhalten sich gegenüber diesem Begriff aber deutlich vorsichtiger. In der Sache signalisieren sie aber, dass sie Hemels Konzept zustimmend rezipieren. Die Hemel'schen Dimensionen (vgl. Kap. 4.1) werden daher in zweifacher Hinsicht aufgenommen und in begrifflich transformierter Weise entfaltet: als „Gegenstandsbereiche" des RUs und als „Dimensionen der Erschließung von Religion" (Fischer/Elsenbast 2006, 17). Auch Kategorien von Benner und Schieder, insbesondere die Partizipationskompetenz, werden rezipiert. – Die Gegenstandsbereiche lauten:

- die subjektive Religion der Schüler/innen,
- die Bezugsreligion des RUs: Christentum evangelischer Prägung,
- andere Religionen und Weltanschauungen,
- Religion als gesellschaftliches und kulturelles Phänomen.

Die Erschließungsdimensionen sind

- Perzeption: *wahrnehmen und beschreiben* religiös bedeutsamer Phänomene,
- Kognition: *verstehen und deuten* religiös bedeutsamer Sprache und Glaubenszeugnisse,
- Performanz: *gestalten und handeln* in religiösen und ethischen Fragen,
- Interaktion: *kommunizieren und beurteilen* von Überzeugungen mit religiösen Argumenten und im Dialog,
- Partizipation: *teilhaben und entscheiden*: begründete (Nicht-) Teilhabe an religiöser und gesellschaftlicher Praxis.

Das Kompetenzmodell wird mit Hilfe einer komplexen Matrix entfaltet. Eingeklammert durch vier Gegenstandsbereiche (linke Spalte) und entsprechende exemplarische Lebenssituationen (rechte Spalte) werden in der Mitte des Tableaus zwölf Kompetenzen benannt, von denen jeweils drei dem entsprechenden Gegenstandsbereich zugeordnet werden. Jede dieser Kompetenzen bezieht sich auf alle fünf Dimensionen, enthält aber schwerpunktmäßig bereits Verknüpfungen zu einer oder mehrerer der Erschließungsdimensionen. So bezieht sich z.b. die erste Kompetenz

Die persönliche Glaubensüberzeugung bzw. das eigene Selbst- und Weltverständnis wahrnehmen, zum Ausdruck bringen und gegenüber anderen begründet vertreten

sowohl auf die Dimension der Perzeption (wahrnehmen) als auch auf die Ebene der Performanz und Interaktion (zum Ausdruck bringen, begründet vertreten). – Der Kernbereich des gesamten Tableaus besteht in der Zuordnung der zwölf Kompetenzen zu den Gegenstandsbereichen:

| 1–3: Subjektive Religion | 1. Die persönliche Glaubensüberzeugung bzw. das eigene Selbst- und Weltverständnis wahrnehmen, zum Ausdruck bringen und gegenüber anderen begründet vertreten. |
| --- | --- |
| | 2. Religiöse Deutungsoptionen für Widerfahrnisse des Lebens wahrnehmen, verstehen und ihre Plausibilität prüfen. |
| | 3. Entscheidungssituationen der eigenen Lebensführung als religiös relevant erkennen und mithilfe religiöser Argumente bearbeiten. |
| 4–7: Bezugsreligion des RU: Christentum evangelischer Prägung | 4. Grundformen religiöser Sprache (z.B. Mythos, Gleichnis, Symbol, Bekenntnis, Gebet, Gebärden, Dogma, Weisung) kennen, unterscheiden und deuten. |
| | 5. Über das Christentum evangelischer Prägung (theologische Leitmotive sowie Schlüsselszenen der Geschichte) Auskunft geben. |
| | 6. Grundformen religiöser Praxis (z.B. Feste, Feiern, Rituale, Diakonie) beschreiben, probeweise gestalten und ihren Gebrauch reflektieren. |

| | 7. Kriterienbewusst lebensförderliche und lebensfeindliche Formen von Religion unterscheiden. |
|---|---|
| 8–9: Andere Religionen und/oder Weltanschauungen | 8. Sich mit anderen religiösen Überzeugungen begründet auseinandersetzen und mit Angehörigen anderer Konfessionen bzw. Religionen respektvoll kommunizieren und kooperieren. |
| | 9. Zweifel und Kritik an Religionen sowie Indifferenz artikulieren und ihre Berechtigung prüfen. |
| 10–12: Religion als gesellschaftliches Phänomen | 10. Den religiösen Hintergrund gesellschaftlicher Traditionen und Strukturen (z.B. von Toleranz, des Sozialstaates, der Unterscheidung Werktag/Sonntag) erkennen und darstellen. |
| | 11. Religiöse Grundideen (z.B. Menschenwürde, Nächstenliebe, Gerechtigkeit) erläutern und als Grundwerte in gesellschaftlichen Konflikten zur Geltung bringen. |
| | 12. Religiöse Motive und Elemente in der Kultur (z.B. Literatur, Bilder, Musik, Werbung, Filme, Sport) identifizieren, ideologiekritisch reflektieren und ihre Bedeutung erklären. |

### 4.5.5 Religionspädagogische Reaktionen

Dem Wunsch der Expertengruppe folgend, „eine breite Diskussion und Weiterentwicklung dieser Vorschläge auf unterschiedlichen Ebenen anzuregen" (Fischer/Elsenbast 2006, 73), bemühte man sich nach Erscheinen der Expertise um Stellungnahmen aus der Religionspädagogik, der Bildungsforschung sowie aus der Lehrerbildung und der Unterrichtspraxis. Dieser Bitte sind zahlreiche Kolleginnen und Kollegen aus Hochschulen, Schulen und anderen Bildungsinstitutionen nachgekommen; ihre Beiträge sind in einem Sammelheft veröffentlicht, das im Folgenden zugrunde gelegt wird (vgl. Elsenbast/Fischer 2007).

Überwiegend wohlwollend wird das Anliegen der Expertengruppe aufgenommen, für den RU ein Kompetenzmodell zu erarbeiten und ihn damit anschlussfähig an die allgemeine Diskussion um Standards und Kompetenzen zu halten. Es lohne sich, an dem vorgelegten Modell weiterzuarbeiten: sei es, um seine Praxistauglichkeit zu überprüfen, sei es, um weitere Aufgabenformate zu erarbeiten oder um die einzelnen Teilbereiche empirischen Untersuchungen zu unterziehen. Einige wenige Autoren mahnen jedoch eine deutlichere Distanz an und warnen grundsätzlich vor den Risiken von Kompetenzorientierung und Standardisierung (vgl. bes. Ritter, 29–36). Wenngleich die vorgelegten Beispielaufgaben im Einzelnen durchaus scharf kritisiert werden, wird besonders dieser Versuch der Konkretisierung positiv hervorgehoben. – Neben zahlreichen Einzelbeobachtungen zeichnen sich folgende Hauptaspekte der Kritik ab:

## 1. Das Bildungsverständnis des Expertenpapiers

Mehrere Stellungnahmen heben das weite Bildungsverständnis hervor, an dem man aus christlicher Perspektive festhalten müsse und das nicht in der Beschreibung von Kompetenzen und der Festlegung und Überprüfung von Standards aufgehe. Sie sehen dieses christliche Bildungsverständnis im Expertenpapier entweder bestätigt (vgl. Mette, 26) oder aber durch die Frage nach Kompetenzen und Standards bedroht (vgl. Ritter, 30ff.; Asbrand, 42).

Der RU dürfe sich nicht an die Kette von Standards binden lassen, sondern solle die ihm von der Bildungspolitik eingeräumten Freiräume nutzen, statt sich um die Anpassung an den allgemeinen Trend zu bemühen (vgl. Ritter, 29f.). Kompetenzorientierung dürfe nicht dazu verleiten, das „große Ganze" religiöser Bildung aus den Augen zu verlieren (vgl. Ritter, 35). Religionspädagogik und RU hätten vielmehr danach zu fragen, was Schülerinnen und Schüler jenseits von „selbstfixiertem Subjektivismus" und „traditionsverhaftetem Objektivismus" wirklich bräuchten (Ritter, 36). Barbara Asbrand plädiert ebenfalls dafür, dass der RU nicht standardisierbare Bildungsziele stark machen solle (Asbrand, 42). Sie spricht sich für eine Kompetenzorientierung, aber gegen die Festlegung von Standards für den RU aus.

An einer weiteren Klärung des nur umrissartig beschriebenen Bildungsverständnisses des Expertise sind Michael Wermke und Friedrich Schweitzer interessiert: Wermke (vgl. Wermke, 37) geht es um eine Schärfung des Bildungsbegriffs aus christlicher Perspektive, Schweitzer (vgl. Schweitzer 2007a, 10f.) weist mit

Recht darauf hin, dass das Verhältnis von Kompetenzen und Bildung näher bestimmt werden müsse, da der rein quantitative Hinweis, Bildung sei mehr als Kompetenzen, nicht ausreiche. In eine ähnliche Richtung votiert auch – aus der Sicht einer Unterrichtspraktikerin – Gertrud Miederer, die danach fragt, wie mit den nicht-standardisierbaren Anteilen des RUs praktisch umgegangen werden solle (vgl. Miederer, 55).

## 2. Der Religionsbegriff

In zahlreichen Stellungnahmen wird der im Expertenpapier vorausgesetzte Religionsbegriff kritisiert: Er sei zu allgemein, zu unbestimmt und theologisch zu wenig reflektiert (vgl. Schweitzer 2007a, 13; Verhülsdonk, 17; Wermke, 37; Asbrand, 44; Ziener, 64). Peter Kliemann, selbst einer der Mitverfasser des Expertenpapiers, gibt den Hinweis, dass das von Schweitzer ausdrücklich angemahnte Fehlen der ethischen Dimension (vgl. Schweitzer 2007a, 14f.) damit zusammenhängen könnte, dass als Gegenstandsbereiche des RUs „Religion" in ihren unterschiedlichen Formen und Facetten bestimmt werde. Kliemann fragt, ob der Gegenstandsbereich des Evangelischen RUs nicht vielmehr die gesamte Wirklichkeit sei, die aus christlicher – genauer protestantischer – Perspektive gedeutet werden müsse (vgl. Kliemann, 84; Ziener, 64).

## 3. Das konfessionelle Profil des RUs

Mit dem allgemeinen Religionsbegriff hängt ein weiterer, dezidiert vorgetragener Kritikpunkt zusammen: Der konkrete, verfassungsrechtlich bestimmte Ort des Evangelischen RUs werde nur unzureichend wahrgenommen (vgl. Schweitzer 2007a, 12). Entscheidend sei aber, dass Evangelischer RU „durch die den evangelischen Glaubensüberzeugungen eigenen Perspektiven begründet wird" (Schweitzer 2007a, 11).

Daraus folgt nach Schweitzer, dass Kompetenzen und Standards nicht abgesehen und abgehoben von dem evangelischen Profil des RUs, sondern nur „aus einer evangelischen Perspektive" (Schweitzer 2007a, 14) entwickelt werden können. Bei dem vorliegenden Entwurf handele es sich daher „noch nicht um Kompetenzen und Standards für den evangelischen RU" (Schweitzer 2007a, 12), weil in den allgemeinen Rahmen des

Kompetenzmodells die evangelische Perspektive erst nachträglich eingezogen werde (vgl. Schweitzer 2007a, 12). Ebenso komme auch „der Wahrheitsanspruch des Glaubens und entsprechend die existentielle Auseinandersetzung mit unterschiedlichen Wahrheitsansprüchen" zu kurz (Schweitzer 2007a, 13).

Das Fehlen eines konfessionellen Profils wird von Asbrand ebenfalls konstatiert, aber eher positiv bewertet. Der Erwerb von Kompetenzen religiöser Bildung fordere nämlich nicht notwendig einen konfessionellen RU, da sich ihres Erachtens keine „evangelische[n] Kompetenzen beschreiben lassen, die sich von katholischen, jüdischen oder islamischen Kompetenzen substantiell unterscheiden" (Asbrand, 49). Die Konfessionalität des RUs lasse sich daher nicht aus der Sache heraus begründen, sondern sei nur eine bildungspolitische, normative Setzung (vgl. Asbrand, 48). Das Modell eines konfessionsneutralen oder religionskundlichen Unterrichts dürfte – wenn auch unausgesprochen – hinter dieser Wertung Asbrands stehen.

Gerhard Ziener verbindet mit dem kaum erkennbaren konfessionellen Profil ein ekklesiologisches Defizit – von evangelischer Kirche sei in dem Expertenpapier an keiner Stelle die Rede (vgl. Ziener, 64). Ebenfalls in diesen Zusammenhang gehört die von Ziener vermisste theologische Substanz (theologisches Denken, theologische Urteilsfähigkeit) des Papiers.

4. Verschränkung mit Inhalten, Kernideen und Basiswissen

Fast durchgehend wird die fehlende Verschränkung von Wissen und Können im Expertenpapier kritisiert und mangelnde Anbindung an konkrete Inhalte bzw. Basiswissen beklagt (vgl. Verhülsdonk, 21; Schweitzer 2007a, 14; Ritter, 31; Asbrand, 44; Bayrhuber 53; AEED, 61; Ziener, 64): Schweitzer weist auf den fehlenden Bezug zu einem Kerncurriculum hin, Ritter auf die grundsätzlich notwendige Verschränkung von Kompetenzen und Inhalten. Asbrand bewertet die Kompetenzen, da sie nicht mit Kernideen verbunden sind, als formal, und Horst Bayrhuber fordert eine Verknüpfung der von ihm als basale Konzepte verstandenen theologischen Leitbegriffe „Rechtfertigung, Freiheit und Verantwortung" mit den zwölf Kompetenzen.

## 5. Die Messbarkeit der Kompetenzen

Prinzipiell kritisch beurteilt Asbrand aus der Perspektive der Bildungsforschung die Frage, ob Kompetenzen religiöser Bildung messbar, im Sinne von testtheoretisch abgesicherter, empirischer Messbarkeit, sind. Nicht nur, weil die Religionspädagogik – anders als andere Fachdidaktiken – bisher keine entsprechende empirische Forschungstradition habe, sondern grundsätzlich, weil die im RU zu erwerbenden Kompetenzen testtheoretisch kaum oder nur sehr schwer valide zu messen seien, plädiert sie dafür, zwar Kompetenzorientierung als brauchbares Instrument der Entwicklung von Unterrichtsqualität einzuführen, die Festlegung und Überprüfung von Standards aber nicht weiter zu verfolgen (vgl. Asbrand, 41). Anders – immerhin aus der Sicht eines naturwissenschaftlichen Fachdidaktikers – ist die Einschätzung von Bayrhuber: Er hält das vorgelegte Kompetenzmodell als Grundlage für weitere empirische Forschungsarbeit für sehr gut geeignet: Die einzelnen Kompetenzen müssten empirisch abgesichert und weiter entwickelt werden (vgl. Bayrhuber, 51).

## 6. Performanz und Partizipation – Erschließungsdimensionen des RUs

Nicht nur für die Frage der Messbarkeit von Kompetenzen folgenreich sind die Erschließungsdimensionen Performanz und Partizipation. Vielmehr steht mit ihnen auch die konzeptionelle Ausrichtung des RUs auf dem Spiel. Genauer: Soll der RU performative Elemente überhaupt und – wenn ja – in welcher Form und in welchem Umfang integrieren? Ob und wie Kompetenzen mit den Schwerpunkten Performanz und Partizipation im Rahmen der öffentlichen Schule angeeignet und überprüft werden können, fragt daher Andreas Verhülsdonk, plädiert aber gleichzeitig für deren hohen Stellenwert im Bildungsauftrag des katholischen RUs und begrüßt daher die Rezeption von Leitgedanken des performativen Unterrichts im vorgelegten Kompetenzmodell (vgl. Verhülsdonk, 18). Wermke akzentuiert die begrenzte Operationalisierbarkeit von Partizipation, Performanz und Interaktion (vgl. Wermke, 38), spricht sich aber vorsichtig für die Einführung von „Vollzugsformen der eigenen [...] Religion" in den RU aus (Wermke, 39). Noch deutlicher tritt die

AEED für das von der Expertenkommission abgelehnte Modell des „learning religion" ein (vgl. AEED, 61).

## 7. Beispielaufgaben

Höchst unterschiedlich fällt die Kritik an den Beispielaufgaben aus. Sie reicht von dem Monitum, biblische Texte seien zu wenig berücksichtigt (vgl. Schweitzer 2007a, 13), bis zum Vorwurf der Kognitions- bzw. Textlastigkeit, die (zu) hohe Ansprüche an die Lesekompetenz der Schüler stellten (vgl. Wermke, 38; AEED, 60; Ziener, 63; Binswanger-Florian, 68). Kritisiert werden das uneinheitliche Spektrum der Aufgaben ebenso wie die inhaltliche Unbestimmtheit einzelner Aufgaben (vgl. Verhülsdonk, 21f.). Ziener macht darauf aufmerksam, dass die Kohärenz zwischen Kompetenzen und Beispielaufgaben nicht gegeben sei und es auch an der Konkretisierung von überprüfbaren Kompetenzstufen fehle (vgl. Ziener, 65).

Vor allem wird aus testtheoretischer Sicht gegen viele Aufgaben eingewandt, dass sie den Kriterien valider Überprüfung nicht Stand hielten, sondern allenfalls als Unterrichtsaufgaben dienlich seien (vgl. Asbrand, 45f.). Schließlich wird von Wermke kritisiert, dass die Aufgaben überwiegend eine Distanz zum Unterrichtsgegenstand voraussetzten bzw. die Schüler in Abstand zum Unterrichtsgegenstand hielten (vgl. Wermke, 37). Interessant ist, dass aus der Sicht der Praktikerin die Aufgaben als „sehr lebensnah" beurteilt werden (Binswanger-Florian, 68).

Man wird der Expertise wohl am ehesten gerecht, wenn man sie als „work in progress" versteht, das einerseits einen bedeutenden Meilenstein auf dem Weg zu einem kompetenzorientierten RU darstellt, andererseits noch nicht das letzte Wort zur Sache darstellt, dies aber auch nicht beansprucht. Dass sich die Experten trotz aller ungeklärten Grundsatzfragen und trotz strittiger Begrifflichkeit und theologisch widersprüchlicher Positionen auf ein Modell verständigt haben, ist als mutiger Impuls zu beurteilen, der seinerseits nicht nur den religionspädagogischen Diskussionsprozess vorantreibt, sondern auch als eine Art Messlatte fungiert, an deren theoretisch-konzeptionellem, aber auch unterrichtspraktischem Niveau (Beispielsaufgaben!) sich künftige Versuche zu orientieren haben werden. An welchen Punkten

Defizite aufgearbeitet und ggf. auch getroffene Weichenstellungen kritisch überdacht werden müssen, zeigen die eingeholten Stellungnahmen.

## 4.6 Weiterentwicklung und Erprobung des Kompetenzmodells Sekundarstufe I

Weiter vorangetrieben wird der Diskussionsprozess durch eine Arbeitsgruppe der EKD, die einen „Orientierungsrahmen" „Kompetenzen und Standards für den Evangelischen Religionsunterricht in der Sekundarstufe I" ausarbeiten sollte. Der Text wird voraussichtlich im Jahr 2010 veröffentlicht. Die Arbeitsgruppe nimmt das Kompetenzmodell des Comenius-Instituts konstruktiv auf, profiliert es fachdidaktisch und erweitert es um zusätzliche Aspekte der Wertebildung. Damit soll die Anschlussfähigkeit des Evangelischen Religionsunterrichts an die allgemeine Unterrichtsentwicklung gewährleistet werden. Ausgewiesen wird eine begrenzte Anzahl von Kompetenzen, die als Grundlage von künftig zu beschreibenden Bildungsstandards dienen können. Allerdings weisen die Verfasser darauf hin, dass ihr Orientierungsrahmen nur ein Schritt auf einem längeren Weg sein könne, da es zum Beispiel an empirischen Daten fehle, welche Kompetenzniveaus Schülerinnen und Schüler nach einer bestimmten Anzahl von Schuljahren tatsächlich erreichen und erreichen können.

Ausgehend von dem religionspädagogischen Leitziel einer differenzierten religiösen Bildung legt die Arbeitsgruppe zunächst den Beitrag des Evangelischen Religionsunterrichts zur Allgemeinbildung dar und wendet sich dann der Frage zu, welche Anforderungen an Kompetenzen und Standards für den Religionsunterricht zu stellen seien. Im Unterschied zu dem eher unspezifischen Religionsbegriff des Expertenmodells besteht die Arbeitsgruppe darauf, dass Kompetenzen und Standards ausdrücklich auf das Selbstverständnis sowie die Selbstinterpretation der Evangelischen Kirche zu beziehen seien und der Bekenntnisbezug des Religionsunterrichts maßgeblich sein müsse.

Der Orientierungsrahmen geht von acht Kompetenzen für die Sekundarstufe I aus (11f.):

„1. Den eigenen Glauben und die eigenen Erfahrungen wahrnehmen und zum Ausdruck bringen sowie vor dem Hintergrund christlicher und anderer religiöser Deutungen reflektieren.

2. Grundformen biblischer Überlieferung und religiöser Sprache verstehen.

3. Individuelle und kirchliche Formen der Praxis von Religion kennen und daran teilhaben können.

4. Über das evangelische Verständnis des Christentums Auskunft geben.

5. Ethische Entscheidungssituationen im individuellen und gesellschaftlichen Leben wahrnehmen, die christliche Grundlegung von Werten und Normen verstehen und begründet handeln können.

6. Sich mit anderen religiösen Glaubensweisen und nichtreligiösen Weltanschauungen begründet auseinandersetzen, mit Kritik an Religion umgehen sowie die Berechtigung von Glaube aufzeigen.

7. Mit Angehörigen anderer Religionen sowie mit Menschen mit anderen Weltanschauungen respektvoll kommunizieren und kooperieren.

8. Religiöse Motive und Elemente in der Kultur identifizieren, kritisch reflektieren sowie ihre Herkunft und Bedeutung erklären.“

Schließlich werden den Kompetenzen mögliche Standards zugeordnet, die einen deutlich inhaltsbezogenen Akzent haben. Zur Kompetenz 4 etwa heißt es (14f.):

▪ „Die Schülerinnen und Schüler können die Grundlagen des christlichen Glaubens verstehen und im Gespräch interpretieren.

▪ Die Schülerinnen und Schüler können Brennpunkte der Christentumsgeschichte darstellen und dazu einen begründeten eigenen Standpunkt einnehmen.

▪ Die Schülerinnen und Schüler können das ökumenische Selbstverständnis der evangelischen Kirche erläutern.

▪ Die Schülerinnen und Schüler können zwischen Aussagen des Glaubens und der Naturwissenschaft unterscheiden und sie zueinander ins Verhältnis setzen.“

Eingefordert wird von der Arbeitsgruppe das „notwendige Pendant zu Kompetenzen und am Outcome orientierten Standards": ein Curriculum, das grundlegende Inhalte des Faches benennt, „die in ihren elementaren Strukturen zu erschließen sind und dabei dem schrittweisen Aufbau der beschriebenen Kompetenzen dienen" (17). Im Blick auf die Lern- und Arbeitsformen im Religionsunterricht heißt es: „Auch wenn der Sinn von Religion und Religionsunterricht keineswegs in der Bewältigung von aktuellen Anforderungssituationen aufgeht, sollten Religionslehrerinnen und Religionslehrer deshalb schon bei der Unterrichtsvorbereitung immer wieder Situationen identifizieren, die einen existentiell bedeutsamen Horizont aufweisen und in denen die Wahrheitsfrage für Jugendliche in der Sekundarstufe I relevant werden kann." (8)

In einem breit angelegten Comenius-Folgeprojekt „Entwicklung und Evaluation kompetenzorientierten Religionsunterricht" (KompRU) unter der Leitung von Andreas Feindt haben vier LehrerInnen-Gruppen in Niedersachsen 2007-2009 kompetenzorientierte Unterrichtssequenzen entwickelt, die im eigenen Religionsunterricht erprobt und anschließend systematisch aufgearbeitet wurden (Feindt 2009). Der Kreislauf von entwickelnder Aktion und forschender Reflexion war grundlegendes Prinzip des Projektes. Dabei stand das von Stenhouse und Altrichter/Posch entwickelte Lehrer-Forscher-Modell Pate, nach dem Lehrkräfte Experten für den eigenen Unterricht sind und gleichzeitig ihren Unterricht reflektieren und erforschen. Ziel des Projektes war es, zum einen den Prozess der Entwicklung kompetenzorientierten Unterrichts voranzutreiben, zum andern die Lehrkräfte systematisch und prozessbegleitend durch nachhaltige Lerngemeinschaften bei der Gestaltung kompetenzorientierten Unterrichts zu unterstützen und Lehrkräfte in der Lehrer- und Lehrerinnenfortbildung zu qualifizieren.

Der im KompRU-Projekt verfolgte Ansatz praxisorientierter Unterrichtsentwicklung dürfte vielversprechend sein. Erst wenn es gelingt, den Kompetenzmodelle in der Praxis durch vielfältige Beispiele zu erproben und zu evaluieren, wird der Anspruch kompetenzorientierten Lehrens und Lernens eingelöst. „Eine Implementation von Bildungsstandards, die nicht bis auf die Mikroebene des Unterrichts durchdringt und die die Lehrpersonen und letztendlich die Schülerinnen und Schüler als eigenständig Lernende nicht erreicht, wird nichts bewirken. Für das Lehren und das Lernen gilt: keine Qualität der Produkte ohne entsprechende Prozessqualität; keine standardkonformen Lernergebnisse ohne vorangegangene Lerngelegenheiten für alle Schülerinnen und Schüler. Auf der Lehr-Lernebene entscheidet sich, ob die Reform wirksam ist." (Oelkers/Reusser 399)

## 4.7 Das Konzept der Einheitlichen Prüfungsanforderungen (EPA) für das Abitur (2006)

Zeitgleich zur Expertise des Comenius-Instituts und in partieller personeller Verschränkung entwickelte eine aus Lehrerinnen und Lehrern, Fachberatern, Schulaufsichtsbeamten und kirchlich Beauftragten bestehende Gruppe im Auftrag der Kultusministerkonferenz „Einheitliche Prüfungsanforderungen in der Abiturprüfung Evangelische Religionslehre", die am 6.11.2006 von der Kultusministerkonferenz beschlossen wurden.

Der Ansatz der EPA wurde gemeinsam mit der katholischen Arbeitsgruppe ausgearbeitet, während die beiden Kommissionen bei den Konkretionen unterschiedliche Wege beschritten. Die EPA sind als länderübergreifender Rahmen für die schriftlichen und mündlichen Abiturprüfungen zu verstehen, an denen sich die Bundesländer bei der Entwicklung eigener Normen zu orientieren haben. Insbesondere die Prüfungsaufgaben setzen verbindliche Maßstäbe sowohl im Blick auf ihre Konzeption als auch hinsichtlich des angestrebten Niveaus.

Den Kommissionen waren von vornherein Richtlinien vorgegeben, die sich zum einen auf den Aufbau der EPA, zum anderen auch auf die Typik und Konstruktion der Aufgaben bezogen. Vor allem aber galt die Direktive, dass die EPA aller Fächer Kompetenzen auszuweisen hatten, während die Musteraufgaben als faktische Standards gelten sollten. Als ausgesprochen schwierig erwies sich, dass es zu diesem Zeitpunkt noch in keinem Bundesland kompetenzorientierte Lehrpläne für die Oberstufe des Faches Evangelische Religionslehre gab und dass ein Kerncurriculum fehlte, auf das sich die Kommission bei der Ausarbeitung von Prüfungsaufgaben hätte beziehen können. Da auch kein konsensfähiges Modell für Kompetenzen religiöser Bildung vorlag, hatte die Kommission eine religionspädagogisch konzeptionelle Pionierarbeit zu leisten. – In der Fachpräambel der neuen EPA wird zunächst die Perspektive des Evangelischen RUs hervorgehoben und seine besondere Beziehung zur Evangelischen Theologie erklärt.

Der Evangelische RU ist durch ein Verständnis des Menschen und seiner Wirklichkeit geprägt, das in der biblisch bezeugten Geschichte Gottes mit den Menschen gründet. Für dieses Verständnis ist eine Grunderfahrung konstitutiv, die in reformatorischer Tradition als Rechtfertigung „allein aus Gnade" und „allein durch den Glauben" zu beschreiben ist. […] Diese Perspektive zur Geltung zu bringen, ist der besondere Beitrag des Evangelischen RUs zur Arbeit in der gymnasialen Oberstufe. In seinem Bezug zur Evangelischen Theologie führt der Evangelische RU in wissenschaftspropädeutisches Arbeiten ein. (EPA ER 2006, 5f.)

Auf dieser Grundlage werden in der Fachpräambel Charakteristika des Evangelischen RUs benannt, die im Spannungsfeld von Identität und Verständigung zur religiösen Bildung von Jugendlichen und jungen Erwachsenen beitragen. Dabei gehen die Verfasser davon aus, dass gerade die konfessionelle Bestimmtheit des RUs die Identitätsentwicklung der Schülerinnen und Schüler unterstützt (vgl. EPA ER 2006, 6).

Von vornherein sind die EPA daran interessiert, den konkreten Ort des Evangelischen RUs nach Art. 7,3 GG ernst zu nehmen und von hier aus Kompetenzen religiöser Bildung zu beschreiben. Dabei greifen sie implizit auf Baumerts bildungstheoretisches Tableau der Modi der Welterschließung zurück, in dem für die Fächer Religion und Philosophie Probleme konstitutiver Rationalität auf der Tagesordnung stehen und „Fragen des Ultimaten" bearbeitet werden sollen (vgl. Kap. 3.1). Der von Baumert nur angedeutete Problemhorizont wird von der Kommission als „religiös bedeutsame[n] Erfahrungen und Fragen der Schüler" (EPA ER 2006, 9) interpretiert und in sechs Leitfragen aufgenommen, die sich auf das Woher, das Wohin und das Wozu des menschlichen Lebens beziehen. Diese Leitfragen aus Schülerperspektive fungieren insofern als strukturierende Kategorien, als sie einerseits zu zentralen Inhalten des christlichen Glaubens in evangelischer Prägung, andererseits zu Bezugsfeldern in der pluralen Gesellschaft in Beziehung gesetzt werden:

Die Leitfragen stehen in Wechselbeziehung zu *zentralen Inhalten* des christlichen Glaubens in Geschichte und Gegenwart und zu den *Bezugsfeldern in der pluralen Gesellschaft*. (EPA ER 2006, 10)

Die gesellschaftlichen Bezugsfelder „plurale religiöse Lebensentwürfe und Weltdeutungen", „religiös geprägte Ausdrucksformen in der Gegenwartskultur" sowie „religiös-ethische Herausforderungen in Kultur, Wissenschaft, Politik und Wirtschaft" erinnern an die Gegenstandsbereiche der Comenius-Expertise, sind hier aber ebenso wie die Leitfragen als „Referenzrahmen" zu verstehen, in dem „der christliche Glaube in der Abiturprüfung zur Sprache kommt und auf den hin er entfaltet, gedeutet und erörtert wird" (EPA ER 2006, 10). Die EPA machen daher ernst mit einem anforderungsbezogenen Kompetenzbegriff, denn die Bezugsfelder erhalten ihre „prüfungsrelevante Bedeutung dadurch, dass sie den christlichen Glauben in unterschiedlicher Weise befragen, herausfordern oder in Konkurrenz zu ihm stehen" (EPA ER 2006, 10).

Was Schülerinnen und Schüler also in der Abiturprüfung können und nachweisen müssen, ist ihre Fähigkeit, mit spezifischen Herausforderungen sachgemäß und kritisch umzugehen und die Perspektive des christlichen Glaubens dabei zur Geltung zu bringen. Im Unterschied zu der Expertise des Comenius-Instituts ist daher die Referenz zur eigenen Bezugsreligion nicht einer unter vier Gegenstandsbereichen, sondern als leitende Perspektive aufzufassen, die auf bestimmte theologische Inhaltsbereiche bezogen ist.

Abgewiesen wird aber ein Verständnis, nach dem die unterschiedlichen Bezugsfelder die Fragen liefern, auf die dann der christliche Glaube nur zu antworten brauche. Vielmehr sollen die individuellen, gesellschaftlichen, kulturellen und politischen Bezugsfelder in eine dialogische Beziehung zum christlichen Glauben gebracht werden, die mit den Stichworten „Begegnung, Anknüpfung und Auseinandersetzung" beschrieben wird (EPA ER 2006, 10). – Das Grundmodell der EPA sieht daher folgendermaßen aus:

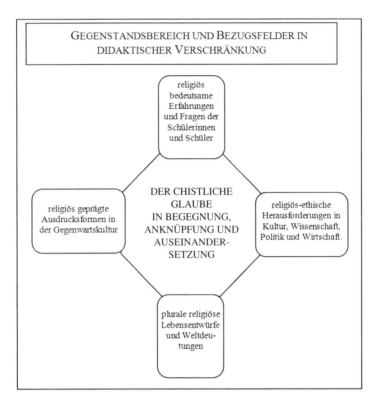

GEGENSTANDSBEREICH UND BEZUGSFELDER IN DIDAKTISCHER VERSCHRÄNKUNG

religiös bedeutsame Erfahrungen und Fragen der Schülerinnen und Schüler

religiös geprägte Ausdrucksformen in der Gegenwartskultur

DER CHISTLICHE GLAUBE IN BEGEGNUNG, ANKNÜPFUNG UND AUSEINANDER- SETZUNG

religiös-ethische Herausforderungen in Kultur, Wissenschaft, Politik und Wirtschaft.

plurale religiöse Lebensentwürfe und Weltdeutungen

Das inhaltlich ausdifferenzierte und konkretisierte Modell stellen die EPA in der Form einer Matrix dar (s.S. 112), die ausdrücklich nicht nur horizontal zu lesen ist, sondern vielfältige Querverbindungen zulässt.

Ausgehend von diesem Raster benennen die EPA fünf Leitkompetenzen, die in den Prüfungsaufgaben jeweils wieder aufgegriffen und im Blick auf inhaltliche Anforderungen konkretisiert werden. Ähnlich wie in der Comenius-Expertise sind die Leitkompetenzen in einer allgemeinen Form formuliert, gewinnen aber durch die Einbindung in das Grundmodell eine spezifische Prägung. Sie sind daher nicht als von der eigenen Konfession abstrahierende allgemeinreligiöse Fähigkeiten und Fertigkeiten zu interpretieren, sondern weisen im Zusammenhang mit den Prüfungsaufgaben ein erkennbares evangelisches Profil auf:

- Wahrnehmungs- und Darstellungsfähigkeit – religiös bedeutsame Phänomene wahrnehmen und beschreiben,
- Deutungsfähigkeit – religiös bedeutsame Sprache und Zeugnisse verstehen und deuten,
- Urteilsfähigkeit – in religiösen und ethischen Fragen begründet urteilen,
- Dialogfähigkeit – am religiösen Dialog argumentierend teilnehmen,
- Gestaltungsfähigkeit – religiöse bedeutsame Ausdrucks- und Gestaltungsformen verwenden (vgl. EPA ER 2006, 8f.).

Zu jeder dieser Kompetenzen werden schließlich Teilkompetenzen ausgewiesen, z.b. als Teilkompetenzen zur Dialogfähigkeit

- die Perspektive eines anderen einnehmen und in Bezug zum eigenen Standpunkt setzen,
- Gemeinsamkeiten von religiösen und weltanschaulichen Überzeugungen sowie Unterschiede benennen und im Blick auf mögliche Dialogpartner kommunizieren,
- sich aus der Perspektive des christlichen Glaubens mit anderen religiösen und weltanschaulichen Überzeugungen argumentativ auseinandersetzen,
- Kriterien für eine konstruktive Begegnung, die von Verständigung, Respekt und Anerkennung von Differenz geprägt ist, in dialogischen Situationen berücksichtigen. (EPA ER 2006, 9)

Der dialogische Anspruch der EPA erweist sich in diesen Teilkompetenzen etwa in der Fähigkeit zum Perspektivenwechsel, zur sachkundigen Kommunikation und zur kriteriengeleiteten Begegnung mit Vertretern anderer Religionen, das evangelische Profil ist erkennbar in der perspektivegeleiteten Auseinandersetzung.

Die EPA tragen – wie fast alle Richtlinien und Lehrpläne – die Spuren eines Kompromisses zwischen der evangelischen und der katholischen Arbeitsgruppe an sich, der sich vor allem im konzeptionellen Teil niederschlägt. Das Bemühen der Arbeitsgruppen, zu einem tragfähigen Konsens zu kommen, um die beiden Fächer im Ansatz einander anzunähern und eine Zusammenarbeit der Kolleginnen und Kollegen vor Ort zu erleichtern, dürfte als weithin geglückt zu bewerten sein, auch wenn sich im Detail gelegentlich kritische Rückfragen ergeben.

| Biographisch-lebensweltliche Perspektive der Schülerinnen und Schüler | Dialog | Perspektive des christlichen Glaubens | Dialog | Bezugsfelder in der pluralen Gesellschaft |
|---|---|---|---|---|
| Wer bin ich? Woher komme ich? Wohin gehe ich? – Die Frage nach existentieller Vergewisserung | | Das christliche Bild des Menschen | | Bilder vom Menschen in Religionen und Weltanschauungen, in Wissenschaft, Wirtschaft und Kultur |
| Wie gelingt mein Leben? – Die Frage nach dem Lebenssinn | | Das Evangelium von Jesus Christus | | Religiöse und säkulare Sinndeutungen und Glücksverheißungen |
| Worauf kann ich vertrauen? – Die Frage nach dem Glauben | | Die christliche Rede von Gott | | Verehrung und Bestreitung von Göttern, letztgültigen Mächten, Ereignissen, Instanzen und Personen |
| Was ist wahr? – Die Frage nach gültiger Orientierung | in Begegnung, Anknüpfung und Auseinandersetzung | Das Wahrheitszeugnis der Kirche als Gemeinschaft der Glaubenden | in Begegnung, Anknüpfung und Auseinandersetzung | Wahrheitsansprüche in Religionen, Wissenschaft und Politik |
| Was soll ich tun? – Die Frage nach dem guten Handeln | | Die christliche Ethik der Menschenwürde, der Gerechtigkeit, der Versöhnung und des Friedens | | Moralische und ethische Herausforderungen, Werthaltungen und Handlungsmodelle |
| Was darf ich hoffen? – Die Frage nach dem Mut zum Leben angesichts von Leid und Tod, Scheitern und Schuld | | Die christliche Zukunftshoffnung | | Religiöse und säkulare Lebensentwürfe und Zukunftsvorstellungen |

Matrix EPA

Gegenüber der Expertise des Comenius-Instituts stellen die EPA insofern einen Fortschritt dar, als eine Reihe von kritischen Einwürfen in den EPA nicht greifen. Weder gehen die EPA von einem allgemeinen Religionsbegriff aus noch verzichten sie darauf, die besondere Perspektive des Evangelischen RUs ins

114

Spiel zu bringen. Die Inhaltsaspekte des christlichen Glaubens werden ebenso wenig ausgeklammert wie die Dimension der Ethik.

Gleichwohl stellt sich die Frage, ob die Mittelpunktstellung des christlichen Glaubens als „Gegenstandsbereich" nicht faktisch dazu führen kann, dass der Unterricht weniger an Kompetenzen als an traditionellen theologischen Themen ausgerichtet wird. Die sechs in dogmatisch formalisierter Terminologie formulierten Topoi legen jedenfalls die Vermutung nahe, dass diese sich auch Struktur bildend in den Lehrplänen und im Unterricht selbst niederschlagen werden und so die beabsichtigte Kompetenzorientierung überlagern könnten.

Im Blick auf das in den EPA skizzierte Kompetenzmodell ist einzuwenden, dass die Kompetenzen nicht in Niveaustufen ausdifferenziert sind. Die Kommission behilft sich zwar mit dem Hinweis auf die von der KMK vorgegebenen Anforderungsbereiche (EPA ER 2006, 12f.) und gibt Kriterien für die Beurteilung von Leistungen mit dem Prädikat „gut" und „ausreichend" an, aber dies ersetzt nicht die eigentlich notwendige Stufung des Niveaus bei den Kompetenzen. Im Übrigen stellen die EPA durch die Musteraufgaben zwar faktisch Standards dar, an denen sich künftig die Anforderungen im Abitur in allen Bundesländern zu messen haben, sie verzichten aber auf die Formulierung von überprüfbaren Standards in der von der Klieme-Kommission angeregten terminologisch präzisen Form. Es wird viel davon abhängen, wie die EPA in den Bundesländern umgesetzt werden. Auf jeden Fall erhebt sich bei den EPA das Desiderat eines dem Kompetenztableau korrespondierenden Kerncurriculums, in dem die Prüfungsaufgaben ihren Stellenwert erhalten.

# 5. Inhalte:
# Von Kompetenzen und Standards
# zum Kerncurriculum Religion

## 5.1 Was ist ein Kerncurriculum?

Kerncurricula repräsentieren [...] das Selbstverständnis einer Kultur, aber nicht schichtspezifisch separiert, sondern als Ausdruck eines Kanons der Allgemeinbildung, der universell, für alle Heranwachsenden einer Gesellschaft gültig sein soll. Ihre Vorgaben sind auf die kulturellen Basisfähigkeiten bezogen, eindeutig schulisch definiert, konkretisiert in obligatorischen Lernprozessen und dort als Instanzen der Normierung und Steuerung verstanden. (Klieme et al. 2003, 96)

Obwohl ein verbindlicher Bildungskanon in der Gegenwart fehlt, hält die Klieme-Expertise an einem „schulischen Kanon" bzw. an einer „Kanonisierung schulischer Lernprozesse" fest, auf die die Schule als gesellschaftliche Institution nicht verzichten könne.

Im schulischen Kontext repräsentiert das Kerncurriculum deshalb die Struktur allgemeiner Bildung und die Initiation in die für das Leben notwendigen Modi der Welterschließung. (Klieme et al. 2003, 97)

Im Rahmen des Gesamtkonzepts der Klieme-Expertise stellen Kerncurricula das notwendige Pendant zu Bildungsstandards dar:

Bildungsstandards und Kerncurricula schließen sich in dem hier vertretenen Konzept nicht gegenseitig aus, sondern überlappen und ergänzen sich. Kerncurricula wie Bildungsstandards sind Elemente innerhalb eines Systems der Steigerung und Steuerung der Qualität des Bildungswesens; ihrer Funktion nach setzen Bildungsstandards am Output an, für den sie Vorgaben spezifizieren, Kerncurricula hingegen am Input, d.h. an der Auswahl der Inhalte und Themen und der Gestaltung von Lehr-Lernprozessen. Den Schnittbereich von Kerncurricula und Bildungsstandards bilden die bildungstheoretischen Leitideen und Kompetenzmodelle. Standards ergänzen dies durch die Stufung und Ausdifferenzierung von Kompetenzanforderungen und letztlich durch konkrete Testverfahren,

116

während Kerncurricula zusätzlich exemplarisch Themen für die inhaltliche Gestaltung schulischer Lehr-/Lernprozesse benennen und modellhaft Anregungen für die Praxis pädagogischer Arbeit geben. Kerncurricula umfassen deshalb mehr als nur Bildungsstandards im Sinne von individuumbezogenen Kompetenzmodellen. Sie eröffnen eine Welt des Lernens. (Klieme et al. 2003, 95)

Auch wenn der Begriff „Kerncurriculum" nicht eindeutig normiert ist und international unterschiedliche Formen in Gebrauch sind, empfiehlt die Kommission, die länderspezifischen Lehrpläne schrittweise in Richtung auf Kerncurricula umzugestalten. „Die Entwicklung von Bildungsstandards und Kerncurricula sollte in Zukunft Hand in Hand gehen." (Klieme et al. 2003, 95) – Das Modell der Klieme-Expertise in der Übersicht:

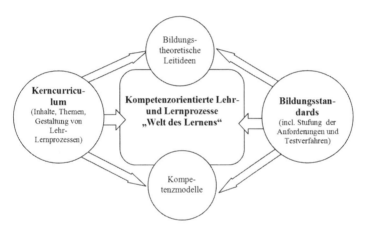

Kerncurricula beschreiben „das unentbehrliche Minimum der Themen, Inhalte und Lehrformen der Schule" (Klieme et al. 2003, 97). Sie nennen zentrale Themen und Inhalte, und das „klar, eindeutig und verbindlich" (Klieme et al. 2003, 97). Da die Umsteuerung des Bildungswesens verstärkt auf die Selbstständigkeit der einzelnen Schule setzt, sind auch die Kerncurricula offen für fachinterne Vertiefung und Vernetzung mit anderen Fächern und fordern die Profilbildung auf der Ebene der Einzelschule geradezu heraus: Die „Feingliederung des Curriculums, die Abstimmung von inhaltlichen und methodischen Details und die zeitliche Anordnung" sollten nämlich „vor Ort in einem

117

Schulcurriculum" vorgenommen werden (Klieme et al. 2003, 123). Die Konkretisierung der Kerncurricula und ihre Umsetzung in lokale, stufenbezogene Lehrpläne werden daher den Fachkonferenzen der einzelnen Schule oder schulübergreifenden Organisationsformen zugemutet.

## 5.2 Kerncurricula und Elementarisierung

Schon lange bevor das aktuelle Gespann aus Bildungsstandards und Kerncurricula aus der Taufe gehoben wurde, haben führende Vertreter der evangelischen Religionspädagogik Überlegungen dazu angestellt, was denn eigentlich im Unterricht als „elementar" und „fundamental" gelten könne (vgl. z.B. Nipkow 1982, 2005; Nipkow 2005; Baldermann 1983; Überblick bei Schweitzer 2003, 9ff.; 203ff.).

Die bereits Anfang der 1970er Jahre unabweisbare Beobachtung, „welch Trümmerfeld ungeordneter, falscher und existentiell völlig bedeutungsloser biblisch-christlicher Überlieferungselemente" in den Köpfen der Schülerinnen und Schüler herrschte, führte zwangsläufig dazu, dass sich die Religionspädagogen auf die „elementaren" Anfangsprobleme zurückgeworfen und sich genötigt fühlten, „sich selbst und die Sache auf das elementar Notwendige zu konzentrieren" (Nipkow 1982, 187).

Im Gespräch mit Bildungstheoretikern wie Wolfgang Klafki einerseits (vgl. Klafki 1968) und der reformatorischen Katechismustradition andererseits ging insbesondere Karl Ernst Nipkow dem Problem nach, wie in dem „Vorgang der Lehr-Lernprozesse als einem Beziehungsgeschehen" (Nipkow 2005, 309) zwischen Lehrer, Schülern und Unterrichtsgegenständen elementare Wahrheiten, elementare Strukturen, elementare Erfahrungen und elementare Anfänge zur Sprache kommen können.

Der Tübinger Elementarisierungsansatz, der von Friedrich Schweitzer durch eine fünfte Frage nach „elementaren Lehr- und Lernformen" weiterentwickelt wurde (vgl. Nipkow 2005, 328; Schweitzer 2003, 24ff.), ist primär als religionsdidaktische Aufgabe (vgl. Schweitzer 2003, 208) der Lehrplanung und Unterrichtsvorbereitung zu verstehen (vgl. Schweitzer 2003, 12f.). Sie bezieht sich „auf theologische Fragen insgesamt" und auf

Themen, „die aus der Lebenswelt der Jugendlichen erwachsen" (Schweitzer 2003, 10), und strebt eine Konzentration auf pädagogisch elementare Lernvollzüge an. Elementarisierung ist also nicht einfach gleichbedeutend mit einer Elementartheologie, auch wenn sie sich in der Frage nach den „elementaren Strukturen" und „elementaren Wahrheiten" – im Sinne der „tragenden Sinnzusammenhänge bzw. Sinnstrukturen der christlichen Lehre" (Nipkow 1982, 189) mit dieser berührt (vgl. Schweitzer 2003, 211f.).

Schweitzer hat in einer neueren Veröffentlichung eine „Brücke [ge]schlagen zwischen dem religionsdidaktischen Ansatz der Elementarisierung und der Orientierung an Kompetenzen im Religionsunterricht." (Schweitzer 2008, 5) Unter dem leitenden Gesichtspunkt ‚guten Religionsunterrichts' fragt Schweitzer einerseits, wie der Zusammenhang des Elementarisierungsansatzes mit dem Erwerb von Fähigkeiten und der Ausbildung von Kompetenzen zu bestimmen sei, und andererseits, wie die Kompetenzorientierung mit fachdidaktischen Kriterien wie der Elementarisierung verzahnt werden könne. Die grundlegenden Erwägungen werden in vielfältiger Weise an Beispielen konkretisiert.

Auch zu den gegenwärtig aktuellen Kerncurricula ergeben sich Berührungspunkte zum Elementarisierungsansatz, es besteht aber keine Deckungsgleichheit. Zwar wurde in den Anfängen der Diskussion der Elementarisierungsansatz bereits mit der „Aufgabe einer theologisch zu verantwortenden Lehrplanrevision und Curriculumentwicklung" verbunden (Comenius-Institut 1975), ob aber Lehrpläne überhaupt im Sinne der Elementarisierung gestaltet werden sollten, bleibt eine offene Frage (vgl. Schweitzer 2003, 219).

Immerhin führt Schweitzer Fragen an, die bei einer Zusammenführung von Elementarisierung und Lehrplänen zu bedenken seien: „Welche Themenbereiche muss ein Lehrplan abdecken, der den Kriterien der Elementarisierung gerecht werden soll? Welche Aspekte von Stufung, Spiralcurriculum, Sequentialität usw. können benannt werden?" (Schweitzer 2003, 219). Ob diese und andere Probleme der Elementarisierung in den bereits vorliegenden Kerncurricula in ausreichendem Maße gestellt und beantwortet werden, ist daher als Gütekriterium mitzubedenken.

## 5.3 Das Kerncurriculum für die Grundschule in Niedersachen – Evangelische Religion

Wie ein konsequent kompetenzorientiertes aufgebautes Kerncurriculum konkret aussehen kann, wird an dem 2006 vorgelegten und verabschiedeten niedersächsischen Kerncurriculum für die Grundschule beispielhaft deutlich (vgl. Niedersächsisches Kultusministerium 2006, 11; Wiedenroth-Gabler, 112–119).

Im Kerncurriculum sollen prozessbezogene und inhaltsbezogene Kompetenzbereiche aufeinander bezogen werden. Die prozessbezogenen Kompetenzen benennen Verfahren, die Schülerinnen und Schüler erlernen sollen, um Wissen anwenden zu können (Innenkreis). Die inhaltsbezogenen Kompetenzen bezeichnen fachbezogene Fragehaltungen, die den Unterricht strukturieren sollen und die angeben, über welches Wissen Schülerinnen und Schüler verfügen müssen (Außenkreis).

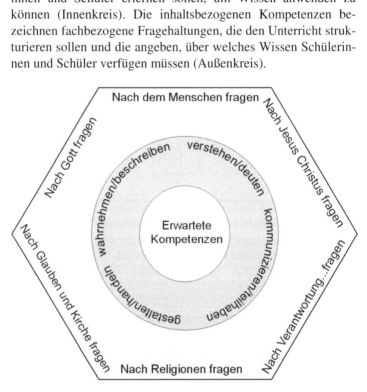

Das Strukturmodell ist Grundlage für den evangelischen und katholischen Grundschul-RU. Verbindlich sind die erwarteten

Kompetenzen, die Inhalte haben dagegen nur Empfehlungscharakter. Ergänzt werden die Ausführungen jeweils durch mögliche Aufgaben zur Überprüfung, die als Beispiele und Anregungen für die Unterrichtsarbeit gedacht sind.

Angesichts der Fülle und Komplexität der Inhalte, die im niedersächsischen Kerncurriculum aufgeführt werden, ist es nur folgerichtig, dass ihnen keine Verbindlichkeit zugemessen wird. Allerdings erfüllt dieser Lehrplan darum gerade nicht die Bedingungen, die an ein Kerncurriculum gestellt werden müssen. Vor dem Hintergrund einer notwendigen Elementarisierung ist anzumerken, dass die erwarteten Kompetenzen offenbar aus theologisch vorgegebenen Inhalten deduziert worden sind und keineswegs von den Grundschülern und ihrer Sprach- und Erfahrungswelt her gedacht wurden.

Die den erwarteten Kompetenzen jeweils vorangehenden didaktischen Überlegungen zu den Leitfragen sind ausgesprochen knapp und werden nicht konsequent mit den Kompetenzen in Beziehung gesetzt. Die Kompetenzen beschreiben in ihrer Mehrzahl theologisch steil formulierte Kenntnisse, deren Lebensbedeutsamkeit und Bezug zu elementaren Erfahrungen nicht ausreichend reflektiert und deren Überprüfbarkeit durch die beschriebenen Aufgaben nicht immer plausibel begründet wird.

## 5.4 Kerncurriculum Religion –
### Inhalte und Methoden für die Sekundarstufe II

Die Arbeit an den EPA wurde von Mitgliedern der zuständigen Kommission mit dem Versuch weitergeführt, ein den EPA entsprechendes Kerncurriculum für die Oberstufe zu entwerfen. EPA und Kerncurriculum stellen gemeinsam ein Modell dar, an dem sich künftig länderspezifische Lehrplankommissionen orientieren können. Das Kerncurriculum wird 2010 vom Kirchenamt der EKD veröffentlicht.

Ausgehend von den grundlegenden Entscheidungen der EPA, unter Hinweis auf die Überlegungen der Klieme-Expertise zu der Funktion von Kerncurricula und den tatsächlich vorhandenen zeitlichen Rahmen für den Kursunterricht berücksichtigend, entwerfen die Verfasser kompetenz- und inhaltbezogene Themenschwerpunkte zu sechs Bereichen (vgl. Arbeitsgruppe Kerncurriculum 2008, 22ff.):

- Das christliche Bild des Menschen
- Das Evangelium von Jesus Christus
- Die christliche Rede von Gott
- Das Wahrheitszeugnis der Kirche als Gemeinschaft der Glaubenden
- Die christliche Ethik der Menschenwürde, der Gerechtigkeit, der Versöhnung und des Friedens
- Die christliche Zukunftshoffnung

Jeder Bereich enthält zwei bis drei thematische Schwerpunkte, die nach einem kompetenzorientierten Muster aufgebaut sind. Als Beispiel sei hier der thematische Schwerpunkt 3 aus dem Themenbereich 3 „Streit um die Wirklichkeit Gottes – Was hält der Kritik stand?" wiedergegeben (Arbeitsgruppe Kerncurriculum 2008, 32f.):

Thematischer Schwerpunkt 3: Streit um die Wirklichkeit Gottes – Was hält der Kritik stand?

Situation und Herausforderungen: Schülerinnen und Schüler partizipieren an einer pluralen Gesellschaft, die zumindest partiell geprägt ist von alltagspraktischem Agnostizismus, Indifferentismus und Atheismus. Menschen leben faktisch ohne Gott, selbst wenn sie die Existenz eines göttlichen Wesens für möglich oder wirklich halten. Die explizite Bestreitung Gottes, so wie sie in medienwirksam vorgetragenen Positionen vertreten wird, hat keinen aufregenden Neuigkeitswert, da sie auf „gottlose" Lebenswelten und Lebenskonzepte trifft und diese auf einer geistigen Metaebene zu bestätigen versucht. Daher erscheinen Argumente, die gegen den Glauben an Gott sprechen, vordergründig plausibel, ohne dass deren geistige Herkunft, Voraussetzungen und Validität kritisch überprüft werden. Umgekehrt erleben junge Menschen die Berufung auf Gott nicht selten in der fanatisierten Weise religiöser Fundamentalismen jeglicher Provenienz, oft auch in der medialen Repräsentanz religiöser Symbole, die zum Zwecke der Vermarktung funktionalisiert werden. Auch diese Phänomene entziehen dem Glauben an und dem Reden von Gott die Glaubwürdigkeit und verstärken damit indirekt dessen Verflüchtigung. In diesem

Zusammenhang steht ein für den gesellschaftlichen Diskurs, aber auch für die Schule als zentraler Bildungsinstitution bedeutsamer Konflikt, der mittel- bis langfristig aktuell bleiben wird: die grundsätzliche Auseinandersetzung zwischen Vertretern des Neokreationismus bzw. des „intelligent design" und Wissenschaftlern, die für die Gültigkeit der Evolutionstheorie eintreten. An diesem Punkt kristallisiert sich brennpunkt-artig das Problem des Verhältnisses von Naturwissenschaft und Glaube, das auch die Schülerinnen und Schüler zu einer begründeten Stellungnahme herausfordert.

Trotz der alltagspraktischen und konzeptionellen Bestreitung der Möglichkeit, heute noch überzeugend die Wirklichkeit Gottes ins Spiel bringen zu können, wollen Schülerinnen und Schüler dieser Möglichkeit oft genauer auf den Grund gehen, sei es, um ihre eigenen, manchmal schlichten und unreflektierten Denkmodelle zu überprüfen, sei es um zu erproben, ob nicht doch das Reden von Gott auch argumentativ der massiven Kritik standhalten könne. In ihrem Interesse und in ihrer Neugier spricht sich möglicherweise ein Ungenügen an zweckrationalen Lebenskonzepten und funktionalen Welterklärungen aus, die letztlich Fragen nach tragfähigen Sinnbeziehungen unbeantwortet lassen. Wie diese Suchbewegungen nach einer auch persönlich vertretbaren Weise des Redens von Gott letztlich ausgehen, entzieht sich der Verfügbarkeit; wohl aber muss sich der Religionsunterricht als Raum der Freiheit für unterschiedliche, auch ablehnende Positionierungen der Schülerinnen und Schüler offen halten.

*Grundlegende Kompetenzen der Einheitlichen Prüfungsanforderungen*

*Deutungsfähigkeit*: theologische Texte sachgemäß erschließen

*Urteilsfähigkeit:* Formen theologischer Argumentation vergleichen und bewerten; im Kontext der Pluralität einen eigenen Standpunkt zu religiösen und ethischen Fragen einnehmen und argumentativ vertreten.

*Dialogfähigkeit:* sich aus der Perspektive des christlichen Glaubens mit anderen religiösen und weltanschaulichen Überzeugungen argumentativ auseinandersetzen

| *Leitgedanke* | *Themenbezogene Konkretionen* |
|---|---|
| Im Unterricht kommt es darauf an, argumentativ zu begründen und zu entfalten, wie Christen heute von Gott reden können und inwiefern der Glaube an Gott zu einem von Vertrauen | Schülerinnen und Schüler können aufzeigen, inwiefern religionskritisches Denken zum Grundbestand biblischen Redens von Gott gehört |

123

| Gott zu einem von Vertrauen und Zuwendung getragenen Leben im Alltag der Welt befreit. | können das religionskritische Konzept Feuerbachs darstellen und theologisch begründet dazu Stellung nehmen |
|---|---|
| | können erörtern, wie angesichts von Haltungen wie Agnostizismus und Indifferentismus, Fundamentalismus und Atheismus heute von Gott theologisch reflektiert geredet werden kann. |

*Biblische Basistexte:* Jes 44,6–20; Am 5,21–24; Röm 8,31–39

In den thematischen Schwerpunkten versuchen die Verfasser elementare Strukturen zu benennen, die zur Erschließung des gesamten Themenbereichs im Oberstufenunterricht unumgänglich notwendig sind. Sie begnügen sich aber nicht damit, eine wissenschaftspropädeutische Elementartheologie zu umreißen, sondern beschreiben in dem Abschnitt „Situation und Herausforderungen" konkrete Fragen, Aufgaben und Probleme, mit denen sich Schülerinnen und Schülern heute auseinanderzusetzen haben.

Solche Anforderungen ergeben sich teils aus deren Teilhaberschaft an der modernen Gesellschaft, teils aber resultieren sie auch aus der existenziellen Suche nach Lebensvergewisserungen und Identität stiftenden Orientierungen. Die leitende Perspektive dieser Darstellung ist daher die Lebens- und Erfahrungswelt der Schüler.

Der Abschnitt „Grundlegende Kompetenzen" ordnet dem thematischen Schwerpunkt die in den EPA benannten fachspezifischen Fähigkeiten zu, die anschließend themenbezogen konkretisiert werden. Diese themenbezogenen, kompetenzorientierten Konkretisierungen bilden den Nukleus der curricularen Verbindlichkeit. Bemerkenswert ist, dass die fachspezifisch konkretisierten Kompetenzen immer auch genau bezeichnete biblische Kenntnisse voraussetzen; die als „Basistexte" benannten Bibelstellen fungieren nicht als Begleit- oder Belegstellen, sondern sie „zeigen an, dass Evangelischer RU durchgehend bezogen bleibt auf die Bibel, und bilden daher einen Kern unverzichtbarer und für die Perspektive des christlichen Glaubens maßgebender Leittexte." (Arbeitsgruppe Kerncurriculum 2008, 21) Für den Unterricht wird abschließend ein zentrales Unterrichtsanliegen formuliert, das als roter Faden die Konstruktion der Unterrichtsreihen zu strukturieren vermag.

Das vorliegende Konzept für ein Oberstufen-Kerncurriculum besticht durch die Stringenz, mit der der Kompetenzbegriff einerseits auf zentrale Anforderungssituationen bezogen wird, die aus der Lebenswelt der Schüler erwachsen, und mit der er andererseits in themenbezogene Konkretionen aufgefächert wird. Ob letztere allerdings tatsächlich mit dem Instrumentarium der Beispielaufgaben der EPA überprüfbar sind, müsste ebenso untersucht werden wie die Frage, ob der kontextuelle Bezug der thematischen Schwerpunkte auch in der Unterrichtsplanung vor Ort durchgehalten werden kann.

## 5.5 Baustelle Kompetenzorientierung: Schwerpunkte der religionspädagogischen Entwicklung

Es gibt zurzeit wohl kaum einen Bereich der Religionspädagogik, auf den das Bild einer Baustelle so trefflich passt wie auf den der Kompetenzen und Standards. An vielen Stellen wird jedoch – im Unterschied zu einem gewöhnlichen Hausbau – gleichzeitig und ohne erkennbaren Plan gebaut und vor allem: ohne dass bereits erkennbar wäre, was denn letztlich aus den vielen Pfeilern, Säulen und Portalen letztlich werden könnte.

Ein Hauptproblem der gegenwärtigen Entwicklung dürfte darin bestehen, dass das Fundament, auf dem erst weitere Bauphasen aufbauen könnten, noch recht bröckelig erscheint. Dies gilt sowohl für die empirische Datenbasis als auch für die konzeptionelle Entwicklung. Dringend erforderlich wäre es, dass zunächst einmal erhoben würde, was Schülerinnen und Schüler denn faktisch im RU lernen, welche Kompetenzen sie sich aneignen und was sie damit anfangen.

Insbesondere im Bereich der Sekundarstufe I fehlt es an gesicherten Auskünften darüber, über welche Kenntnisse, Fähigkeiten, Fertigkeiten und Einstellungen Schüler am Ende dieses Abschnitts ihrer Schullaufbahn verfügen. Es steht zu vermuten, dass sich die Situation in den einzelnen Bundesländern sehr verschieden darstellt, dass aber ein Trend erkennbar wird: Nach meinen Beobachtungen und Untersuchungen werden in der Sekundarstufe I Kompetenzen nicht systematisch und kumulativ aufgebaut, sondern nur segmentierte Kenntnisse erworben, die eher assoziativen und deklarativen Charakter haben, jedenfalls nicht miteinander vernetzt sind.

Diese Hypothese müsste durch eine repräsentative länderübergreifende Untersuchung überprüft werden, die nicht nur Befindlichkeiten und Selbsteinschätzungen abfragt, sondern tatsächlich vorhandene Kenntnisse und Kompetenzen testet. Das von Benner und Schieder betriebene Forschungsprojekt (vgl. Kap. 4.4) dürfte eine erste Maßnahme sein, um den fehlenden Erkenntnissen abzuhelfen, aber auch um ein geeignetes Test-Instrumentarium zu entwickeln, das es erlaubt, künftig Kompetenzen planmäßig und kontinuierlich abzufragen.

Um überhaupt überprüfen zu können, was Schüler gelernt haben, bedarf es eines gesicherten und konsensfähigen Kompetenzmodells und eines entsprechenden Katalogs von fachbezogenen Standards. Beides ist noch nicht in Sicht, auch wenn sich – bedingt durch die Arbeit der Comenius-Gruppe und der EPA-Kommission – Leitlinien und Problemzonen abzeichnen.

Ob die neuralgischen Punkte so bearbeitet werden können, dass eine weitgehende Zustimmung erzielt werden kann, scheint angesichts der widersprüchlichen Positionen der Religionspädagogik eher fraglich. Es könnte aber sein, dass sich die überall und auf allen Stufen in der Entwicklung befindlichen kompetenzorientierten Lehrpläne und (hoffentlich!) Kerncurricula mit der Kraft des Faktischen durchsetzen und nach und nach ein überzeugendes Modell von vergleichbaren Kompetenzen und Standards entsteht, nach dem Curricula entworfen werden. Noch wirkkräftiger dürften allerdings die auf den Lehrplänen fußenden Lehrbücher sei. Eher noch als jene zielen sie auf eine veränderte Praxis, die dann auch von den Lehrerinnen und Lehrern in Angriff genommen wird.

# 6. Lernarrangements:
## Kompetenzorientierte Religionsbücher

Mehr noch als Richtlinien und Empfehlungen bestimmen Schulbücher die Wirklichkeit des RUs vor Ort. Ihre den Unterricht langfristig steuernde Wirkung ist kaum zu überschätzen. Es ist darum ausdrücklich zu begrüßen, dass für die Sekundarstufe I erste kompetenzorientierte Lehrbücher vorgelegt worden sind und weitere sich in der Entwicklung bzw. in den Genehmigungsverfahren befinden. Exemplarisch seien hier drei Lehrwerke vorgestellt.

Das 2005 erschienene Arbeitsbuch „Das Kursbuch Religion" (Kraft et al. 2005a, 2005b) mit den entsprechenden Lehrermaterialien (Petri/Thierfelder, 2006; Schmidt, 2007) ist konsequent kompetenzorientiert aufgebaut. Beide Bände lehnen sich an einen recht allgemeinen Kompetenzbegriff an, der in Kontinuität zur Lernzieldiskussion der 70er Jahre verstanden wird (vgl. Schmidt, 2007, 5). Trotz dieser theoretischen Engführung überzeugt die durchgehende Orientierung an Kompetenzen im Band für das 7./8. Schuljahr: Jedes Kapitel beginnt unter der Überschrift: „Was kann ich in diesem Kapitel lernen?" mit der Auflistung der in der folgenden Unterrichtseinheit zu erwerbenden Kompetenzen. Daneben wird unter der Überschrift: „Wie kann ich dieses Kapitel erarbeiten?" in eine Methode eingeführt, die für die Erarbeitung des Kapitels leitend ist.

Die Verfasser der Lehrermaterialien weisen darauf hin, dass die Entscheidung, „kompetenzorientierte [...] Lernergebnisse an den Anfang eines jeden Großkapitels zu stellen [...], nicht unumstritten" (Schmidt, 2007, 5) ist. Im Sinne größtmöglicher Transparenz, die Schülerinnen und Schülern (Mit-)Gestaltungsmöglichkeiten eröffnet und zu einer Reflexion des Lernprozesses anregt, ist dieser Schritt m.E. nur zu begrüßen (vgl. 7.7.1). Es folgen anspruchsvolle Text- und Bildmaterialien, denen jeweils entweder konkret auf die Materialien bezogene oder über sie hinausweisende variantenreiche Aufgaben auf der entsprechenden Seite zugeordnet sind. Am Ende eines jeden Kapitels werden die Schülerinnen und Schüler aufgefordert, ihr Wissen zu überprüfen (vgl. Kraft et al. 2005b, 37 u.ö.).

Nach Auskunft der Verfasser der Lehrermaterialien können die dort vorgelegten Aufgaben sowohl der (Selbst-)Diagnose zu Beginn der Einheit dienen als auch zur (Selbst-)Evaluation des Lernprozesses. Allerdings beziehen sich die Aufgaben zum Teil eng auf das vorangegangene Kapitel, so dass ihre Einsatzmöglichkeiten für diagnostische Zwecke eher als gering eingeschätzt werden dürften. Die Überschrift „Wie kann ich mein Wissen überprüfen?" (Kraft et al. 2005b, 37 u.ö.) suggeriert, dass es in den entsprechenden Aufgaben nur um die Abfrage von Wissen geht. Die vorgeschlagenen Aufgaben gehen jedoch häufig über eine Wissensüberprüfung hinaus, sie enthalten projektartige und gestalterisch-kreative Anteile – dem sollte die Überschrift Rechnung tragen.

Einen weiteren Schwerpunkt legen die Bände auf das Wiederholen und Üben: Hier geht es nun tatsächlich um Wissen, das (auswendig) gelernt werden soll. Lernkarten sollen das Lernen für Schülerinnen und Schüler erleichtern. Die Lernkartei, die über die Schuljahre hinweg, systematisch Wissen vernetzen soll, ist sicher im Sinne der Nachhaltigkeit und Kontinuität des Lernens zu begrüßen. Es besteht jedoch die Gefahr, dass sich die Wissenselemente verselbstständigen, so dass von einem wirklichen Kompetenzerwerb nur eingeschränkt die Rede sein kann. Die damit verbundene Inhaltslastigkeit mag dem oben beschriebenen Kompetenzverständnis geschuldet sein.

Die Herausgeber der beiden Lehrwerke „RELi+wir 5/6/7" und „Religion entdecken – verstehen – gestalten 5/6" beziehen sich in den Ankündigungen zu den Büchern ausdrücklich auf die Kompetenzformulierungen der Expertengruppe des Comenius-Instituts (vgl. RELi+wir Steckbrief, 4–7; Koretzki/Tammeus 2) sowie auf die EPA Evangelische Religionslehre (Koretzki/Tammeus, 2). Beide Religionsbücher gehen von einer Verschränkung von Wissen und Können aus und bieten eine Vielzahl anregender, lebensnaher Aufgaben, die verschiedene Dimensionen religiöser Bildung ansprechen und an denen fachliche Kompetenzen erworben bzw. geprüft werden können.

Die Kompetenzorientierung wird in den Religionsbüchern unterschiedlich umgesetzt: „RELi+wir" arbeitet mit drei Identifikationsfiguren: Riko, Erkan und Lisa – zwei christlich sozialisierten Kinder, die aber durchaus ein unterschiedliches Verhältnis zum RU haben, und einem muslemischen Jungen im Alter der Schülerinnen und Schüler. Unterschiedliche Haltungen zur Religion und religiöse Pluralität kommen durch diese Figurenkonstellation bei der Bearbeitung jedes Themas zur Geltung – das Buch, so beschreiben es die Herausgeber mit Recht, ermöglicht einen „permanenten interreligiösen Dialog" (RELi+wir Steckbrief, 3).

Jedes Kapitel beginnt mit einer sehr knappen Beschreibung, worum es inhaltlich geht bzw. was der Schüler und die Schülerin lernen können. Es folgen die einzelnen Unterrichtschritte, in denen ausgehend von lebensweltlichen Zusammenhängen theologische Themen bearbeitet werden. Die Aufgabenstellungen veranlassen zu forschendem Lernen sowie zu projekt- und handlungsorientiertem Arbeiten. Sie überzeugen, weil in ihnen lebensnahe Anforderungssituationen aufscheinen, zu deren Bewältigung Kompetenzen religiöser Bildung erforderlich sind.

Diese Kompetenzen werden den Schülern mit Verben wie „Suchen, Deuten, Klären, Werten, Tauschen, Gestalten, Diskutieren" bewusst gemacht. Besonders gelungen sind die Einheiten, in denen es durch motivierende Aufgabenstellungen gelingt, die Lebenswelt der Schüler und die theologischen Deutungsdimensionen ungekünstelt miteinander zu verbinden. Jeweils am Ende der drei größeren thematischen Einheiten werden zwölf Aufgaben formuliert, durch deren Lösung die zuvor gewonnen Kompetenzen unter Beweis gestellt werden sollen.

Das Buch setzt stark auf visuelle Impulse. Um fachliche Kompetenzen auch auf der Kenntnisebene abzusichern, bietet es in einem zweiten Teil eine Sammlung elementarer Sachtexte, die je nach Bedarf von den Schülerinnen und Schülern selbstständig oder lehrergesteuert aufgesucht werden. Adressatengerecht – das Buch wurde für Haupt- und Realschulen genehmigt – wird so das Erschließen von Zusatzinformationen methodisch gesichert und eingeübt. Ob dieser „Anhang" freilich ausreicht, um strukturiertes Wissen zu erwerben, das dann auch in den folgenden Jahren zur Verfügung steht und auf dem der RU aufbauen kann, mag fraglich scheinen. Auch das Fehlen eines die vielfältigen Lernwege bündelnden und systematisierenden Methodenkapitels ist anzumerken. Schließlich ist kritisch zu fragen, ob die Überprüfung des Lernerfolgs am Ende eines Kapitels nicht begleitet werden sollte durch evaluative Aufgaben im Lernprozess selbst, so dass der sukzessive Aufbau von Wissen und Können als Kontinuum gestaltet und auch für die Schüler transparent wird.

In dem Buch „Religion entdecken – verstehen – gestalten", das für das Gymnasium entwickelt wurde, eröffnen unterschiedliche Einstiegs-Materialien die jeweiligen Kapitel; direkt im Anschluss werden „Aufgaben – Impulse – Projektideen" (z.B. Koretzki/Tammeus, 18f.) präsentiert, die in enger Verbindung zu den Materialien stehen, zugleich über sie hinausgehen. Bewusst an die EPA-Operatoren angelehnt (vgl. Koretzki/Tammeus, 4) werden die Arbeitsaufträge altersgerecht formuliert. Jedes Kapitel schließt mit einem Kompetenzkatalog ab, der in Ich-Form festhält, welche Kompetenzen der Schüler bzw. die Schülerin bei der Arbeit gewonnen haben soll. Er dient der Selbsteinschätzung der Schülerinnen und Schüler (vgl. Koretzki/Tammeus, 3). Auch hier wären ergänzende Überprüfungs-Aufgaben während der Arbeit an den Themen hilfreich, die steuernde Funktion der Kompetenzorientierung könnte im gesamten Lernprozess transparenter gemacht werden.

Fachspezifische und fachübergreifende methodische Kompetenzen sollen durch teilweise recht ausführliche Methodenabschnitte unter der Überschrift „Wie mache ich das?" bewusst gemacht und geschult werden. Insofern fördert dieses Lehrwerk den selbstständigen Umgang mit Methoden und ermöglicht so eigenverantwortliches und selbstständiges Lernen. Das vorgestellte Methodenspektrum reicht von klassischen Erschließungsverfahren wie z.B. „Texte lesen und verstehen" (Koretzki/Tammeus, 53) oder „Ein Bild betrachten und deuten" (Koretzki/Tammeus, 35) bis hin zu kreativ-gestalterischen Zugängen wie z.B. „Ein Standbild bauen" (Koretzki/Tammeus, 71).

Missverständlich erscheint, dass unter derselben Rubrik „Wie mache ich das?" auch Verhaltensmuster wie z.B. „Den Feiertag heiligen" (Koretzki/Tammeus, 179) vorgeschlagen werden, die auf die Gestaltung der eigenen religiösen Praxis zielen. In den einzelnen methodischen Abschnitten werden zudem mehrfach

Hinweise aufgeführt, die in emotionale und imaginative Vorgänge und religiöse Handlungsvollzüge hineinreichen. So wird etwa die Anleitung formuliert: „Ich überlege, was es bedeutet: Der Psalmbeter trägt seine Gefühle vor Gott. Kann ich das auch? Ich versuche es, indem ich mir Worte des Psalms leihe und/oder eigene finde." (Koretzki/Tammeus, 143) Der Kompetenzbegriff wird hier m.E. in unzulässiger Weise ausgeweitet, statt eine klare Unterscheidung von erlernbaren und auch überprüfbaren methodischen Fähigkeiten und Fertigkeiten und persönlichkeitsbezogenen Einstellungen, Werthaltungen und religiöser Praxis zu treffen und diese auch konzeptionell sichtbar zu machen.

In allen drei Religionsbüchern wird deutlich, welches innovative Potenzial der RU besitzt: Es dürfte Freude machen, mit diesen Büchern zu unterrichten und zu lernen. Zugleich zeigt sich aber auch, dass die Entwicklung kompetenzorientierter Lehrbücher noch in den Kinderschuhen steckt. Die Anbindung der Kompetenzen an prägnante Anforderungssituationen ist nur teilweise gelungen, so dass die Kompetenzorientierung etwas aufgesetzt wirkt und die Möglichkeiten eines kompetenzorientierten RUs noch nicht voll ausgeschöpft werden.

# 7. Praxis:
# Lehren und Lernen im kompetenzorientierten RU

## 7.1 Kompetenzorientiert unterrichten – wie macht man das?

### 7.1.1 Ein Fallbeispiel

Wenn Kompetenz- und Standardorientierung nicht bloße Lehrplan-Überbaurhetorik bleiben oder sich im Abtesten von Kenntnissen und Fähigkeiten erschöpfen soll, muss die Gretchenfrage nach dem Unterricht befriedigend beantwortet werden: Wie sieht ein Unterricht aus, der kompetenzförderlich ist und ausgewiesenen Standards genügt?

Versetzen wir uns einen Augenblick lang in eine Kollegin, die dabei ist, eine Unterrichtsreihe in einer Klasse 5 oder 6 des Gymnasiums zum Themenbereich „Jesus und seiner Botschaft begegnen – Christus bekennen" zu planen (vgl. Kultusministerium NRW 1993, 46f.). Ein Blick in den noch gültigen Lehrplan belehrt sie, dass dieses Thema „in die Mitte des christlichen Glaubens" führt und mit folgenden Intentionen verknüpft ist, die sich durch alle Jahrgänge hindurchziehen sollen:

Die Schülerinnen und Schüler sollen

- Jesus von Nazareth, sein Leben, seinen Glauben aus dem Kontext der Geschichte des jüdischen Gottesvolkes verstehen,
- erkennen, dass seine Besonderheit, Autorität und Vollmacht in seinem unzerstörten Verhältnis zu Gott wurzelt,
- in Erzählungen, Bekenntnissen und Lehraussagen die Vielfalt und Verschiedenheit der Bilder und Gedanken entdecken, in denen der Glaube an Jesus Christus ausgedrückt wurde,
- durch Beispiele aus Geschichte und Gegenwart zur Nachfolge Jesu ermutigt werden und dabei die Bereitschaft zur Übernahme von Risiko und Leiden nicht verdrängen,
- die Bedeutung Jesu Christi in unserer Wirklichkeit heute erkennen, indem sie Geschichten der Befreiung zur Kenntnis nehmen und ihn

als treibende Kraft darin wahrnehmen." (Kultusministerium NRW 1993, 47)

Für die Jahrgangsstufen 5/6 wird diese Leitlinie durch die Intention konkretisiert:

Jesus in seiner Zeit und Welt sehen und erfahren, wie Menschen heute versuchen, in der Nachfolge Jesu zu helfen und zu heilen. (Kultusministerium NRW 1993, 68).

Unsere Kollegin erfährt, dass ihr an möglichen Unterthemen vorgeschlagen werden (vgl. Kultusministerium NRW 1993, 68):

- Was wissen wir über Jesus? – Wie lebte und wie glaubte er?
- Erwartet Jesus zuviel von seinen Freunden? Beispiel: Petrus
- Das Nötige tun: Von Jesus helfen und heilen lernen
- Wir besuchen eine Diakoniestation

Ausgerüstet mit diesen Informationen begibt sich die Religionslehrerin an die Arbeit. Sie überlegt sich, was ihre Schüler schon bei ihr gelernt haben, sichtet das in Gebrauch befindliche Religionsbuch, legte eine Zeitspanne für die Unterrichtsreihe fest, präzisiert und strukturiert die zu thematisierenden Unterrichtsthemen, wählt geeignete Texte aus, sucht in der Mediothek ihres Kirchenkreises nach motivierenden Medien und erstellt schließlich Verlaufspläne für die Unterrichtsstunden, ausgewiesen mit konkretisierten Zielen, Lehr- und Lernformen sowie – hoffentlich! – mit Überprüfungen des Lernerfolgs.

So oder ähnlich dürften Religionslehrerinnen und -lehrer vorgehen, wenn sie RU zu konzipieren haben. Mit dem Aufbau von Kompetenzen hat dies allerdings nicht besonders viel zu tun. Schon die verbalen Formulierungen der übergeordneten Intentionen „verstehen, erkennen, entdecken, ermutigt werden, zur Kenntnis nehmen, wahrnehmen, sehen, erfahren" sind – weil unpräzise und didaktisch kaum transformierbar – nicht geeignet, anzugeben, was die Schüler in der geplanten Reihe an Kompetenzgewinn erzielen sollen. Sie sind nämlich nicht von den Schülern her und ihrem Lernprozess und Lerngewinn her konzipiert, sondern verdanken sich dem Bemühen, den theologischen Sachverhalt durch Informationen verständlich zu machen, ihn zu „vermitteln" und seine Gegenwartsbedeutung durch Aktualisierung zu veranschaulichen. Die ethische Pointe der Reihe – „von

Jesus lernen" – geht weit über das hinaus, was an Kompetenzen im RU als Lernertrag definiert werden kann. – Was ändert sich, wenn die Kollegin ihren Unterricht an Kompetenzen orientiert?

**These 1**: *Kompetenzorientiertes Unterrichten unterscheidet sich von herkömmlichem Unterricht durch den konsequenten Blick auf das, was Schülerinnen und Schüler am Ende einer Lernzeit wissen, können und wozu sie bereit sind. Die Fokussierung auf zentrale, langfristig aufgebaute Lernergebnisse bedeutet einen einschneidenden Perspektivenwechsel. Wenn die langfristigen Ziele des Unterrichts verbindlich vorgegeben sind, sind die Wege dahin variabel und können den Bildungsgängen der Schüler vor Ort angepasst werden* (vgl. zum Folgenden Obst/Lenhard 2006).

Kompetenzorientierung enthält den didaktischen Imperativ, den Bildungsgang der Schüler vom Ende her zu denken. Aus dieser Perspektive stellt sich die Aufgabe zu formulieren, welche Kompetenzen religiöser Bildung Schüler auf welcher Niveaustufe an bestimmten markanten Punkten ihrer Bildungsbiografie erreicht haben sollen. Ein wichtiges Kennzeichen eines solchen RUs ist daher seine langfristige Anlage. Er geht davon aus, dass erst in einem fortschreitenden und sich allmählich anreichernden Lernprozess Kompetenzen religiöser Bildung aufgebaut und ausdifferenziert werden.

Natürlich werden kompetenzorientierte Kerncurricula den Kolleginnen und Kollegen viele Hilfen bei der Ausarbeitung schulinterner Lehrpläne bieten, aber die entscheidende Arbeit – die in den Lerngruppen vorgesehenen Unterrichtsreihen und Projekte am Leitfaden des Kompetenzerwerbs miteinander zu verbinden – bedarf der Zusammenarbeit der Fachkollegen. Sie sind es, die festzulegen haben, wie Kompetenzen sukzessive und mit wachsendem Niveau von den Schülern erworben werden können, und die Lehr- und Lernangebote auf den unterschiedlichen Stufen miteinander verbinden und aufeinander aufbauen müssen, so dass sequentielles, vertiefendes Lernen möglich ist.

Für unsere Kollegin bedeutet dies, dass an erster Stelle ihrer Unterrichtsplanung die Frage steht, welchen Beitrag die Unterrichtsreihe zu welchen Kompetenzen religiöser Bildung leisten kann und soll. Der Themenbereich „Jesus und seine Botschaft" impliziert in erster Linie etwa folgende fachbezogenen Kompetenzen:

- Wahrnehmungs- und Darstellungsfähigkeit – biblische Geschichten über Jesus sachgemäß erzählen und ihre Pointen erläutern,
- Deutungsfähigkeit – unterschiedliche Formen biblischer Texte als Zeugnisse des Glaubens der frühen Christen an Jesus und ihrer Lebenspraxis deuten,
- Urteilsfähigkeit – begründen können, warum Menschen von der Person Jesu fasziniert waren und Christen wurden,
- Dialogfähigkeit – über die Bedeutung Jesu für den Glauben und das Leben von heute lebenden Christen Auskunft geben.

Natürlich wird die Kollegin zunächst einmal daran gehen, diese Kompetenzen auf den Denkhorizont und die Lernsituation ihrer Schülerinnen und Schüler zu beziehen und sie didaktisch zu elementarisieren. In einem zweiten Schritt wird sie vielleicht darüber nachdenken, welche Texte, Medien und Materialien sich dafür eignen, die fachbezogenen Kompetenzen langfristig zu fördern. Nicht außer Acht lassen wird sie natürlich auch die Frage, welche konkreten Kenntnisse die Schüler erwerben müssen, damit die erforderlichen Kompetenzen wissensbasiert angelegt werden können. Denn: Nur auf der Grundlage fundierten und strukturierten Wissens ist die Entwicklung von Kompetenzen möglich. Schließlich wird sie ihren Unterricht am roten Faden der Kompetenzorientierung planen, strukturieren, durchführen und seine Lernergebnisse überprüfen.

## 7.1.2 Die Schüler im Mittelpunkt

Es könnte den Anschein haben, als schließe die Ausrichtung des Unterrichts an Kompetenzen und Standards ein eher technokratisches Prozedere ein, das mit der Bildung des Einzelnen nicht vereinbar sei, sondern „dessen problemlose Integration in die gesellschaftlichen Subsysteme befördern" solle (Wermke 2007, 56). Dieser Verdacht könnte sich bestätigen, wenn der Unterricht nur darauf angelegt wäre, Qualifikationen zu vermitteln, die in pragmatistischer Weise zur Erledigung bestimmter Aufgaben erforderlich sind. Zur Bearbeitung eines Werkstücks oder zur Erstellung einer geordneten Buchführung mögen solche Qualifikationen ausreichen – im RU geht es um mehr und anderes (vgl. Dressler 2007a, 28).

Der Unterricht zielt darauf, den Schülerinnen und Schülern einen besonderen Erfahrungs- und Handlungsraum zu erschließen, der für ihr Leben schlechthin entscheidend sein kann, und ihnen zu ermöglichen, ihr eigenes Leben selbst in die Hand zu nehmen. Um eine solche Souveränität und Mündigkeit erreichen und ausüben zu können, sind sie auf Kompetenzen angewiesen. Diese dienen deshalb im Bildungskonzept des RUs der Subjektwerdung und des Subjektseins der Schülerinnen und Schüler.

**These 2**: *Im Mittelpunkt des kompetenzorientierten RUs stehen die Person des Schülers und der Schülerin, ihre Entwicklung und die Ausbildung und Förderung ihrer Fähigkeiten.*

Dass diese Mittelpunktstellung zutiefst theologisch und pädagogisch zugleich begründet ist, ist nichts Neues. Auch der didaktische Ansatz, die Themen und Gegenstände, die im RU zur Sprache kommen, mit dem Leben der Schüler zu verklammern, bestätigt den bestehenden Konsens in der Religionspädagogik. Ungewohnt ist dagegen zum einen die Betonung, die das zu erwerbende Wissen als Voraussetzung für das Handeln und Reflektieren in existenziell bedeutsamen Situationen und angesichts von unausweichlichen Herausforderungen in religiösen Kontexten erfährt. Zum anderen ist Wissen nicht schon an sich und als Anhäufung isolierter Kenntnisse wertvoll, sondern kommt nur dann ins Spiel, wenn Schülerinnen und Schüler die Fähigkeit erwerben, es zu strukturieren, zu verbinden und es in sinnvoller Weise bei der Bearbeitung von Fragen, Aufgaben und Problemen zu nutzen.

Schließlich sind auch Emotionalität, soziale Fähigkeiten und die Einstellungen der Schülerinnen und Schüler angesprochen, wenn Kompetenzen effizient und verantwortungsvoll genutzt werden sollen. Nur wenn alle drei Ebenen ins Spiel kommen, lässt sich behaupten, dass der RU dazu beiträgt, Schülerinnen und Schülern zu einer eigenen religiösen Position zu verhelfen, über die sie sachkundig, gesprächs- und urteilsfähig Auskunft geben können. Dass diese Position in der Begegnung und Auseinandersetzung mit dem christlichen Glauben evangelischer Prägung erarbeitet wird, ist das Proprium des Evangelischen RUs.

### 7.1.3 Das Lernen fördern

Kompetenzen erwirbt man in komplexen Lernprozessen. Dadurch dass der Blick der Lehrerin bzw. des Lehrers sich auf das Ziel richtet und von dort her der Unterricht entworfen wird, stehen der Lehrkraft vielfältige Möglichkeiten offen. Das Motto „Viele Wege führen nach Rom" gilt mutatis mutandis auch für den Evangelischen RU. Die Wege sind in diesem Zusammenhang allerdings als Lehr- und Lernwege auszulegen. Dass es außerhalb dieser Wege auch noch Trampelpfade, Spazierwege, Erlebnisstege, Holzwege, Sackgassen und viele andere Unterrichtsrouten gibt, steht außer Frage; im RU sollte Gelegenheit sein, auch solche Wege zu beschreiten und zu prüfen, was sie an Erkenntnis- und Erfahrungsgewinn erbringen. Hier aber kommt es darauf an, das Lehr- und Lernbare besonders zu betonen.

Allerdings ist dabei der kategoriale Unterschied zwischen Lehren und Lernen zu bedenken. Lehrerinnen und Lehrer können mit ihren Lehrentscheidungen nur Lernangebote machen – letztlich entscheiden die Schülerinnen und Schüler, welche sie davon nutzen und wie sie damit umgehen (vgl. Helmke 2003, 104).

**These 3:** *Kompetenzorientiertes Unterrichten legt auf das Lernen der Schülerinnen und Schüler im Evangelischen RU ein besonderes Gewicht. Die Fokussierung auf das Lernen verleiht dem Unterricht Verbindlichkeit, wirkt dem religiösen Analphabetismus entgegen, sichert ein einheitliches Basisniveau und macht die Ergebnisse des RUs überprüfbar.*

*Die Förderung des Lernens ist daher die zentrale Aufgabe der Lehrenden im Evangelischen RU. Die Planung des Unterrichts konzentriert sich auf die Frage, wie ergiebige Lernprozesse inszeniert, motivierende Lernarrangements entwickelt und Lernergebnisse gesichert und überprüft werden können. Dazu gehört eine ausreichende Breite von Lernkontexten, Aufgabenstellungen und Transfersituationen. Der besondere Brennpunkt des Lernens liegt auf dem Erwerb elementaren Wissens und grundlegender Fähigkeiten im Umgang und in der Auseinandersetzung mit Religion. Dabei ist der kategoriale Unterschied zwischen den Lehrangeboten der Lehrkraft und den Lernvorgängen der Schülerinnen und Schüler zu beachten.*

## 7.2 RU kompetenzorientiert planen: ein Modell im Überblick

Es empfiehlt sich, noch einmal die Definition des Kompetenzbegriffs in Erinnerung zu rufen, so wie sie in der Klieme-Expertise vorliegt: Kompetenzen sind

die bei Individuen verfügbaren oder von ihnen erlernbaren kognitiven Fähigkeiten und Fertigkeiten, bestimmte Probleme zu lösen, sowie die damit verbundenen motivationalen, volitionalen und sozialen Bereitschaften und Fähigkeiten, die Problemlösungen in variablen Situationen erfolgreich und verantwortungsvoll nutzen zu können. Kompetenz ist nach diesem Verständnis eine Disposition, die Personen befähigt, bestimmte Arten von Problemen erfolgreich zu lösen, also konkrete Anforderungssituationen eines bestimmten Typs zu bewältigen. (Klieme et al. 2003, 72)

Der Begriff der „Anforderungssituation" eignet sich als didaktischer Widerhaken für die Planung des Unterrichts in besonderer Weise. Er unterstellt die allgemeine Erfahrung, dass sich jeder Mensch Zeit seines Lebens unterschiedlichen Aufgaben ausgesetzt sieht, für deren Bewältigung er sich gezielt und systematisch – also nicht nur auf dem Wege impliziten, beiläufigen Lernens – bestimmte Fähigkeiten und Fertigkeiten angeeignet haben muss. Zwar kann er solchen Herausforderungen hin und wieder aus dem Wege gehen oder sie verleugnen, verdrängen oder überspielen, aber eine gelingende und verantwortungsvolle Lebenskonzeption geht einher mit der Bereitschaft und Fähigkeit, sich mit lebensbedeutsamen Fragen und Problemen auseinander zu setzen. Vor allem im RU kann diese Einsicht genutzt und zu einem Planungsmodell erweitert werden.

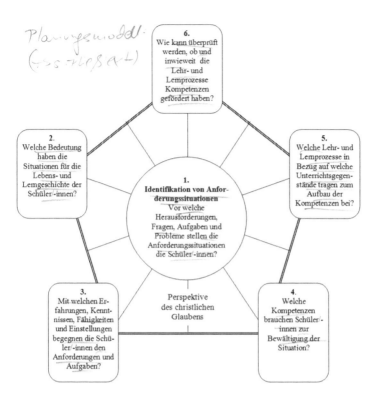

*Planungsmodell.*
*(Ess-floßat)*

1. **Identifikation von Anforderungssituationen**
Vor welche Herausforderungen, Fragen, Aufgaben und Probleme stellen die Anforderungssituationen die Schüler/-innen?

2. Welche Bedeutung haben die Situationen für die Lebens- und Lerngeschichte der Schüler/-innen?

3. Mit welchen Erfahrungen, Kenntnissen, Fähigkeiten und Einstellungen begegnen die Schüler/-innen den Anforderungen und Aufgaben?

4. Welche Kompetenzen brauchen Schüler/-innen zur Bewältigung der Situation?

5. Welche Lehr- und Lernprozesse in Bezug auf welche Unterrichtsgegenstände tragen zum Aufbau der Kompetenzen bei?

6. Wie kann überprüft werden, ob und inwieweit die Lehr- und Lernprozesse Kompetenzen gefördert haben?

Perspektive des christlichen Glaubens

Dazu ein Beispiel (vgl. Obst/Lenhard 2006, 57): Im Februar 2006 wurde die islamische Welt durch eine Welle der Empörung über Karikaturen erschüttert, die in einer dänischen Zeitung im September 2005 abgedruckt worden waren und den Propheten Mohammed mit der terroristischen Gewalttätigkeit islamistischer Kreise in Verbindung brachten.

## 1. Anforderungssituationen identifizieren
Dass die geschilderte Situation in bedrückender Weise den aktuellen Konflikt zwischen westlicher und islamischer Zivilisation spiegelt, liegt auf der Hand. In ihr bündeln sich wie in einem Brennglas eine Vielzahl von Fragen und Problemen, deren Reichweite sich auf unterschiedliche Segmente des gesellschaftlichen Lebens erstrecken. Auch wenn nicht verkannt werden darf, dass die politische Funktionalisierung religiöser Anschau-

139

ungen in diesem Fall alle anderen Aspekte überlagert und das aggressive Potenzial der öffentlichen Proteste ausmacht, tangiert der Konflikt doch religiöse Vorstellungen, die zum Kernbestand des Islam, aber auch des Christentums und Judentums gehören. Der Konflikt hat daher keineswegs nur eine situative Bedeutung, sondern steht stellvertretend für widersprüchliche Grundeinstellungen, die jederzeit wieder in anderen Konstellationen, Situationen und Problemlagen aufbrechen können. Insofern ist er auch für den RU von exemplarischer Bedeutung, da er die Schülerinnen und Schüler vor die Herausforderung stellt, wie sie sich angesichts der zunehmenden Brisanz der kulturellen Antagonismen verhalten und positionieren wollen. Der RU hat hier eine aufklärende Funktion und wirkt sowohl fundamentalistischer Vereinfachung als auch kulturellem Hochmut und individualistischer Abstinenz und Indifferenz entgegen.

In einem ersten Schritt ist daher zu prüfen, vor welchen Fragen, Aufgaben und Problemen die Schülerinnen und Schüler stehen, wenn sie sich auf die Bearbeitung dieses Konfliktes einlassen. Das Ergebnis einer solchen didaktischen Analyse fällt je nach Lerngruppe und Stufe unterschiedlich aus. Natürlich wird man auf den einzelnen Stufen des Bildungsgangs Fragen unterschiedlichen Komplexitätsgrades stellen und bearbeiten können. In einer Jahrgangsstufe 9 könnte die Leitfrage etwa lauten: Wie kommt es, dass sich Muslime durch die karikaturistische Darstellung Mohammeds in schwerwiegender Weise in ihrem Glauben beleidigt fühlen, und welche Konsequenzen hat dies für das Zusammenleben und den Umgang mit Muslimen?

*2. Die Bedeutung für die Lebens- und Lerngeschichte der Schülerinnen und Schüler analysieren*
In einem zweiten Schritt ist zu klären, welchen Stellenwert die Anforderungssituationen für die Schülerinnen und Schüler haben. Nur dann, wenn die Schüler die Lebensrelevanz eines Themas wahrnehmen und einschätzen können, wenn ihnen also der Gegenstand des RU etwas „bedeutet", werden sie sich auf Lernprozesse einlassen. Sinnhaftes Lernen zu ermöglichen, ist zwar die Aufgabe aller Fächer, sie ist aber die besondere Chance des RUs, da er mit dem Anspruch antritt, die Lebensbedeutsamkeit seiner Inhalte in exponierter Weise zu bedenken.

Im Karikaturenstreit ist die politische, religiöse und kulturelle Tragweite und Bedeutung der weltweit artikulierten Empörung von Muslimen noch unübersehbar, auch wenn der Nachhall dieser Krise bis in die Gegenwart hinein spürbar ist. Ihre Analyse wird unterschiedliche Ebenen, Dimensionen und Deutungsmuster einbeziehen müssen, die andere Fächer angehen. Im RU ist zunächst einmal das unmittelbare Zusammenleben mit muslimischen Mitschülerinnen und Mitschülern berührt. Selbst wenn sich in der konkreten Lerngruppe kein konkreter Anlass bietet – in den weiteren Kreisen familiären Lebens, in der Peergroup oder im Stadtteil steht das Verhältnis zu Muslimen allemal auf der Tagesordnung. Im Kern geht es dabei um die verantwortliche Teilhabe als Mitglied des demokratischen Gemeinwesens, das sich mit grundlegenden Problemen des Selbstverständnisses, des Stellenwertes und der Funktion der Religionen in der modernen, von Widersprüchen und Ungleichzeitigkeiten geprägten Welt befassen muss und diese Auseinandersetzung nicht einfach an professionelle Akteure des politischen Lebens delegieren darf.

## 3. Erfahrungen, Kenntnisse, Fähigkeiten und Einstellungen der Schülerinnen und Schüler erheben

Der dritte Schritt diagnostiziert die Lernausgangslage. Dabei kommen im Wesentlichen vier Dimensionen ins Spiel: zum einen die lebensgeschichtlich bedeutsamen Erfahrungen der Schüler, die – weil emotionale und soziale Tiefenschichten berührend – oft prägend sind für Grundhaltungen und (Vor-) Urteile, zum anderen die fachlichen Kenntnisse der Schüler, also das, was sie aus ihrem Umfeld bereits mitbringen, und vor allem das Wissen, das sie sich in vorgängigen Unterrichtseinheiten angeeignet haben. An dritter Stelle sind wertorientierte und auch emotional bestimmte Einstellungen zu nennen, die die Schülerinnen und Schüler im Laufe ihrer Sozialisation und Erziehung gewonnen haben und die bei der Bearbeitung des in Rede stehenden Problems virulent werden können. Schließlich ist danach zu fragen, über welche Kompetenzen die Schülerinnen und Schüler für die Bearbeitung der Anforderungssituation bereits verfügen und auf welcher Niveaustufe diese angesiedelt sind.

Bei der Bearbeitung des Karikaturenstreits dürften Einstellungen der Schüler ins Spiel kommen, die von Unkenntnis, Vorurteilen sowie Gleichgültigkeit gegenüber religiösen Überzeugungen und der Grundanschauung geprägt sind, jeder könne im religiösen Bereich vertreten, was er wolle. Nur bei wenigen Schülern sind weitergehende Kenntnisse über die islamische Gottesverehrung und die Stellung des Propheten Mohammed zu vermuten. Eher ist mit Ängsten zu rechnen, die durch das plötzliche Aufflammen einer weltweiten gewaltbereiten Protestwelle geschürt werden und die dadurch verstärkt werden, dass auch hierzulande terroristische Attacken als Antwort auf die publizierten Karikaturen befürchtet werden müssen. Eine solche emotionale Grundstimmung in einer Lerngruppe erschwert die aufklärende Unterrichtsarbeit erheblich, so dass bereits bei der Planung einer Unterrichtsreihe zunächst Raum gewährt werden muss, die Befindlichkeiten der Schüler zu artikulieren und einer rationalen Bearbeitung zugänglich zu machen.

## 4. Erforderliche Kompetenzen bestimmen

Wenn Schülerinnen und Schüler in die Lage versetzt werden sollen, in sachgemäßer Weise über den entstandenen Konflikt urteilen und im öffentlichen Diskurs mitreden zu können, benötigen sie spezifische Kompetenzen, die auf gesicherten Kenntnissen beruhen und letztlich auch zur Veränderung von Bewertungen und Einstellungen führen. Dabei ist zu berücksichtigen, dass Kompetenzen langfristig erworben werden und nicht Ergebnis einer Unterrichtsreihe, geschweige denn Resultat einer Unterrichtsstunde sein können. Es wäre daher verfehlt, wollte man als Zielebene jeweils übergeordnete Kompetenzen angeben, ohne auf der Mikroebene der Planung die jeweiligen Lernprozesse, Operationen, Aktions- und Teilziele zu konkretisieren. Auf der Makroebene der Planung einer Unterrichtsreihe oder eines Halbjahrs ist dann jedoch genau zu bestimmen, was die Unterrichtseinheiten zum Aufbau und zur Weiterentwicklung von fachspezifischen und fachübergreifenden Kompetenzen beitragen können.

Im Zusammenhang des Beispiels heißt das: Damit Schüler mit der Anforderungssituation sachgemäß umgehen können, brauchen sie Wissen über die absolute Bildlosigkeit Allahs und deren zentrale Stellung im Islam sowie über die von ihr ausgehenden Vorbehalte gegenüber der bildlichen Darstellung der Geschöpfe, insbesondere des Propheten Mohammed. Die Besonderheit des muslimischen Bilderverbots wird jedoch erst im Vergleich zur biblischen Überlieferung und zur jüdischen und christlichen Tradition und Geschichte des Bilderverbots, aber auch zur theologischen Anschauung vom Menschen als Ebenbild Gottes erkennbar. Insbesondere die christliche Perspektive, der zufolge Christus als das Ebenbild Gottes (2 Kor 4,4) auszulegen ist und die ihren geschichtlichen Niederschlag in vielfältigen Formen bis hin zur Ikonografie fand, muss den Schülern zumindest ansatzweise präsent sein. Dass darüber hinaus die Tragweite der Aufklärung für modernes christliches und säkulares Denken zu erörtern ist, fällt eher in den Bereich der Oberstufe.

Durch die Aufarbeitung dieser Wissensbereiche erwerben die Schüler die Fähigkeit, die Empörung der Muslime zu verstehen und vor dem Hintergrund muslimischer Glaubensgrundlagen zu deuten; auch die Fähigkeit, mit muslimischen Mitschülern darüber zu kommunizieren, spielt als fachspezifische Kompetenz eine wichtige Rolle. Die Bereitschaft, deren Anschauung zu respektieren, schließt zwar auch Elemente der Urteilskompetenz ein, geht aber darüber hinaus und setzt ggf. auch eine Einstellungsveränderung voraus. Auf der Sachebene ist nicht nur der unmittelbare Dialog mit islamischen Mitschülern und Peers betroffen, sondern auch die Ungleichzeitigkeit religiöser Systeme im weltweiten Maßstab. Inwieweit dieser globale Rahmen religiöser Auseinandersetzungen in einer Lerngruppe der Jahrgangsstufe 9 zu bearbeiten ist und ob und inwiefern dabei auch Grundwerte einer aufgeklärten demokratischen Gesellschaft zu thematisieren sind, kann hier als didaktisches Problem nur angedeutet werden.

## 5. Kompetenzförderliche Lehr- und Lernprozesse planen

Erst an dieser Stelle des didaktischen Planungsprozesses ist zu erörtern, wie Lehr- und Lernprozesse zu gestalten sind, die zum Aufbau der notwendigen Kompetenzen beitragen können. Dabei ist von der Einsicht auszugehen, dass die Aneignung von Kompetenzen umso besser gelingt, je mehr die Schülerinnen und Schüler sich aktiv und konstruktiv mit Unterrichtsgegenständen auseinandersetzen.

Allerdings garantiert das Postulat selbstständigen und sogar selbstregulierten Lernens, das gern als Ausweis moderner Lernkultur propagiert wird, noch nicht, dass dies auch de facto im Unterricht stattfindet. Vielmehr müssen geeignete Lernarrangements inszeniert werden, die einerseits schwächeren Schülern genügend Anleitung und Orientierung für die Bearbeitung von Lernaufgaben bieten, andererseits stärkeren Schülern Freiräume für eine größere Selbstständigkeit zumuten. In jedem Fall ist eine Vielfalt an Lerngelegenheiten bereitzustellen, die Lernprozesse auf unterschiedlichen Ebenen ermöglichen. Kennzeichen kompetenzorientierten Lernens ist, dass die ermittelten Anforderungssituationen auch in didaktisch transformierter Weise in den Unterricht eingeführt werden, damit den Schülern klar wird, wofür sie Kompetenzen benötigen. Wo immer es möglich ist, sollten deshalb Lernanlässe situativ eingebettet und Kompetenzen in Anwendungskontexten erprobt werden.

Die Lehr- und Lernprozesse, die für die Aufarbeitung des Karikaturenstreits geeignet sind, reichen von der projektartigen Sammlung von Materialien aus den Medien bis hin zu Interviews mit Muslimen, von der Bearbeitung von Texten zum Bilderverbot in Koran und Bibel bis hin zur Auseinandersetzung mit der Person Mohammeds, von den Beobachtungen zur Gestaltung einer Moschee bis zum Vergleich mit der Bildwelt einer katholischen oder sogar orthodoxen Kirche. Lern- und kompetenzförderlich im fachübergreifenden Sinn können auch die Formen der Darbietung der sachlichen Ergebnisse der Unterrichtsarbeit sein: Möglich erscheinen etwa Dokumentationen, eine Ausstellung, eine Präsentation oder auch ein Radio-Feature.

## 6. Ergebnisse überprüfen

Die Überprüfung von Lernergebnissen ist integraler Bestandteil der Unterrichtsplanung. Ihr kommt in einem kompetenzorientierten RU ein hoher Stellenwert zu. Denn nur wenn gesichert ist, dass Schülerinnen und Schüler kontinuierlich nachhaltige Lernerträge erzielen, können die erforderlichen Kompetenzen sukzessive erworben werden. Bei der Überprüfung von Lernergebnissen spielen Standards eine besondere Rolle, die jeweils auf der Ebene von Jahrgangsstufen hinsichtlich ihres Niveaus zu konkretisieren sind. Dabei wird jeder Religionslehrer und jede Religionslehrerin testtheoretisch abgesicherte Instrumente, die eine Vergleichbarkeit von Leistungen ermöglichen, gern in Anspruch nehmen.

Der Alltag sieht jedoch anders aus: Hier sind Lehrerinnen und Lehrer darauf angewiesen, mit selbst erstellten Materialien, denen eine möglichst hohe professionelle Plausibilität eignet, den Erfolg ihres Unterrichts zu überprüfen. Dabei können auch Selbsteinschätzungen der Schülerinnen und Schüler sowie alternative Formen der Leistungsüberprüfung herangezogen werden. Der Fokus einer solchen Überprüfung liegt auf der Frage: In welchem Maße hat der Unterricht zur Entwicklung und Ausdifferenzierung von Kompetenzen beigetragen?

In unserem Beispiel könnten auf der Ebene der Kompetenz „Wahrnehmungs- und Darstellungsfähigkeit" der Kern des Konfliktes dargestellt und die grundlegenden Referenzstellen für die Bildlosigkeit Gottes, aber auch für die Gottebenbildlichkeit des Menschen erfragt werden. Auf der Ebene der Kompetenz „Deutungsfähigkeit" sollten Schüler erläutern können, warum sich die Bildlosigkeit Allahs auch auf den Propheten Mohammed erstreckt und warum umgekehrt Christus in der christlichen Ikonografie bildhaft dargestellt werden kann. Im Blick auf die Kompetenz „Dialogfähigkeit" sollten Schülerinnen und Schüler ansatzweise erörtern können, welche Konsequenzen sich aus den Grundrechten Religionsfreiheit (Art. 4 GG) und Meinungsfreiheit (Art. 5 GG) für das Miteinander-Leben von Angehörigen verschiedener Religionen ergeben.

Die *Form* der Lernerfolgsüberprüfung ist dabei nicht unwichtig. Sie soll Auskunft darüber geben, ob Schülerinnen und Schüler einen Kompetenzgewinn erzielt haben. Eine bloße Abfrage von isolierten Kenntnissen ist daher ausgeschlossen. Vielmehr sollten Überprüfungen darauf abheben, den Umgang mit Wissen zur Lösung von Problemen zu erheben.

## 7. Die leitende Perspektive ins Spiel bringen

Bildungsprozesse in der Moderne können nicht mehr auf ein integratives Verständnis von Allgemeinbildung rekurrieren, weil sich „unterschiedliche kulturelle Wertsphären und Rationalitätsformen" so weit „ausdifferenziert haben, dass kein einigendes Band mehr das Ganze zusammenhalten kann." (Dressler 2007b, 13). „Es kann keine Zentralperspektive mehr in Anspruch genommen werden, aus der die Welt ohne blinden Fleck, wie mit den Augen Gottes zu betrachten wäre" (Dressler 2007b, 14).

Stattdessen sind alle Bildungsvorgänge darauf angewiesen, dass Sachverhalte aus unterschiedlichen Perspektiven wahrgenommen und die Differenz der Sichtweisen – auch und gerade unter Beachtung des eigenen eingeschränkten Blickfeldes – ausgehalten und produktiv verarbeitet wird. Diese Einsicht gilt in besonderer Weise auch für den Umgang mit religiöser Heterogenität und Pluralität. „Zum entscheidenden Kriterium für religiöse Bildung als einem unverzichtbaren Aspekt allgemeiner Bildung wird damit die Fähigkeit, die Binnenperspektive des Vollzugs einer Religion und die Außenperspektive des distanzierten Nachdenkens über Religion ins Verhältnis setzen zu können, ohne dass das eine das andere dementiert." (Dressler 2007b, 15).

Diese Verhältnisbestimmung berührt einerseits die konzeptionelle Grundlegung des Evangelischen RUs, andererseits aber auch die didaktische Ebene konkreter Unterrichtsprozesse. Zwar wird der Evangelische RU nicht für sich in Anspruch nehmen können und wollen, die Heterogenität der Schülerinnen und Schüler und die Pluralität der Religiosität und Wertorientierungen durch einen kirchlich verbürgten Wahrheitsanspruch außer Kraft zu setzen und auf einer verbindlichen Zentralperspektive zu bestehen; er wird aber auch nicht darauf verzichten, die ihm eigenen Perspektive ins Spiel zu bringen und sie in die Auseinandersetzung mit unterschiedlichen religiös begründeten Überzeugungen und Anschauungen einzutragen.

Seine Positionalität gründet auf der zuversichtlichen Erwartung, dass sich diese Perspektive in den Bildungsprozessen für die Schülerinnen und Schüler als überzeugend erweist und sich dadurch selbst bewahrheitet, dass sie von den Schülerinnen und Schülern als tragfähige Lebensorientierung wahr-genommen wird. Auch wenn einzelne oder gar die Mehrzahl der Schülerinnen und Schüler sich dem christlichen Glauben nicht oder nicht mehr verbunden fühlen, wird dadurch die Positionalität des RUs nicht grundsätzlich in Frage gestellt; wohl aber wird er sich der religiösen Heterogenität und Pluralität in der Weise stellen, dass die Wahrheitsfrage als offene Frage thematisiert, aber nicht im religionskundlichen oder religionsphänomenologischen Sinne suspendiert wird. Die Auseinandersetzung mit der Pluralität religiöser Denk- und Lebensformen vollzieht sich im Evangelischen RU in einem Raum der Freiheit, der geprägt ist durch das Hören aufeinander, das freie Wort und die Überzeugungskraft des Arguments.

Wie in anderen Fächern ist auch im Evangelischen RU der Perspektivenwechsel eine didaktische Grundform, die es ermöglicht, religiöse Weltzugänge differenziert in den Blick zu nehmen, denn „in schulischen Lernprozessen ist die Wahrnehmungs- und Erschließungsperspektive, in der sich die Gegenstände ja überhaupt erst konstituieren, von gleicher Bedeutung wie der Sachgehalt der Lerngegenstände" (Dressler 2007a, 27). Das impliziert eine prinzipielle Offenheit für die Begegnung mit Religion in unterschiedlichen Erscheinungsformen, denn der RU ist daran interessiert, Schülerinnen und Schüler auf ihrem Weg zu einer reflektierten Position gegenüber der Religion nicht nur zu begleiten, sondern ihnen Möglichkeiten einer existentiellen Aneignung, aber auch der Abgrenzung zu eröffnen.

Der Evangelische RU muss sich daher in seinem konkreten Vollzug selbst als pluralitätsfähig erweisen und Unterrichtsinhalte und -arrangements darauf ausrichten, den Dialog in religiös pluralen Lebenszusammenhängen zu ermöglichen und zu fördern. Ein engagierter Dialog schließt jedoch nicht aus, sondern ein, dass der Unterricht in seinem Bezug auf den christlichen Glauben eine leitende Perspektive hat, die sich im Alltag des Unterrichts bewähren muss. Die Schülerinnen und Schüler sollen die Möglichkeit erhalten, Unterrichtsgegenstände immer wieder aus der Sichtweise evangelischen Christseins zu reflektieren und ihre eigenen Anschauungen und Überzeugungen zu überprüfen, wie umgekehrt auch die Perspektive des christlichen Glaubens evangelischer Provenienz ständig auf dem Prüfstand steht. Allerdings sind die Geltungsansprüche unterschiedlicher religiöser Perspektiven im RU nicht im Sinne eines Nullsummenspiels gegeneinander aufzurechnen.

Im Blick auf das dargestellte Beispiel wird der RU dazu ermutigen, die Spannung zwischen Respekt vor der fremden Religion und ihren Grundanschauungen und dem engagierten Eintreten für die Glaubensfreiheit als einer unaufgebbaren Errungenschaft neuzeitlicher Christentumsgeschichte auszuhalten. Dazu gehört jedoch zumindest als Möglichkeit auch die bewusste Perspektivenübernahme, die eine Besinnung auf die Spezifik der eigenen religiösen Herkunft bzw. die wertschätzende Entdeckung christlicher Glaubens- und Lebensformen einschließt.

## 7.3 Anforderungssituationen für den RU aufspüren und didaktisch fruchtbar machen

Die Identifizierung von Anforderungssituationen und ihre didaktische Transformation zu Lernanlässen und -situationen ist die Schlüsselstelle für die Unterrichtsplanung. Hier entscheidet sich, ob es gelingt, kompetenzorientierte Lernprozesse in Gang zu setzen.

RU von den Schülerinnen und Schülern her konzipieren, heißt zunächst einmal, deren gegenwärtige Lebenswelt in den Blick zu nehmen und ihre künftige – soweit dies überhaupt möglich ist – zu antizipieren.

- Schülerinnen und Schüler werden im Laufe ihrer Identitätsentwicklung mit Grundfragen menschlichen Lebens konfrontiert, die ihnen in, mit und unter dem alltäglichen Handeln, Kommunizieren und Interagieren oder in herausgehobenen selbst erlebten, miterlebten oder beobachteten Situationen begegnen. Dazu gehören Fragen wie „Wer bin ich? Woher komme ich? Wohin gehe ich?" ebenso wie „Wie gelingt mein Leben?" oder „Worauf kann ich vertrauen?" und „Was soll ich tun?" Im RU erhalten Schülerinnen und Schüler die Chance, solche „Fragen des Ultimaten" (Baumert 2002, 7) zu thematisieren und auszuloten, welche Antworten ihnen für ihre eigenen Glaubensüberzeugungen, ihr Selbst- und Weltverständnisses sowie die eigenen Wertorientierungen überzeugend erscheinen.

- Schülerinnen und Schüler erleben einschneidende Widerfahrnisse, in denen das Leben gefährdet ist, auf dem Spiel steht oder zerstört wird oder in denen Glück, Liebe, Gelingen und Erfolg das Leben bereichern. Solche elementaren Erfahrungen wollen gedeutet und in das eigene – oft erst im Entstehen begriffene – Lebenskonzept integriert werden. Sie fordern dazu heraus, den eigenen Umgang mit lebensprägenden Erfahrungen zu reflektieren und zu überprüfen.

148

- Schülerinnen und Schüler bekunden durch ihre Teilnahme am Evangelischen RU, dass sie ein Interesse oder zumindest eine Bereitschaft haben zu erfahren, was es bedeutet, als evangelischer Christ in einer pluralen Welt zu leben. Dazu gehören auch die zentralen ethischen Problemlagen der Gegenwart, in denen sich Christen heute bewähren müssen. Damit stellt sich ihnen die Aufgabe, im unterrichtlichen Dialog über Glauben und Leben grundlegende Kenntnisse über das Christentum zu erwerben, um auskunfts- und urteilsfähig zu sein.

- Schülerinnen und Schüler müssen sich in einer religiös pluralen Welt mit unterschiedlichsten Deutungssystemen und Wertordnungen auseinandersetzen, die auf dem religiösen Markt angeboten werden und in Konkurrenz, gelegentlich auch in scharfer Antithese zu einander stehen. Diese offerieren in mehr oder weniger ausgeprägter Weise und gelegentlich mit umfassendem Geltungsanspruch, Orientierungen für Leben und Handeln. Schülerinnen und Schüler stehen vor der Aufgabe, Unterscheidungen treffen und kritisch Stellung nehmen zu müssen. Daher gewinnt die Frage nach dem, was wahr und tragfähig für das eigene Leben ist, eine fundamentale Bedeutung.

- Schülerinnen und Schüler leben in einer noch immer von christlichen Traditionen geprägten, zumindest aber durchsetzten Gesellschaft. Spuren des Christentums finden sich in unterschiedlichsten Bereichen des kulturellen, politischen und ökonomischen Lebens. In wachsendem Maße sind aber auch nichtchristliche religiöse Phänomene gesellschaftlich präsent. Solche Spuren wahrzunehmen, deuten und ihre Bedeutung für gesellschaftliche Strukturen und Entwicklungen einschätzen zu können, ist eine besondere Herausforderung zur Entwicklung einer kulturellen Partizipationsfähigkeit.

Die umrissartig beschriebenen Bereiche beziehen sich zusammengefasst auf Herausforderungen durch

- grundlegende existenzielle Fragen
- elementare Erfahrungen und Widerfahrnisse
- zentrale Strukturen des Christseins heute

- fundamentale Geltungsansprüche religiös pluraler Orientierungsangebote
- bedeutende religiöse Spuren und Traditionen im gesellschaftlich-kulturellen Umfeld.

Diese Bereiche schließen jeweils spezifische Anforderungen ein, die sich für Kinder und Jugendliche im Laufe der eigenen Entwicklung in unterschiedlichem Komplexitätsgrad und verschiedenen Ausformungen stellen. Im kompetenzorientierten RU werden solche Anforderungssituationen didaktisch antizipiert und in die Form von Lernsituationen transformiert.

**These:** *Kompetenzen zielen auf den Umgang mit alltäglichen oder herausgehobenen Situationen, in denen der Einzelne sich zu konkreten Herausforderungen verhalten oder in denen er selbst handeln muss, und benennen daher Aspekte einer spezifischen Handlungs- und Reflexionsfähigkeit. In solchen Situationen können sich z.B. Fragen stellen, die geklärt, beantwortet oder beurteilt werden sollen, Aufgaben, die zu bewältigen sind, oder Probleme, die gelöst werden müssen. Kompetenzorientierter RU macht solche Handlungssituationen zum didaktischen Ausgangspunkt des Lernens.*

*Ein Beispiel:*
Für eine Oberstufen-Sequenz „Vom Kinderglauben zum erwachsenen Glauben – Wie entwickelt sich die Gottesvorstellung im Lebenslauf?" ist etwa folgende Skizze der Herausforderungen im Rahmen einer didaktischen Analyse denkbar:

Junge Erwachsene stehen vor der Aufgabe, sich mit der Geschichte ihrer eigenen Gottesvorstellungen auseinanderzusetzen, da sich in ihr Aspekte ihrer eigenen Identitätsentwicklung bündeln. Manche haben erfahren, dass die Vorstellungen des Kinderglaubens an Grenzen stoßen und in der zunehmenden Komplexität ihres individuellen und sozialen Lebens verändert und erweitert werden müssen. Nicht selten haben sie im Rückblick auf ihre Kindheit den Eindruck, einen schmerzlichen Verlust erlitten zu haben, der sie an unwiederholbare Erfahrungen von Geborgenheit und Zutrauen erinnert. Andere sind froh, ihrem Kinderglauben endlich entwachsen zu sein und darauf verzichten zu können, weil sie ihn inzwischen als Einschränkung oder Gängelung erleben. Andere Schülerinnen und Schüler haben von Haus aus keine Möglichkeiten gehabt, mit dem Wort „Gott" eigene Erfahrungen und Vorstellungen zu verbinden.

Für jede einzelne Schülerin und für jeden Schüler stellt sich im RU die Herausforderung, sich die eigene individuelle Geschichte des Kinderglaubens oder Nicht-Glaubens bewusst zu machen und ihre Konturen und Strukturen nachzuzeichnen. Die Selbstreflexion wird aber kontrastiert durch die Zumutung, den eigenen Blick zu erweitern und die Brüche der eigenen Entwicklung als Chance zu einem erwachsenen Glauben zu begreifen. Die Provokation des RUs liegt in der Behauptung, dass „Gott im Lebenslauf" nicht im Widerspruch steht zu den Freiheitsbedürfnissen Jugendlicher und ihrer Sehnsucht nach Lebenssteigerung, sondern ihnen Rückhalt und Orientierung verleiht. In dieser kritischen Situation sind unterschiedliche Optionen denkbar, die von der völligen Ablehnung des Glaubens an Gott bis zu fundamentalistischen Glaubenshaltungen reichen, die aber auch dazu führen können, dass Schülerinnen und Schüler sich auf die Perspektive eines erwachsenen Glaubens einlassen.

Die dieser Skizze zugeordneten Kompetenzen „Wahrnehmungs- und Darstellungsfähigkeit" und „Deutungsfähigkeit" lassen sich themenspezifisch etwa so konkretisieren: Schülerinnen und Schüler

- können ihre eigene religiöse Biografie darstellen und sie in Beziehung setzen zu religiösen Biografien anderer Menschen,
- kennen entwicklungspsychologisch bedingte Formen von Gottesvorstellungen und können ihre Funktion im Laufe der Entwicklung von Kindern, Jugendlichen und Erwachsenen beschreiben,
- können entwicklungsbedingte Krisen des Gottesglaubens und ihre Ursachen benennen und ihre Chancen für die Ausbildung eines erwachsenen Glaubens darlegen.

Die didaktische Identifikation von Anforderungssituationen ist darauf angelegt, Problemstellungen zu benennen, denen Schülerinnen und Schüler im „wirklichen Leben" begegnen oder doch begegnen könnten. Sie werden solche Probleme sicher gelegentlich auch außerhalb des Unterrichts auf unterschiedliche Weise bearbeiten, sei es in Peer-Gesprächen, im Austausch mit Eltern oder in der Selbstreflexion eines Tagebuchs.

In der Regel wird jedoch ihre Wahrnehmung nicht so geschärft sein, dass sie religiöse Phänomene jenseits von offenkundigen und ins Auge fallenden Problemlagen überhaupt bemerken, zumal dann nicht, wenn sie sich sozusagen nur undercover zu erkennen geben. Auch ihre Deutungsfähigkeit wird schnell an Grenzen geraten, wenn ihnen etwa zentrales Wissen zur Entschlüsselung religiöser Symbolik fehlt. Oft genug begnügen sie sich mit vorschnellen Urteilen, die nach einfachen Schemata ablaufen, aber einen Sachverhalt rasch für erledigt erklären. Schließlich ist nicht ausgemacht, dass Schülerinnen und Schüler Religion als so wichtig betrachten, dass sich die Auseinandersetzung damit für sie auch außerhalb des Unterrichts lohnt, und sie daher weder Interesse haben noch bereit sind, sich einer aufwändigen Anstrengung zu unterziehen.

Im Unterschied dazu erhebt der RU den Anspruch, religiös begründete Herausforderungen systematisch aufzuarbeiten. Dazu müssen diese – sofern sie nicht schon in sich ein didaktisches Potenzial implizieren – didaktisch transformiert und als Lernarrangement inszeniert werden. Das bedeutet, dass der Unterricht insofern einen „Ernstfallcharakter" erhält, als er Lernanlässe schaffen oder bereitstellen muss, die sich durch Problemhaltigkeit und einen spezifischen Aufforderungscharakter auszeichnen und zugleich eine möglich hohe Nähe zur gelebten Religion aufweisen.

Natürlich werden nicht alle Lernanlässe im RU im Sinne einer „originalen Begegnung" (Roth 1969, 109) verlaufen, sondern vielfach werden religiöse Phänomene im Unterricht medial, in erzählerischer Form oder als Text (re)präsentiert. Insofern ist jeder Unterricht „gestellte Wirklichkeit", in der Problemlösungen modellhaft ausgearbeitet und erprobt werden – in der begründeten Erwartung, dass die Schülerinnen und Schüler die erworbenen Kompetenzen auch außerhalb des Unterrichts nutzen können und werden.

Wie eine didaktische Transformation bei dem oben dargestellten Beispiel aussehen könnte, sei hier gezeigt:

*Religiöse Autobiografie im Schuhkarton*

Im Rahmen einer Unterrichtseinheit „Die Entwicklung von Religion im Leben eines Menschen" nähern sich Schülerinnen und Schüler durch autobiografische Erinnerungsarbeit dem Thema an. In einem ersten Schritt versuchen sie, mit Hilfe einer Tabelle ihre eigene religiöse Biografie vorläufig zu dokumentieren: In der Tabelle wird zu den verschiedenen Zeitpunkten ihres Lebens (3 Jahre, 8 Jahre, 11 Jahre, 15 Jahre, heute) festgehalten, welche Personen ihnen wichtig waren, an welchen

Orten sie sich hauptsächlich aufgehalten haben, mit welchem Gefühl sie sich an die jeweilige Lebensphase erinnern, welche Vorstellung von Gott sie zum jeweiligen Zeitpunkt hatten, wer sie ggf. mit Religion in Verbindung gebracht hat und schließlich, ob es einzelne Texte und Lieder gibt, an die sie sich aus dieser Zeit erinnern können. Häufig äußern die Schülerinnen und Schüler spontan, dass ihnen – vor allem aus der Zeit, als sie noch sehr klein waren – gar nichts mehr einfalle; mit etwas Ruhe stellen sich aber die Erinnerungen sehr bald ein. Niemand muss diese Arbeit vorstellen, jeder darf sich aber Partner und Partnerinnen suchen, mit denen er sich austauscht. In der Regel sprechen die Schülerinnen und Schüler gern über ihre eigenen Erinnerungen. In einem zweiten Schritt werden im Unterricht Theorien und Modelle vorgestellt und diskutiert, die die Entwicklung von Religion im Leben eines Menschen erklären. Parallel dazu werden die Schülerinnen und Schüler aufgefordert, ihre eigene religiöse Autobiografie auf der Grundlage der zuvor angefertigten Übersicht als Text aufzuschreiben und mit Hilfe der im Unterricht besprochenen Ansätze zu deuten. Zusätzlich sollen sie in einen Schuhkarton, den sie auch äußerlich ansprechend gestalten (einige haben ihn mit Samt bezogen, andere ihn mit Fotos oder ihrem Konfirmationsspruch verziert, so dass wahre Schmuckkästchen entstanden sind), Gegenstände einlegen, die sie mit den einzelnen Phasen ihrer (religiösen) Biografie verbinden: Von der Geburtsanzeige, dem Taufkleid über Fotos, CDs mit Lieblingsliedern aus der jeweiligen Zeit bis hin zu dem Kreuz, das sie gemeinsam im Konfirmandenunterricht gebastelt haben, reichen die Einlagen, die die Schülerinnen und Schüler mit kleinen Kommentaren versehen sollen. Vielen wird erst bei dieser intensiven Beschäftigung mit der eigenen Biografie deutlich, an welchen Stellen ihres bisherigen Lebens und in welcher Form ihnen Religion begegnet ist. Schüler, die zunächst meinen, dass sie völlig religionslos aufgewachsen und erzogen worden sind, entdecken, dass auch sie – in zuweilen anderen als den familiären Zusammenhängen – Religion begegnet sind und sich in den unterschiedlichen Phasen ihres Lebens mit religiösen Fragen im weitesten Sinne beschäftigt haben.

Für manche Schüler und Schülerinnen ist der Blick in die eigene Vergangenheit nicht einfach: Lehrerinnen und Lehrer müssen diesen Prozess einfühlsam begleiten. Es muss aber für Schülerinnen und Schüler auch möglich sein, diese Aufgabe abzulehnen. Alternativ kann die religiöse Biografie einer mehr oder weniger prominenten Persönlichkeit in ähnlicher Weise bearbeitet werden.
Es versteht sich, dass niemand gezwungen werden darf, seine eigene Biografie zu veröffentlichen: Viele Schülerinnen und Schüler möchten aber die Ergebnisse ihrer Auseinandersetzung mit anderen teilen; dies

sollte in einer Atmosphäre, die von Freiwilligkeit und Respekt geprägt ist, ermöglicht werden. Die Theorien zur Entwicklung von Religion helfen den Schülerinnen und Schülern, ihre eigene Biografie zu deuten, sie im Licht der Theorie zu reflektieren und umgekehrt die theoretischen Ansätze auf der Grundlage der eigenen Entwicklung zu überprüfen und kritisch zu bewerten.

Die Schülerinnen und Schüler erwerben in dem dargestellten Beispiel die oben genannten Kompetenzen in einer biografisch bedeutsamen Anforderungssituation. Die Überprüfung der in ihr gewonnenen Kompetenzen wird die Schüler vor eine neue Anforderungssituation stellen, die zwar die an der eigenen Biografie gewonnenen Erkenntnisse berücksichtigt, aber über diese hinausweist und damit auch bewertbar wird (vgl. 6.7.4 Beispiel 3)

Nun könnte der Eindruck entstehen, als zerfalle der RU in eine Vielzahl situativer Lernanlässe, die jeweils punktuell aufgearbeitet werden. Eine nahezu unbegrenzbare Fülle religiöser Phänomene mit jeweils eigenem Herausforderungscharakter stünde zur unterrichtlichen Bearbeitung an, ohne dass erkennbar wäre, wie es zu einem systematischen Wissens- und Kompetenzaufbau kommen könnte.

Natürlich kann und soll nicht alles und jedes religiös Bedeutsame und Aktuelle Gegenstand des Evangelischen RUs werden, sondern nur diejenigen Herausforderungen verdienen eine unterrichtliche Bearbeitung, die zum einen stellvertretend für größere Problemzusammenhänge mit elementarer Bedeutung stehen und die sich zum anderen durch ihren spezifischen Beitrag zum Aufbau zentraler bereichsspezifischer Kompetenzen auszeichnen. Dieses exemplarische Prinzip ist in seiner kompetenzbezogenen Fassung auch im RU unverzichtbar (vgl. den Sammelband von Gerner 1968; Klafki 1993c).

Deshalb ist bereits in der Beschreibung der Anforderungsbereiche (s.o.) eine Konzentration auf zentrale und elementare Aspekte erkennbar. Entscheidend für die thematische Konzeption des RUs sind daher einerseits klar definierte Standards, die beschreiben, in welchem Umfang und auf welcher Niveaustufe Schülerinnen und Schüler fachspezifische Kompetenzen erworben haben sollen, andererseits ein Kerncurriculum, das „kompakt, konzentriert und stufenbezogen, abschluss- oder kompetenzorientiert, an zentralen Themen und großen Ideen ausgerichtet" (Klieme et al. 2003, 94) den Unterricht inhaltlich strukturiert.

Die Inhalte des Evangelischen RUs erhalten ihre didaktische Begründung jedenfalls nicht primär nach einer ihnen innewohnenden Fachsystematik, sondern nach ihrer Leistung für den systematischen Aufbau der zentralen Kompetenzen.

## 7.4 Die Bedeutung für die Lebens- und Lerngeschichte der Schülerinnen und Schüler analysieren

Dieser Zwischenschritt der didaktischen Analyse hat insofern eine besondere Funktion, als er dem spezifischen Anspruch des RUs gerecht werden will, dass die dort verhandelten Themen das Leben der Schülerinnen und Schüler nicht nur partiell und peripher, sondern in seiner Grundorientierung angehen. Die Bedeutung unterrichtlicher Gegenstände für die Schülerinnen und Schüler ist nicht von vornherein als gegeben vorauszusetzen.

Vielmehr ist davon auszugehen, dass Christsein von Jugendlichen und jungen Erwachsenen als Fremdes, vielleicht sogar als Obsoletes angesehen, jedenfalls nicht in seinen Prämissen, Vollzügen, Implikationen und Konsequenzen als unmittelbar überzeugend erlebt wird (vgl. Obst/Volkwein 2004, 82ff.). Die Spannung zwischen der Erwartung, die Lebensbedeutsamkeit dessen, was Christsein in der pluralen Gesellschaft ausmacht, aufzeigen zu können, und der gleichzeitigen Unanschaulichkeit und Widerständigkeit des christlichen Glaubens, kann nicht in geplanten Unterrichtsszenarien aufgelöst werden.

Es ist auch nicht zu erwarten, dass Schülerinnen und Schüler bei der Bearbeitung von Problemen, Fragen und Aufgaben die Relevanz christlicher Existenz für ihr eigenes Lebenskonzept automatisch einleuchtet. Wohl aber kann ihnen aufgehen, dass das zu erwerbende Wissen hilft, elementare Fragen mit religiösen Dimensionen zu bearbeiten, mögliche Aufgaben und Herausforderungen des religiös pluralen Alltags zu bewältigen und die eigene Religiosität und das eigene Handeln in religiös geprägten Zusammenhängen zu reflektieren. Welche Bedeutung also das im RU vermittelte und in aktiver Auseinandersetzung angeeignete Orientierungswissen für das eigene Leben haben könnte, gilt es zu bedenken und zu entfalten.

Die Fokussierung auf das Leben der Schülerinnen und Schüler bildet die eine Blickrichtung der didaktischen Überlegungen, die Lerngeschichte der Schüler die andere. Gelernt wird zwar auch durch mechanisches Trainieren oder ein behavioristisches System von Anreizen und Belohnungen. Wenn aber Kompetenzen erworben werden sollen, ist das lernpsychologische Paradigma des sinnvollen Lernens gefragt. Die Kategorie des Sinnes ist dabei nicht nur in vordergründiger Weise als „nutzen für" zu verstehen, sondern impliziert das Lernen durch Einsicht in Zusammenhänge und Begründungen im Gegensatz zum Lernen durch Gewöhnung, Versuch und Irrtum.

Wie also kann die Auseinandersetzung mit bestimmten Anforderungssituationen stichhaltig und nachvollziehbar begründet und für die Schülerinnen und Schüler transparent gemacht werden? Darüber hinaus: Welchen Stellenwert hat diese Auseinandersetzung in ihrer Lerngeschichte? Ist sie richtig platziert, trifft sie das Interesse und das Denkniveau der Schüler, weckt sie Fragen und Neugier, löst sie Lernmotivation aus, gibt es Anknüpfungspunkte, bietet sie Ansätze für künftige vertiefende Lernspiralen etc.? – Mit diesem planerischen Reflexionsschritt hängt die genauere Diagnose der Lernausgangslage zusammen.

## 7.5 Erfahrungen, Kenntnisse, Fähigkeiten und Einstellungen der Schülerinnen und Schüler erheben

Gegen die verbreitete Defizitorientierung (Heutige Schüler können nicht mehr richtig lesen, schreiben, rechnen, sich nicht konzentrieren, haben keinen Durchhaltewillen etc.) setze ich bewusst bei den Kompetenzen an, die Schülerinnen und Schüler mitbringen, nicht weil es die Defizite nicht gäbe, sondern weil es aus evangelischer Perspektive darum geht, die im Menschen vielleicht brachliegenden Möglichkeiten fruchtbar zu machen. Ausgangspunkt einer solchen Pädagogik ist also nicht die Festlegung auf Defizite, sondern die Wahrnehmung, Anerkennung und Förderung der Potenziale, die in den Schülerinnen und Schüler als Ebenbildern Gottes vorhanden sind. Sie sollen ermutigt und unterstützt werden, von diesen Potenzialen Gebrauch zu machen, um verantwortlich und selbstbestimmt leben zu können.

Alle Schülerinnen und Schüler kommen in den RU nicht als „unbeschriebene Blätter", selbst wenn ihr Kenntnisstand gering und ihre Kompetenzen wenig ausgeprägt sind. Sie haben religiös bedeutsame Erfahrungen gemacht, die vielfach rudimentär und bruchstückhaft sind, weil sie nicht bewusst gemacht, reflektiert und aufgearbeitet worden sind. Ihnen sind Ereignisse zugestoßen, die existenzielle Fragen ausgelöst haben, oder sie haben sie an anderen miterlebt. Sie wissen – wenn auch oft nur verschwommen –, dass viele Feste einen christlichen Ursprung haben. Oder sie kennen Familien, in denen christliches Leben auch in augenscheinlichen Formen praktiziert wird. Und sie nehmen verstärkt wahr, dass die Religion bei islamischen Mitschülern häufig eine sehr viel größere Rolle spielt als bei ihnen selbst und sie dadurch genötigt sind, über ihr eigenes Verhältnis zur Religion und über ihre Einstellungen zu Fragen des Glaubens und Lebens nachzudenken.

Ein besonderes Augenmerk sollte auf die Frage gelegt werden, inwiefern sich milieubedingte Sozialisationsunterschiede im RU in der Biografie der Schülerinnen und Schüler niederschlagen und ggf. hier noch verstärkt werden. Es ist damit zu rechnen, dass sich auch im RU keineswegs homogene Lebenswelten auffinden lassen, sondern eine erhebliche Heterogenität der Herkünfte und Prägungen bei den Schülern zu beobachten ist, auf die die Lehrkraft differenziert eingehen muss.

Im Sinne eines stärkenorientierten Unterrichts sind besonders die Schülerinnen und Schüler in den Blick zu nehmen, die größere Schwierigkeiten haben, die angestrebten Kompetenzen zu erreichen. Da auch der RU in weiten Teilen Sprachunterricht ist, spielen allgemeine Lesefähigkeit und sprachlich-hermeneutische Kompetenzen eine herausragende Rolle; gerade diese sind aber von Schülerinnen und Schülern aus Familienmilieus mit einem niedrigen sozialen Status erheblich schwerer zu erwerben als von Kindern und Jugendlichen aus einem mittelschichtgeprägten oder Akademiker-Milieu. Umso wichtiger ist es, die Situation des einzelnen Schülers möglichst genau zu beobachten und kennenzulernen, um gezielt Fördermaßnahmen ergreifen und individualisierende Aufgaben stellen zu können.

Im Mittelpunkt dieses Planungsschrittes steht daher die differenzierte Diagnose der Kenntnisse und Kompetenzen der Schülerinnen und Schüler, die im Unterricht vorausgesetzt werden können und die gefördert und weiterentwickelt werden sollen. Dabei bieten sich unterschiedliche Möglichkeiten an:

| SCHRIFTLICH: | MÜNDLICH: | EXTERN: |
|---|---|---|
| ➢ Klassenarbeiten<br>➢ Schulhefte<br>➢ Mappen<br>➢ Hausaufgaben<br>➢ Unterrichtspro-<br>dukte<br>➢ Tests<br>➢ Portfolio<br>➢ Lerntagebuch | ➢ Lernverhalten -<br>Sozialverhalten<br>➢ Beiträge zum<br>Unterricht<br>➢ Referate<br>➢ Hausaufgaben<br>➢ Gespräch mit<br>Schüler | ➢ Kollegenge-<br>spräch<br>➢ Elterngespräch<br>➢ Notenlisten<br>➢ Schulbiografie<br>eines Schülers<br>➢ Lernsoftware mit<br>Fehlerauswer-<br>tung |

Drei Diagnoseformen sollen im Folgenden durch Beispiele veranschaulicht werden:

- Erstellung eines informellen Testbogens,
- Selbsteinschätzung der Schülerinnen und Schüler mittels eines Fragebogens,
- Einführung eines Lerntagebuchs bzw. Bibellesetagebuchs.

*Beispiel 1: Testbogen*

Um gezielt Informationen über den Leistungsstand von Schülern einzuholen, eignen sich informelle Tests als bewährtes Instrument. Sie genügen zwar nicht den strengen Gütekriterien wissenschaftlicher Tests, sollen aber Mindeststandards von Validität und Reliabilität erfüllen. D.h. ihr Testinventar soll möglichst präzise, eindeutig und konkret formuliert sein und sich genau auf die Kenntnisse und Kompetenzen beziehen, die erhoben werden sollen. Als Testformen eigenen sich sowohl geschlossene Aufgaben (wie etwa multiple choice), halboffene Aufgaben (z.B. Ergänzungen, freie Antworten, Zuordnungen) als auch offene Aufgaben (freie Gestaltungen).

Im baden-württembergischen Bildungsplan Gymnasium Evangelische Religionslehre wird für die Klasse 8 das Themenfeld „Reformation" festgelegt, dem als Teilthemen zugeordnet werden:

- Biografie Luthers im historischen Kontext
- Luthers reformatorische Entdeckung des gnädigen Gottes
- Kritik an der Katholischen Kirche (zum Beispiel Ablass, Heiligenverehrung)
- Luther übersetzt die Bibel
- Die Bedeutung der Bibel in der reformatorischen Kirche
- Luthers Glaube an Jesus Christus in Liedern und Bildern aus seiner Zeit
- Folge der Reformation: zwei getrennte Konfessionen in Deutschland (Ministerium BW Bildungsstandards EvR 2004, 30)

An Kompetenzen werden in den unterschiedlichen Dimensionen vorgegeben: Die Schülerinnen und Schüler

- können darstellen, inwiefern die Wiederentdeckung des menschenfreundlichen Gottes auf Luther befreiend gewirkt hat,
- können zeigen, dass die in der Reformation neu entdeckte Bedeutung Jesu sich in konkreter Kritik an der Katholischen Kirche ausgewirkt hat,
- können Luthers Bibelübersetzung erzählerisch in seine Biografie einbetten,
- kennen die kulturelle Wirkung der Lutherbibel,
- können die zentrale Bedeutung der Bibel in der Evangelischen Kirche darlegen und begründen,
- können Ursachen der Kirchentrennung in der Reformation darstellen. (vgl. Ministerium BW Bildungsstandards EvR 2004, 29)

Ein informeller Eingangstest zur Erhebung des Vorwissens und der vorhandenen Kompetenzen könnte etwa folgende Form haben:

Wer wissen und verstehen will, was evangelisches Christsein ausmacht, muss sich mit Martin Luther befassen. Mit seinem Namen ist die Reformation verbunden, die letztlich zur Trennung von der römisch-katholischen Kirche und zur Bildung von evangelischen Kirchen geführt hat. Wer war Martin Luther, was hat ihn bewegt, was hat er bewegt, was geht er uns heute an? Mit diesen Fragen werden wir uns im RU in der nächsten Zeit beschäftigen. Damit ich den Unterricht besser vorbereiten kann, möchte ich gern erfahren, was ihr über Martin Luther schon wisst und was ihr könnt. Bitte beantwortet folgende Fragen – natürlich anonym, denn es handelt sich ja nicht um einen Leistungstest.

159

1: In diesem Abschnitt geht es um Details aus dem Leben Luthers.
Kreuze die richtigen Aussagen über Luther an.

| | | | |
|---|---|---|---|
| ☐ | Luther war Sohn eines Handwerkers. | ☐ | Luther stand unter dem Schutz seines Landesherrn Friedrich der Weise von Sachsen. |
| ☐ | Er verdankt seinen Vornamen dem Heiligen Martin von Tours. | ☐ | Luthers Frau war Nonne. |
| ☐ | Luther studierte in Tübingen, Heidelberg und Rom. | ☐ | Leider hatte Luther keine Kinder. |
| ☐ | Er wollte Jurist werden. | ☐ | Luther nahm im Bauernkrieg 1525–26 bedingungslos für die Sache der unterdrückten Bauern Stellung. |
| ☐ | Gegen den Willen seines Vaters wurde Luther Mönch. | ☐ | Er verbündete sich mit dem Theologen und Bauernführer Thomas Müntzer. |
| ☐ | Luther trat dem Orden der Benediktiner bei. | ☐ | Luther befürwortete die Verfolgung der Gegner der Kindertaufe als Ketzer. |
| ☐ | Luther hat den Vatikan in Rom nie zu Gesicht bekommen. | ☐ | Die Reformation hat sich seit ca. 1525 vor allem durch die Landesfürsten ausgebreitet, die evangelisch wurden. |
| ☐ | 1517 schlug Luther 65 Disputationsthesen an die Schlosskirche in Wittenberg. | ☐ | Der Name Protestanten wurde den Evangelischen zugelegt, weil sie gegen die katholische Kirche protestierten. |
| ☐ | Vom Papst wurde Luther exkommuniziert. | ☐ | Die Führer der Reformation übernahmen 1530 in Augsburg das alte Glaubensbekenntnis der Kirche. |
| ☐ | Luther übersetzte die Bibel ins Lateinische. | ☐ | In seiner Spätzeit näherte sich Luther immer mehr dem Judentum an. |
| ☐ | Nach dem Reichtag zu Worms war Luther vogelfrei. | ☐ | Luther starb 1646 in Eisleben, wo er auch geboren wurde. |

2: Luthers Kritik an der römisch-katholischen Kirche entzündete sich an …

| | |
|---|---|
| ☐ | dem prunkvollen Reichtum des Vatikan |
| ☐ | dem Handel mit dem Erlass von Kirchenstrafen |

160

| | |
|---|---|
| ☐ | dem Gebot der Ehelosigkeit für Priester |
| ☐ | dem Angst erregenden Teufels- und Hexenglauben |

3: Luther machte bei biblischen Studien eine Entdeckung, die für seinen Glauben und die Reformation entscheidend war. Er entdeckte…

| | |
|---|---|
| ☐ | dass Jesus das Papsttum nicht begründet hat |
| ☐ | dass das Evangelium das Alte Testament abgelöst hat und daher für Christen nicht mehr wichtig ist |
| ☐ | dass Gott den Menschen ohne Voraussetzungen annimmt und ihn gerecht spricht |
| ☐ | dass die Evangelien historisch zutreffend von Jesus berichtet haben und sie daher als Grundlage des Glaubens an Jesus Christus gelten können |

4: In der Wittenberger Stadtkirche steht ein Bild, das wahrscheinlich von Lukas Cranach gemalt wurde. Es stellt Luther als Prediger dar.

An diesem Bild ist auffällig, dass

Diese Auffälligkeit weist darauf hin, dass

5: Luther wollte bei seiner Bibelübersetzung „dem Volk aufs Maul schauen", d.h. so übersetzen, dass ihn jeder verstehen konnte. Seitdem hat es in den evangelischen Kirchen immer wieder Versuche gegeben, die Bibel für die Leser/innen neu zu übersetzen. – Luther übersetzte Mt 5,9 so: „Selig sind die Friedfertigen, denn sie werden Gottes Kinder heißen." – Die folgenden neueren Übersetzungen weichen von Luther an wichtigen Punkten ab. Erkläre kurz die Hauptunterschiede:

| | |
|---|---|
| Selig, die Frieden stiften, denn sie werden Söhne Gottes genannt werden (Einheitsübersetzung) | |
| Selig, die Frieden stiften, sie werden Söhne und Töchter Gottes genannt werden (Zürcher) | |

| | |
|---|---|
| Selig, die Frieden stiften, denn Gott wird sie seine eigenen Kinder nennen (Berger) | |
| Selig sind die, die für den Frieden arbeiten, denn sie werden Töchter und Söhne Gottes heißen (Bibel in gerechter Sprache) | |
| Selig, die Frieden machen, wo Streit ist, denn sie sind die Kinder Gottes (Zink) | |

6: Die Reformation hat zu einer Trennung zwischen der römisch-katholischen Kirche und den evangelischen Kirche geführt. Nach meiner Meinung … (Mehrfachantworten möglich)

| | |
|---|---|
| ☐ | sollten sich katholische und evangelische Christen zu einer Kirche unter Leitung des Papstes zusammenschließen |
| ☐ | ist heute nicht mehr wichtig, worüber sich Luther und die katholische Kirche gestritten haben |
| ☐ | sind beide Kirchen heute nicht mehr zeitgemäß |
| ☐ | ist es wichtig, sich auch heute klarzumachen, worum es Luther eigentlich ging |
| ☐ | hat Luther heute eigentlich nur noch wegen seiner Bibelüber-setzung eine Bedeutung |

Die erste Aufgabe (Antwortauswahl) zielt auf die Erhebung des biografischen Vorwissens. Dabei sind auch Antwortmöglichkeiten eingebaut, die genaues Detailwissen voraussetzen. In der zweiten Aufgabe sind vier mögliche Antworten vorgegeben, von denen die Antworten 1 und 3 kritische Positionen Luthers markieren. In der Aufgabe 3 wird überprüft, ob die Schüler eine Vorstellung mit der zentralen reformatorischen Entdeckung Luthers verbinden. Dabei liegt die Antwort 1 zwar nahe, trifft aber ebenso wenig den Sachverhalt wie die falschen Antwort-möglichkeiten 2 und 4. In der vierten Aufgabe wird ansatzweise die bildbezogene Wahrnehmungsfähigkeit der Schüler sowie ihre Fähigkeit ermittelt, ein zentrales Bildelement zumindest in seiner Kernaussage zu deuten. In der Aufgabe 5 wird ein Aspekt der allgemeinen Lesekompetenz der Schüler erfragt, nämlich das differenzierende Wahrnehmen von Mikrostrukturen eines Tex-tes. Schließlich bezieht sich Aufgabe 6 auf die Grundeinstellung der Schüler zu den Konfessionen.

*Beispiel 2: Selbsteinschätzung der Schülerinnen und Schüler*

Selbsteinschätzungsbogen sind inzwischen weit verbreitet und gehören zum Standardinventar des Unterrichts. Sie können dem Lehrer und der Lehrerin wichtige Informationen vermitteln, leiden aber generell unter der Einschränkung, dass die von Schülern selbst wahrgenommenen oder auch behaupteten Kenntnisse und Kompetenzen nicht ihrer wirklichen Leistungsfähigkeit entsprechen müssen. Insbesondere geben sie nur bedingt Auskunft über die Güte der abgefragten Fähigkeiten. Gleichwohl haben sie auch einen didaktischen Sinn, weil sie die Schüler dazu anleiten, sich Rechenschaft über ihren Lernstand zu geben und damit ein Stück weit auch eine fachübergreifende methodenreflexive Kompetenz zu erwerben. Unschwer lassen sich übrigens Selbsteinschätzungen der Schüler mit kleineren Testaufgaben kombinieren, so dass die Angaben der Schüler mit der Lösung dieser Aufgaben korreliert werden können.

Beispiel für einen Selbsteinschätzungsbogen Klasse 5/6:

In den nächsten Wochen werden wir uns mit Geschichten befassen, die Jesus erzählt hat. Man nennt sie *Gleichnisse*, weil sie Gottes Verhalten mit Erfahrungen *vergleichen*, die wir Menschen machen können. Einige von euch haben sicher schon einmal solche Geschichten kennen gelernt. Damit ich den Unterricht besser planen kann, bitte ich euch, mir zu berichten, was ihr schon über Gleichnisse wisst und könnt. Macht jeweils ein Kreuz in eine der Spalten hinter der jeweiligen Frage.

|  | kann ich schon gut | kann ich etwas | kann ich noch nicht | bin ich mir unsicher |
|---|---|---|---|---|
| Ich kann einzelne Personen nennen, die in Gleichnissen vorkommen. |  |  |  |  |
| Ich kann ein Gleichnis Jesu erzählen. |  |  |  |  |
| Ich kann mehrere Gleichnisse Jesu erzählen. |  |  |  |  |

| | | | | |
|---|---|---|---|---|
| Ich kann an einem Gleichnis darstellen, was für die Hörer besonders überraschend war. | | | | |
| Ich kann bei einem Gleichnis erläutern, was Jesus bei seinen Hörern erreichen wollte. | | | | |
| Ich kann erklären, warum Jesus Gleichnisse erzählt hat. | | | | |

| | |
|---|---|
| Das Gleichnis, das auf dem Bild dargestellt ist, handelt von<br><br>..........................................<br>..........................................<br>..........................................<br>kenne ich noch nicht: ☐ | Hier kann ein Bild eingefügt werden, z.B. Barmherziger Samariter |

Ich möchte gern wissen, .................................................................
........................................................................................................
........................................................................................................

Eine Eingangsdiagnose ist dann sinnvoll, wenn sie nicht entmutigt und im weiteren Verlauf des Unterrichts die Lernwege so individualisiert werden können, dass unterschiedliche Voraussetzungen produktiv genutzt werden können. Dazu gehört sicher nicht zuletzt die Stärkung des Selbstbewusstseins, d.h. dass es im RU an vielen Stellen für alle Kinder eine Gelegenheit gibt zu erkennen: „Ich kann doch schon was!"

*Beispiel 3: Ein Bibellesetagebuch*

Der Begriff „Bibellesetagebuch" klingt zunächst befremdlich, wird hier aber als didaktische Form verwendet, die nichts mit Erbaulichkeit und praktizierter Spiritualität zu tun hat. Ein Bibellesetagebuch ist immer dann ein geeignetes Instrument, wenn zusammenhängende Texte der Bibel, etwa ganze Bücher oder Teile daraus im Unterricht thematisiert werden sollen (vgl. Obst, 2007a). Anders als die beiden vorangegangenen Beispiele begleitet das Bibellesetagebuch den Lernprozess, es zielt – ähnlich wie Lerntagebücher und Portfolios – auf einen reflexiven Umgang mit dem eigenen Lernen bzw. Lesen.

Als Diagnoseinstrument eignet es sich, weil es den Lese- bzw. Lernprozess dokumentiert und Lernfortschritte sichtbar machen kann. Es bietet Anlass zum Gespräch zwischen Lehrer und Schüler, aber auch zwischen den Schülerinnen und Schülern und kann impulsgebend auf den weiteren Unterrichtsprozess einwirken. Das Lesetagebuch soll zu einer eigenständigen Auseinandersetzung mit dem Gelesenen anregen, es soll Raum geben für persönliche Eindrücke und Wertungen und schließlich selbst zur Reformulierung des Gelesenen und damit zum eigenen Schreiben veranlassen. Die Arbeit mit dem Bibellesetagebuch ermöglicht es, die Lebenswelt(en) der Schülerinnen und Schüler in Beziehung zu setzen zu der Welt der Bibel, die sowohl über eine Okkupation des Fremden als auch über eine bloße Konfrontation mit dem Fremden hinausgeht (vgl. Meurer 2002; Ruster 2000).

Damit die Schüler und Schülerinnen dieser Fremdheit überhaupt begegnen, müssen sie sich ihr aussetzen (können), d.h. die Auswahl der biblischen Texte darf diese Fremdheit nicht didaktisch nivellieren. Es ist darum ratsam, einen Leseplan vorzugeben, der auch „sperrige" biblische Texte enthält. Damit die Schülerinnen und Schüler genau lesen, bedarf es einer klaren Struktur, die die Dokumentation des Leseprozesses erleichtert.

---

*Das Bibellesetagebuch*

Das Bibellesetagebuch dient dazu, die Lektüre der biblischen Texte zu strukturieren. Du solltest dir jeden Tag etwas zu deiner Lektüre aufschreiben, sonst häufst du nur die Arbeit auf und schaffst dir unnötigen Stress. Schaffe dir für das Lesetagebuch am besten eine schöne Kladde an und arbeite in Ruhe. Vielleicht reservierst du an jedem Tag eine besondere Zeit – z.B. 20 Minuten vor der Tagesschau. Du solltest dich mit den einzelnen Kapiteln befassen und kannst deine Seiten folgendermaßen gliedern:

**1. Text/Textabschnitt:** Gen 4

**2. Eigene Überschrift:** Brudermord

**3. Inhalt:** Gott beachtet Kains Opfer nicht, er wird eifersüchtig und erschlägt schließlich seinen Bruder Abel. Gott verflucht Kain und bestraft ihn, schützt ihn aber zugleich durch das Kainsmal.

**4. Aspekt/Vers, der mir gefallen hat:** Rastlos und ruhelos wirst du auf der Erde sein.

---

**5. Bibelkundliche/inhaltliche Fragen:** Warum sieht Gott das Opfer Kains nicht an?

**6. Persönliche Fragen und Anmerkungen:** Konkurrenz und Neid bestimmen offenbar die menschliche Geschichte von Beginn an. Mord und Todschlag sind die Folge, rastlos und ruhelos ist die menschliche Existenz.

Du kannst, musst dich aber nicht an diese Gliederung halten. Sie soll dir eine Hilfe sein, deine Leseeindrücke systematisch festzuhalten.

Natürlich kannst und solltest du dein Lesetagebuch weiter ausgestalten, z.B. durch Bilder, Zeitungsartikel, Nachrichten, Gedichte, Ereignisse, die deines Erachtens in Verbindung zu den biblischen Texten stehen. Wenn du Bilder malst, Collagen anfertigst, Fotos einklebst (einscannst) etc., dann solltest du kurz erläutern, worin für dich der Zusammenhang zum biblischen Text besteht. Du kannst die biblischen Texte auch umschreiben, indem du sie aus der Perspektive einer der Akteure nacherzählt. Ebenso kannst du Briefe an eine der biblischen Personen verfassen, einen Dialog schreiben etc.

Du musst nicht zu jedem einzelnen Kapitel etwas schreiben, malen, dichten etc. Aber: Drücke dich nicht zu schnell vor Texten, die dich auf den ersten Blick nicht ansprechen. Viele biblische Texte muss man ein paar Mal lesen, um zu erkennen, was in ihnen steckt.

Beim Führen deines Tagebuches wirst du manchmal auf Sekundärliteratur angewiesen sein, die dir bei der Klärung bibelkundlicher und theologischer Fragen hilft. Es eignen sich ein Handbuch der Bibelkunde, Bibellexika, Einführungen in das Alte Testament (s. Handapparat).

Wie vereinbart, sollte dein Lesetagebuch am ................... präsentabel sein. Überlege dirh, welche Seiten du vorstellen willst, welche Probleme, Fragen du mit den anderen besprechen willst. Für jede/n stehen ca. 10 Min. zur Verfügung.

Endgültiger Abgabetermin für das Lesetagebuch: .................

Besonders der sechste Gliederungspunkt lädt ein zu subjektiven Kommentaren zu den biblischen Texten. So kommentiert etwa eine Schülerin Ex 7–11 folgendermaßen:

Man darf die Bibel ja nicht wörtlich nehmen und ich weiß nicht, wie man diesen Abschnitt über die Plagen Gottes deuten kann. Wenn ich ihn aber wörtlich nehmen würde, finde ich es unverschämt, wie Gott dargestellt wird – als ob er Freude daran hätte, seine Macht auszuüben und den Menschen beim Leiden zuzuschauen – ein Ego. Das ist doch nicht Gott! Da könnte ich direkt ungläubig werden.

Der diagnostische Blick auf diese Schüleräußerung macht ein Dreifaches klar: Die Schülerin hat verstanden, dass man biblische Texte deuten kann und muss, um sie sachgemäß zu verstehen. Sie ist sich außerdem dessen bewusst, dass es eine Differenz zwischen der Darstellung Gottes im biblischen Text und seinem Sein gibt: Der biblische Text selbst ist nur eine Deutung. An dieser Deutung reibt sich die Schülerin und setzt ihr das eigene Gottesbild entgegen: „Das ist doch nicht Gott!" Genau an dieser Stelle müsste die weitere (individuelle?) Arbeit ansetzen, zunächst um deutlich zu machen, dass die gut nachvollziehbare Position der Schülerin neue hermeneutische und theologische Fragen aufwirft, etwa die Frage nach der Mitte der Schrift oder das Problem der Erkennbarkeit Gottes in der Vielfalt der biblischen Zeugnisse. In einem zweiten Schritt könnten theologische Ansätze behandelt werden, die sich genau mit diesen Fragestellungen beschäftigen.

Das Beispiel demonstriert, welche Möglichkeiten der Förderung prinzipiell mit einem Instrument wie dem Bibellesetagebuch verbunden sein könnten. Im schulischen Alltag wird es nur selten möglich sein, auf individuelle Fragen und Interessen so detailliert einzugehen, wie es das Beispiel nahezulegen scheint und wie es wünschenswert wäre. Das Bibellesetagebuch gibt aber in jedem Fall den Lehrerinnen und Lehrern einen Einblick, wo die Schülerinnen und Schüler in ihrem Umgang mit den Texten stehen und welche Fragen sich ihnen stellen. Beides kann im Unterricht gebündelt aufgegriffen werden, und einzelne Schülerkommentare können zum Ausgangspunkt weiterer unterrichtlichen Nachdenkens werden.

## 7.6 Erforderliche Kompetenzen bestimmen

In vielen Bundesländern werden zurzeit die traditionellen Lehrpläne auf Kerncurricula umgestellt, die mit Kompetenzangaben, gelegentlich auch mit verbindlichen Bildungsstandards für den RU verbunden sind. In der Regel sind diese Kompetenzen relativ abstrakt gefasst, so dass sie nicht unmittelbar auf die Planung des Unterrichts angewendet werden können. Eine stärker planungssteuernde Funktion haben dagegen etwa die in Baden-Württem-

berg in der Entwicklung befindlichen „Niveaukonkretisierungen", die die Bildungsstandards des Bildungsplans an exemplari-
schen Problemstellungen konkretisieren sollen.

Sie stellen eine Orientierungshilfe für das weitere Verständnis und die
Erschließung der in den Bildungsstandards festgelegten und beabsichtig-
ten Anforderungsniveaus dar und haben verbindlichen Charakter. […]
Niveaukonkretisierungen bieten aufgrund ihrer Struktur die Möglichkeit,
das Anforderungsniveau der Bildungsstandards im Hinblick auf die
Vermittlung im Unterricht darzustellen und zu verdeutlichen. (Ministerium BW Fragen zum Bildungsplan)

Die drei vorgegebenen Niveaustufen lassen sich durch Operatoren beschreiben und umfassen etwa in der Schulform Realschule
folgende Stufen (vgl. Ministerium BW Niveaukonkretisierungen
Realschule Evangelische Religionslehre, Dokument „Strukturmodell der Niveaukonkretisierungen"): A: Grundzüge wiederge-
ben; B: Hintergründe benennen; C: Transfer leisten.

*Ein Beispiel aus den gymnasialen Niveaukonkretisierungen*
Für die Klasse 6 des Gymnasiums werden in den verschiedenen
Dimensionen des baden-württembergischen Bildungsplanes fol-
gende Kompetenzen vorgegeben: Die Schülerinnen und Schüler

- wissen, dass sich die Religiosität des Menschen in unterschiedlichen Religionen und Konfessionen konkretisiert,
- können Kirchengebäude deuten und mit Synagogen vergleichen,
- können Feste, Rituale und Symbole jüdischen Glaubens und
  Lebens beschreiben,
- können Verbindendes und Unterscheidendes von Judentum
  und Christentum erläutern. (vgl. Ministerium BW Bildungsstandards EvR 2004, 28f.)

In den Niveaukonkretisierungen (vgl. Ministerium BW Niveaukonkretisierungen Gymnasium Evangelische Religionslehre, Dokument ,Synagoge') zum Themenfeld „Judentum" werden den
Schülerinnen und Schülern zwei Fotografien der Stuttgarter
Synagoge vorgelegt, die zum einen das Lesepult sowie die
Stirnwand der Synagoge, zum anderen den geöffneten Tora-
schrein mit vier Torarollen zeigen. – Die Problemstellung lautet:

In Gotteshäusern gibt es Orte und Elemente, die in besonderer Weise die Anliegen der jeweiligen Religion repräsentieren. Die Schülerinnen und Schüler erläutern nach dem Besuch einer Synagoge anhand ihnen vorgelegter Photographien […] Thoralesepult und Thoraschrein in ihrer Bedeutung und ihrem gottesdienstlichen Gebrauch. Sie ziehen dabei Vergleiche zum Gebrauch der Bibel in einer evangelischen Kirche.

## Die Niveaubeschreibung lautet:

### Niveaustufe A

Die Schülerinnen und Schüler identifizieren auf den Photographien Thoralesepult und Thoraschrein. Sie geben Hinweise zu ihrem Gebrauch im jüdischen Gottesdienst und stellen Beziehungen zur Verwendung der Bibel im evangelischen Gottesdienst her.

### Niveaustufe B

Die Schülerinnen und Schüler identifizieren auf den Photographien Thoralesepult und Thoraschrein. Sie erklären ihren Gebrauch im jüdischen Gottesdienst. Sie machen die Gemeinsamkeiten der Verwendung von Thora und Bibel im Gottesdienst deutlich.

### Niveaustufe C

Die Schülerinnen und Schüler identifizieren auf den Photographien Thoralesepult und Thoraschrein. Sie erklären ihren Gebrauch im jüdischen Gottesdienst und stellen Beziehungen zur Bedeutung der Thora in der jüdischen Frömmigkeit her. Sie vergleichen damit die Verwendung und Bedeutung der Bibel im evangelischen Gottesdienst.

Dieser Versuch, die relativ abstrakten Kompetenzen in operablen Standards zu entfalten, hat den Vorteil, dass für die Lehrerin und den Lehrer erkennbar wird, auf welchen Ebenen Lehr-Lern-Prozesse anzulegen sind. Zwar sind die Problemstellungen ausdrücklich nicht verbindlich, gleichwohl lassen sie aber erkennen, welche Inhalte im Unterricht zu thematisieren sind und welche Kenntnisse und Fähigkeiten die Schüler erzielen sollen. Die Standards genügen sicherlich nicht den strengen testtheoretischen Anforderungen einer wissenschaftlichen Evaluation, sind aber für den alltagspraktischen Gebrauch durchaus verwendbar.

Allerdings werden die Niveaukonkretisierungen ebenso wie die jahrgangsbezogenen Standards in aller Regel nicht aus spezifischen Anforderungssituationen abgeleitet oder zu ihnen in Beziehung gesetzt, sondern eher aus den im Vorhinein feststehenden Inhalten deduziert. Sie beschreiben im Wesentlichen Operationen, die fachimmanente, an einer theologischen Systematik ausgerichtete Sachverhalte betreffen und eine bestimmte Art ihrer Erschließung bezeichnen. Diese Operationen werden dann als Könnens-Formulierungen auf die Ebene der Kompetenzen angehoben.

Der von mir favorisierte Ansatz hebt sich von diesem Vorgehen durch die Frage ab: Wie kommt man von (vorgegebenen) Kompetenzen zu einer unterrichtsleitenden Zielsetzung, die im Blick behält, dass Schülerinnen und Schüler ihre Kompetenzen an konkreten Anforderungssituationen erwerben und bewähren sollen? – Auch hier ein Beispiel:

In der Oberstufe steht in aller Regel das theologische Problem auf der Tagesordnung, wie Christen heute sinnvoll von Gott reden können. Dabei wird nicht selten die eingängige Formulierung Luthers aus dem Großen Katechismus traktiert:

Ein Gott heißt das, dazu man sich versehen soll alles Guten und Zuflucht haben in allen Nöten. Also dass ein Gott haben nichts anderes ist, denn ihm von Herzen trauen und glauben […]. Worauf du nun dein Herz hängst und verlässt, das ist eigentlich dein Gott.

Eine theologisch fachimmanente Kompetenzbeschreibung könnte sich auf die Fähigkeit zur Textanalyse und -deutung beziehen und ggf. darauf, Beispiele für Luthers Interpretation nennen zu können. Die Einheitlichen Prüfungsanforderungen in der Abiturprüfung gehen hier einen anderen Weg. Sie bieten einen Ausschnitt aus dem Dokumentarfilm „Leuchte auf, mein Stern Borussia" (1997), in dessen Mittelpunkt die beiden Fans des Fußballvereins Borussia Dortmund Steffi und Lothar stehen (vgl. EPA ER 2006, 37ff.). Beide geben Auskunft über ihr lebensbestimmendes Verhältnis zum Fußball und insbesondere zu ihrem Verein und werden in herausragenden Situationen live gefilmt.

In Korrespondenz dazu steht ein Text von Fulbert Steffensky, der eine gegenwartsbezogene Deutung der These Luthers bietet und vor der Faszination der falschen Götter warnt.

Die in den EPA formulierte Aufgabe stellt eine Anforderungssituation dar, die sich in unserer Gesellschaft an unterschiedlichen Stellen, aber in der gleichen Intensität und Tragweite stellt: Es geht um die Wahrnehmung, Interpretation und Bewertung von Massenphänomenen mit ekstatischen, den ganzen Menschen umfassenden Implikationen, deren quasi-religiöser Charakter auf der Hand liegt. Schülerinnen und Schüler sind häufig selbst in solche Phänomene – etwa im Bereich der Musik – involviert, die einen Teil ihres Lebens, zumindest phasenweise, ausmachen.

Aus der Perspektive des Evangelischen RUs sind fachspezifische Kompetenzen erforderlich, wenn sie im Sinne theologischer Religionskritik damit sachgemäß umgehen lernen sollen. Die EPA-Aufgabe könnte daher auch als Unterrichtsthema fungieren, an Hand derer zum einen Schülerinnen und Schüler darüber nachdenken, was das Wort „Gott" eigentlich meint, und zum anderen erproben, inwieweit die Luther'sche Auslegung sich als theologisches Instrument zur Erschließung von herausfordernden Gegenwartsphänomenen eignet. Das setzt natürlich voraus, dass sie sich mit Luthers Bestimmung ausreichend auseinander gesetzt haben. – Als übergeordnete Kompetenzen zu diesem Aufgabenbeispiel kommen in Betracht:

▪ Wahrnehmungs- und Darstellungsfähigkeit – religiös bedeutsame Phänomene wahrnehmen und beschreiben,
▪ Deutungsfähigkeit – religiös bedeutsame Sprache und Zeugnisse verstehen und deuten,
▪ Urteilsfähigkeit – in religiösen und ethischen Fragen begründet urteilen.

Themenbezogen konkretisiert könnten dann die Unterrichtsziele etwa lauten:

▪ Die Schülerinnen und Schüler können darstellen, welche überragende Bedeutung der Fußball für das Leben der beiden Hauptdarsteller hat und in welchen Formen sich diese Bedeutung ausdrückt.
▪ Die Schülerinnen und Schüler können unter Rückgriff auf Aussagen im Film und auf die Leitdefinition Luthers erklären, warum Menschen dem Fußball eine derartige Bedeutung in ihrem Leben einräumen.
▪ Die Schülerinnen und Schüler können die Lebenseinstellung der Protagonisten als Ausdruck einer religiösen Grundhaltung deuten und können diese mit einem ihnen bekannten religionskritischen Erklärungsansatz (Feuerbach oder Marx) erklären.

- Die Schülerinnen und Schüler können beurteilen, ob sich der von Steffensky verwendete Begriff „falsche Götter" auf diese religiöse Grundhaltung anwenden lässt.

Es kommt also darauf an, sich theologisches Wissen sozusagen in actu, also im Zuge der Auseinandersetzung mit Anforderungs-situationen, anzueignen, seine Reichweite und sein Deutungspo-tenzial zu erproben und dabei Kompetenzen zu erwerben, die auch in anderen Situationen nutzbar sind. Nur dann geraten die erworbenen Kenntnisse nicht in den Dunstkreis des „trägen Wissens", das ebenso schnell vergessen wird, wie es angeeignet wurde, oder das ein Schattendasein als brachliegender Datenmüll des Unterrichts fristet.

## 7.7 Kompetenzförderliche Lehr- und Lernprozesse planen

Die Nagelprobe eines kompetenzförderlichen RUs ist die Frage, ob es gelingt, Lehr- und Lernprozesse zu planen und durchzufüh-ren, die auch tatsächlich dazu führen, dass Schülerinnen und Schüler die Kenntnisse, Fähigkeiten und Fertigkeiten erwerben, die sie gemäß den Standards nachweisen sollen. Dass dabei die geläufigen Merkmale guten Unterrichts, die von der empirischen Unterrichtsforschung nachgewiesen worden sind, zu berücksich-tigen sind, versteht sich von selbst (vgl. Helmke 2003; Meyer 2007). Hier sollen nur ausgewählte Merkmale kompetenzorien-tierten Unterrichtens näher betrachtet werden, die unmittelbare Auswirkungen auf die Ausbildung von Fähigkeiten und Fertig-keiten haben.

Als Planungsprinzip für Lehr-Lern-Situationen im RU kommt der Zusammenhang von Wissenserwerb und Können in Betracht, der in der Expertise von Klieme (Klieme et al. 2003, 79) so beschrieben wird:

Der Aufbau von höheren Kompetenzstufen, die mit Handlungskompetenz und Können verbunden sind, gelingt nur, wenn Wissen stets der Bewäh-rungsprobe erfolgreicher Leistung unterzogen ist. Die Verknüpfung von Wissen und Können darf also nicht auf Situationen ‚jenseits der Schule' verschoben werden. Vielmehr ist bereits beim Wissenserwerb die Vielfalt möglicher Anwendungs-Situationen mit zu bedenken. Bedeutsam ist hier

der Aufbau ‚domänenspezifischer Schemata'. Dies sind in Anwendungs-
situationen erworbene Wissensstrukturen, die von den Lernenden (nicht
von den Lehrenden!) auf Grund ihrer Lern-Erfahrungen solcherart
verallgemeinert und systematisiert werden, dass sie künftig auch auf
andere Situationen anwendbar sind. Aus der empirischen pädagogischen
Forschung ist bekannt, dass der Erwerb solcher Schemata beispielsweise
durch fallbasierte Lehr-Lern-Umgebungen unterstützt werden kann.

## Kompetenzerwerb in Lernsituationen

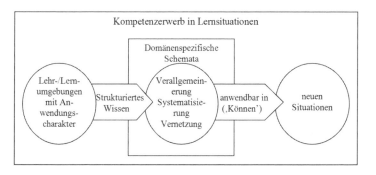

Ich gehe davon aus, dass Schülerinnen und Schüler die Subjekte
ihres eigenen Lernprozesses sind. Das bedeutet, dass sie auch im
Blick auf den Unterricht nicht Objekt der Vermittlungsbe-
mühungen der Lehrerin oder des Lehrers sind, sondern an der
Planung des Lernens, an der Gestaltung der Lernvorgänge, deren
Reflexion und Überprüfung mitwirken. Vor allem aber sind *sie*
es, die sich mit den Unterrichtsgegenständen auseinandersetzen
und diese durch Rekonstruktion, Verarbeitungs- und Aneig-
nungsprozesse in ihre kognitiven Strukturen integrieren müssen.
Das setzt grundsätzlich eine aktive Lernhaltung voraus, die im
Unterricht durch geeignete didaktische und methodische Entscheidungen geweckt und begünstigt werden muss.

Schüler lernen dann besonders motiviert, wenn sie sich als
Person ernst genommen fühlen und merken, dass es im Unterricht um *ihr* Leben und *ihre* Zukunft geht. Dazu gehört auch,
dass sie wahrnehmen, wie durch den Unterricht Sachen geklärt
und sie durch die Erweiterung ihrer Kompetenzen gestärkt
werden.

173

### 7.7.1 Für Transparenz sorgen – zur Mitgestaltung einladen

Transparenz zu schaffen ist ein Grundgebot des Unterrichtens. Es ist lernpsychologisch gut begründet und wirkt sich nachweislich lernförderlich aus. Die gegenteilige Strategie, die Wahl (vgl. 2006, 9ff.) mit Recht als „Osterhasenpädagogik" und „Pfingstwunderdidaktik" bezeichnet, zeitigt demgegenüber gerade hinsichtlich des Kompetenzerwerbs negative Früchte. „Osterhasenpädagogik" meint hier ein gängiges Verfahren, von dem sich Lehrerinnen und Lehrer besondere Motivationseffekte erhoffen: „So wie an Ostern Eier versteckt werden, so versteckt die Lehrperson ihr wertvolles Wissen und die Schülerinnen und Schüler müssen es suchen." (Wahl 2006, 12)

Wer nach dieser Devise verfährt, enthält den Schülerinnen und Schülern eine geordnete und verständliche Präsentation des erforderlichen Wissens vor, auf dessen Grundlage dann problemlösend und aufgabenbezogen gearbeitet werden kann. Auch die „Pfingstwunderdidaktik" begünstigt das Lernen nicht, da sie darauf setzt, „dass sich auf irgendeinem geheimnisvollen Weg träges Wissen in kompetentes Handeln verwandelt" (Wahl 2006, 14).

Vielmehr ist der Weg vom Wissen zur Handlungskompetenz bewusst in die Planung der Lehrprozesse einzubeziehen. Schließlich ist noch die bei Novizen verbreitete „Überraschungsei-Methode" zu nennen, bei der die Lehrerin oder der Lehrer den Schülerinnen und Schülern beim Einstieg ein glamouröses Leckerli zum Konsum anbietet, dessen Äußeres in umgekehrt proportionaler Relevanz zur Nutzlosigkeit seines Inhalts steht. In allen Fällen werden Schülerinnen und Schüler eher als Marionetten oder Konsumenten der Lehreraktivitäten betrachtet, anstatt als eigenständige Lerner wahrgenommen zu werden, die den Unterricht in die eigene Hand nehmen.

Dagegen setzt die Forderung nach Transparenz ein bei der Einsicht, dass Schülerinnen und Schüler wissen sollen, was auf sie zukommt und was sie lernen sollen. Das schafft Sicherheit, weil sich sie sich auf den Unterricht besser einstellen können. Es ist ein didaktisch alter Hut, den RU mit einer visualisierten Ankündigung zu beginnen, was in der jeweiligen Unterrichtsstunde auf der Tagesordnung steht und wie der Unterricht verlaufen soll (vgl. Meyer 1988, 130. 136).

Diese Selbstverständlichkeit kann dadurch ergänzt werden, dass die Schülerinnen und Schüler zusätzlich auch über den geplanten Lernertrag, also über das, was sie am Schluss des Lernprozesses besser können sollen als vorher, informiert werden. Die Absicht, eine solche den Unterricht kontinuierlich begleitende Verlaufsskizze offen zu halten für Anregungen und Veränderungswünsche der Schülerinnen und Schüler und diese auch gezielt etwa durch Murmelphasen anzuregen, räumt den Schülern von vornherein ein Mitspracherecht ein und begünstigt deren Motivation. Dazu gehört auch, sich an markanten Gelenkstellen des Unterrichts Rechenschaft darüber abzulegen, an welcher Stelle der Lernprozess angekommen ist und welche Ergebnisse erzielt wurden.

Wichtiger aber ist das Instrument des „Advance Organizers", das sich der Erkenntnis David Ausubels verdankt, Lernen führe dann zu besseren Ergebnissen, wenn es gelinge, neue Lerninhalte bewusst mit bereits vorhandenem Wissen zu verknüpfen. Er schlug deshalb eine Lernhilfe „im Voraus" vor, die den Lernenden einen strukturierten Überblick gibt über den Zusammenhang der verschiedenen Aspekte des Themas, ohne jedoch notwendige Lernprozesse schon vorwegzunehmen. Ein Advance Organizer ist daher als eine Art Brücke zu betrachten, die die „jeweils einzigartigen bereichsspezifischen Vorkenntnisstrukturen mit der sachlogischen Struktur der zu vermittelnden Inhalte" verbindet (Wahl 2006, 140). Eine solche Brücke am Anfang des Unterrichts (vgl. Wahl 2006, 141f.)

- erhöht das Interesse: Die Schülerinnen und Schüler erkennen, welche Bedeutung die Inhalte für sie selbst haben, warum das Thema der Stunde sinnvoll und notwendig ist und keine verschwendete Lebenszeit darstellt.
- fokussiert die Aufmerksamkeit: Die Schülerinnen und Schüler erfahren, welche Teilthemen besonders wichtig sind.
- steigert die Selbstwirksamkeit: Die Schülerinnen und Schüler „schreiben sich selbst die Kompetenz zu, die auf sie zukommenden Aufgaben bewältigen zu können".
- verbessert die Orientierung: Die Schülerinnen und Schüler behalten die Übersicht über den Unterricht.

- begünstigt das Behalten: Die Schülerinnen und Schüler können den Gesamtzusammenhang des Unterrichts überschauen und die Grundgedanken mit Vorkenntnissen vernetzen.

Ein gut gestalteter Advance Organizer zeichnet sich aus durch

- eine Konzentration auf den Zusammenhang wesentlicher Aspekte und Begriffe,
- eine möglichst Interesse weckende Problemstellung, die den gesamten Unterricht wie ein roter Faden zu lotsen vermag,
- eine einleuchtende Veranschaulichung etwa durch Visualisierungen oder Geschichten und
- eine Schritt-für-Schritt-Präsentation, die sukzessive entwickelt wird.

Leider ist der Einsatz von Advance Organizern noch lange nicht alltägliche Praxis. Wie eine solche im RU aussehen könnte, soll an einem Beispiel erläutert werden:

*Jahrgangsstufe 10: Einführung in die Ethik*
Die Schülerinnen und Schüler haben sich bereits fallbezogen mit zentralen ethischen Aussagen der Bibel (Dekalog; wichtige Abschnitte der Bergpredigt, z.B. Goldene Regel; Doppelgebot der Liebe) befasst. In der Doppelstunde steht die „Gewissensfrage" aus dem Magazin der Süddeutschen Zeitung vom 25.10.2007 im Mittelpunkt. Sie lautet:

In diesem Jahr kann ich mir keinen Urlaub leisten. Um Freunde, Bekannte und Verwandte zu beeindrucken, habe ich mir von einem Freund in New York Ansichtskarten schicken lassen. Diese möchte ich beschriften, zu jenem Freund zurücksenden und von ihm dann in Amerika einwerfen lassen, sodass es den Anschein hat, als hätte ich ihn in New York besucht. Was ich zunächst für eine gute Idee hielt, fällt mir plötzlich aber nicht ganz leicht. Wie beurteilen Sie mein Vorhaben?

PETER B., WEILHEIM

Die Antwort des „Moralkolumnisten" Dr. Dr. Rainer Erlinger lautet:

Manchmal beschleicht mich ein leises Misstrauen. Senden meine Leser mir hier wirklich nur ernst gemeinte Fragen oder wollen sie mich manchmal auf den Arm nehmen? Nein, meinte die Redaktion, die Leser des SZ-Magazins seien vertrauenswürdig, für die lege man die Hand ins Feuer. Und überhaupt: Mit der Wirtschaft gehe es zwar aufwärts und der Dollar stehe sehr gut für den Urlauber, aber nicht jeder könne sich alles leisten. Man mache hier Reisehefte mit schönen Seen in fernen Ländern, da entstehe schon ein Druck, weil mancher nun dorthin fahren wolle. Bestimmt hätten sich schon viele Leser diese Frage gestellt, nur nicht einzusenden getraut. Na gut, dachte ich, das wäre ja auch im Sinne des Klimaschutzes, statt des Urlaubers fliegen nur die Postkarten, derweilen wandert er selbst durchs Voralpenland. Gehen wir es deshalb an.

Was kann Ihnen Unbehagen bereiten? Dass Sie Ihre Umgebung beeindrucken wollen? Wenn man das aus moralischen Gründen sein lassen müsste, könnten ganze Industriezweige wie das Autogeschäft einpacken und die Frankfurter Buchmesse hätte in einem Pfarrsaal Platz. Aber vielleicht liegt es daran, dass Sie lügen. Ja, das tun Sie, denn Sie treffen, wenn Sie „Grüße aus New York" schreiben, eine „unwahre, mit dem Willen zur Täuschung vorgebrachte Aussage", so die klassische Definition des Kirchenlehrers Augustinus. Bei ihm wären Sie unten durch, er verteufelte jegliche Lüge, aber vielleicht hätten Sie bei Luther bessere Karten. Der unterschied nämlich im Gefolge von Thomas von Aquin Nutz-, Scherz- und Schadenslügen und erachtete in seinen späteren Schriften nur mehr die letztere als Sünde.

Was ist nun Ihre Kartenaktion? Ich würde sie als in diesem Sinne vertretbare Scherzlüge ansehen. Denn, seien Sie mir nicht böse, ernst nehmen könnte man Sie nach so einer Aktion ohnehin nicht mehr!

Zusätzlich ist als Material das Manuskript einer Sendung des Südwestfunks vom 27.5.2004 mit dem Titel: „Der faule Fleck in der menschlichen Natur – Die Lüge in Philosophie und Theologie" verfügbar. (http://db.swr.de/upload/manuskriptdienst/wissen/wi2004 0518_2553.rtf)

Als Advance Organizer stellt die Lehrkaft zu Beginn der Sitzung das umseitig abgebildete Tableau vor. – In einem solchen Advance Organizer sind der Verlauf der Doppelstunde und Informationen zu inhaltlichen Aspekten miteinander kombiniert. Natürlich gibt es keine allgemein gültigen Vorgaben für das Design solcher Vorwegweiser – das bleibt der didaktischen und gestalterischen Fantasie der Lehrkräfte überlassen. Entscheidend für den Erfolg ist nur, dass von dieser Möglichkeit einer Lernhilfe kontinuierlich Gebrauch gemacht wird.

**Evangelische Religionslehre 13.11.2007**
**Thema: Darf man als Christ lügen?**

**Zugeordnete Kompetenz:**

…einen konkreten ethischen Fall unter Berücksichtigung
theologisch-ethischer Kriterien und Ansätze beurteilen und
entscheiden können

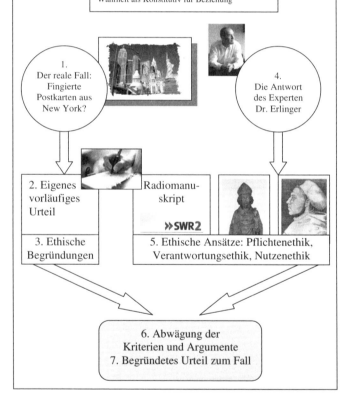

Relevante Bibelstellen zum
Themenkomplex Wahrheit und Lüge:
- Dekalog
- Bergpredigt
- Goldene Regel
- Doppelgebot der Liebe

Kriterien: Lüge als Zerstörung von
Lebensgrundlagen, Glaubwürdigkeit, Reziprozität,
Wahrheit als Konstitutiv für Beziehung

BIBEL

1.
Der reale Fall:
Fingierte
Postkarten aus
New York?

4.
Die Antwort
des Experten
Dr. Erlinger

2. Eigenes
vorläufiges
Urteil

Radiomanu-
skript

»SWR2

3. Ethische
Begründungen

5. Ethische Ansätze: Pflichtenethik,
Verantwortungsethik, Nutzenethik

6. Abwägung der
Kriterien und Argumente
7. Begründetes Urteil zum Fall

## 7.7.2 Religion zeigen

Dass immer mehr Schülerinnen und Schüler, die durchaus mit Interesse am Evangelischen RU teilnehmen, keine Erfahrungen mit gelebter Religion haben, fordert die Religionspädagogik in besonderer Weise heraus. Vieles, was im RU vermittelt werden soll, bleibt ohne diesen Erfahrungshintergrund blass und theoretisch, manches ist sogar ganz und gar unverständlich. Auf diese Situation reagiert u.a. das Konzept eines performativen Unterrichts (vgl. Dressler 2002; Leonhard/Klie 2003), das in unterschiedlichen Varianten vorgetragen wird.

So geht es etwa Bernhard Dressler (vgl. Dressler 2005) weniger um didaktisch-methodische Fragen als um die bildungstheoretisch begründete Fähigkeit zum „Perspektivenwechsel" (Dressler 2005, 54), die sich im RU darin zeige, dass Schülerinnen und Schüler probeweise eine religiöse Perspektive einnehmen können. Ingrid Schoberth stellt die sprachliche Gestaltungskompetenz in den Mittelpunkt der Performanz: „Glauben-lernen heißt eine Sprache lernen." (Schoberth 2002, vgl. Schoberth 1998, bes. 287–294) und greift katechetische Traditionen der Vergegenwärtigung biblischer Texte auf.

Offenbar hat der bislang eher unbestimmte Begriff des performativen RUs eine so hohe Integrationskraft, dass sich unter ihm die unterschiedlichsten theologischen und religionspädagogischen Ansätze versammeln können.

Ein wesentliches Merkmal des performativen Unterricht ist die Forderung, Religion müsse im Unterricht zu allererst „gezeigt" werden (vgl. Dressler/Meyer-Blank 1998; Dressler 2002, 13). Gezeigt werden soll „Religion als eine eigenartige Kultur symbolischer Kommunikation" (Dressler 2002, 13), die in ihren Vollzügen, gemeint sind dabei ihre liturgischen und narrativen Formen, erkennbar wird. „Zeigen" wird hier deshalb im Sinne von „Darstellen" und „Inszenieren" gelebter Religion verstanden: Religion soll „leiblich und räumlich in Szene" gesetzt werden (Leonhard/Klie 2003, 7). Schülerinnen und Schüler übernehmen zeitweilig, probehalber und unter den künstlichen Bedingungen von Schule religiöse Rollen. Religiöse Ausdrucksformen rücken in den Mittelpunkt der religionspädagogischen Aufmerksamkeit.

Ob eine solche Inszenierung von Religion unter den besonderen Bedingungen des RUs am Lernort einer öffentlichen Schule religionspädagogisch zu rechtfertigen ist, ist strittig (vgl. Englert 2002; 2006; Obst 2007b). Wohl aber ist die im Konzept der performativen Religionsdidaktik beschriebene Aufgabe des RUs, „Religion zu zeigen", als didaktische Kategorie für kompetenzorientierte Lehr- und Lernprozesse angesichts von Traditionsabbruch und Pluralismus fruchtbar zu machen. Ich fasse daher das „Zeigen" als eine basale pädagogische Operation auf, die prinzipiell alles Lehren und Lernen bestimmt (vgl. zum Folgenden ausführlicher Obst 2007b).

Mit dem Tübinger Erziehungswissenschaftler Klaus Prange (Prange 1995; Prange 2005, vgl. auch Fuhr 1999; Koring 1999) ist grundsätzlich nach der Bedeutung des Zeigens für pädagogische Prozesse zu fragen. Es geht Prange nicht um das Zeigen als eine bestimmte Lehrform bzw. Unterrichtsmethode, sondern darum, auf die Zeigestruktur der Erziehung generell aufmerksam zu machen. „Zeigen" ist für Prange die „operative Basis der pädagogischen Kompetenz" (Prange 1995, 145), die Grundoperation, die „aller Erziehung eingeschrieben ist" (Prange 2005, 65). „Zeigen" ist für Prange also keine weitere Aufgabe des Lehrers neben dem Lehren, Erziehen, Beurteilen, Beraten und Innovieren, ebenso wenig eine weitere pädagogische Kompetenz im breiten Spektrum pädagogischer Kompetenzen, die Lehrerinnen und Lehrer haben müssen. Schon gar nicht präjudiziert das Zeigen eine bestimmte Unterrichtsmethode.

Eine erzieherische Bedeutung gewinnt das Zeigen erst in seiner Verbindung zum Lernen, dadurch „dass den Adressaten des Zeigens ein Können, ein Wissen oder eine Haltung angesonnen oder ermöglicht wird". Dass ein Schüler bzw. eine Schülerin auf etwas hingewiesen und auf etwas aufmerksam gemacht wurde, sagt noch lange nicht, dass er oder sie auch etwas gelernt hat. Zum Zeigen muss das Lernen hinzutreten und das heißt mindestens, dass das Gezeigte einen Namen erhält und bezeichnet wird, so dass es erläutert werden kann und anschlussfähig ist an das, was der Lernende bereits mitbringt. Zeigen und Lernen müssen ineinander greifen wie zwei

gegeneinander laufende [...] Zahnräder [...], rechtsdrehend nach vorwärts und zurück das Zeigen, links- und entgegendrehend das Lernen. Sie kommen zusammen und treten wieder auseinander im besten Falle so, dass das, was der eine kann und weiß, dann auch von dem anderen geteilt wird. (Prange 2005, 118)

Für den RU gilt es, die bislang eher vernachlässigte unterrichtliche Grundform des Zeigens wiederzugewinnen (vgl. Weniger 1964; Nipkow 2005). Karl Ernst Nipkow hält sie für eine der „angemessensten Handlungsformen des RUs in der Zukunft" (Nipkow 2005, 346), da sich beim Zeigen einerseits der Lehrende selbst nicht in den Vordergrund dränge, andererseits die Schülerinnen und Schüler nicht vereinnahmt werden, die selbst entscheiden können, welche Bedeutung sie dem Gezeigten in ihrem Leben zumessen wollten. Das Zeigen entspricht darüber hinaus als Haltung grundsätzlich der Sache, um die es im RU geht: Der Glaubende weist von sich weg auf den, der Grund und Ziel seines Glaubens ist. Das Zeigen ist deshalb für den RU keineswegs bloß eine Methode, sondern Ausdruck seiner inneren Struktur.

Religion zeigen – das heißt: die *Wahrnehmungsfähigkeit von Schülerinnen und Schülern* im Blick auf religiöse Phänomene zu schulen. Dabei müssen Differenzierungs- und Deutungskategorien erarbeitet werden, die langfristig zu einem realistischen (vgl. Weinrich 2003, 40) Umgang mit Religion und Religionen führen.

Auch *Schülerinnen und Schüler zeigen Religion*, sie sind nicht oder nur ganz selten a-religiös. Sie bringen ihre Religion, d.h. ihr Konzept der Lebens- und Weltdeutung mit in den RU hinein. Lehrerinnen und Lehrer müssen die Religionen ihrer Schülerinnen und Schüler wahrnehmen, sie aufgreifen und mit den Lerngegenständen verschränken.

„Religion zeigen" bedeutet aber im Evangelischen RU in erster Linie zu zeigen, *was es heißt, als evangelischer Christ in einer pluralen Gesellschaft* zu leben. Religionslehrer und Religionslehrerinnen fungieren als eine Art „Reiseführer" (Link-Wieczorek 2003; 2006), die die Schüler an die Hand nehmen und ihnen möglichst verschiedene Räume des christlichen Glaubens aufschließen. Christsein zeigen heißt: Lernsituationen schaffen, in denen Schülerinnen und Schülern vielfältigen Formen christlichen Lebens und Denkens begegnen. Der RU lebt von „originalen Begegnungen" (Roth 1969, 109), spielt aber

Erfahrung und Reflexion, Leben und Nachdenken, christliche Praxis und christliche Theologie nicht gegeneinander aus. Ein solches Zeigen lädt Schülerinnen und Schüler dazu ein, selbst als Christ zu leben, und zielt darauf, ihnen dafür notwendige Voraussetzungen zu vermitteln (vgl. Grethlein 2005, 271–275; Grethlein 2006; Grethlein/Lück 2006, 102); allerdings ist die Realisierung dieser Möglichkeit nicht das planbare Ergebnis des schulischen RUs.

Ein Beispiel aus der Arbeit mit einer Jahrgangsstufe 11: Müssen evangelische Christen fasten?

Ein großes Plakat der diesjährigen Fastenaktion „7-Wochen-ohne" hängt an der Tafel. Kaum ein Schüler kennt die Initiative. Vielen erscheint diese Form christlicher Praxis, der sie im Unterricht erstmalig begegnen, fremd: Fasten – das ist doch was für Katholiken (früher) und Muslime (heute). Einige muslimische Schülerinnen und Schüler des Kurses berichten über ihre eigene Fastenpraxis. Andere Schüler können nur von Fastenkuren zum Abnehmen berichten. Das Plakat und das Motto der diesjährigen Fastenaktion sprechen aber alle an und provozieren eine Reihe von Fragen, die gemeinsam systematisiert werden und den Weg des Lernens strukturieren helfen.

Ein religiöses Phänomen muss also zunächst einmal gezeigt werden, damit es bearbeitet werden kann. In der Auseinandersetzung mit der Fastenaktion erwerben die Schülerinnen und Schüler eine Reihe von Kompetenzen, die angeregt und gelenkt werden durch das „Zeigen" der Lehrkraft. – Die Schüler können

- über die Aktion „7-Woche-ohne" umfassend Auskunft geben (Wahrnehmungs- und Darstellungsfähigkeit),
- das Motto der Fastenaktion 2008 („Verschwendung! 7-Wochen ohne Geiz") deuten (Deutungsfähigkeit),
- religiöse Fastenpraxis vor dem Hintergrund biblischer Fastenkritik beurteilen und das Motto der Fastenaktion 2008 bewerten (Urteilsfähigkeit),
- ein Motto für die Fastenaktion 2009 finden und ein Plakat gestalten (Gestaltungsfähigkeit).

### 7.7.3 Selbstständiges Lernen ermöglichen

Das Leitziel eines jeden Lehrers und einer jeden Lehrerin ist, sich selbst überflüssig zu machen. Dies gelingt nur, wenn Kinder, Jugendliche und junge Erwachsene sich nicht nur fortschreitend mehr und komplexere Kompetenzen aneignen, sondern auch nach und nach größere Verantwortung für ihren eigenen Lernprozess übernehmen (vgl. dazu Dubs 2005, 263ff.). Dazu bedarf es zum einen der pädagogischen Grundeinstellung seitens der Lehrkräfte, auf die Stärken ihrer Schülerinnen und Schülern zu setzen und ihnen zuzutrauen, eigene Lernwege zu suchen und zu beschreiten.

Zum anderen müssen sie aber auch Wege zum selbstständigen Lernen und Arbeiten eröffnen und gleichzeitig Lernhilfen bereitstellen, die den jeweils nächsten Entwicklungsschritt provozieren und begleiten. Drittens sind konkrete methodische Verfahren zu erlernen, die die eigenständige Bearbeitung von Problemen und Aufgaben ermöglichen. Schließlich brauchen die Schülerinnen und Schüler eine kontinuierliche Anleitung und Gelegenheiten, ihre Lernwege auf einer metareflexiven Ebene planen und durchdenken zu können.

Der Weg in die Selbstständigkeit des Lernens ist langwierig, mit vielen guten Vorsätzen gepflastert und kostet auf beiden Seiten viel Kraft, weil es häufig bequemer ist, als Lehrkraft „Stoff zu vermitteln" und als Schüler „Inhalte zu rezipieren". Für die Lehrkräfte stellt sich die Aufgabe, Unterricht sehr viel komplexer zu konzipieren, als dies bei schlichten instruktionalen Modellen üblich ist. Schülerinnen und Schüler werden durch ein auf selbstständiges Arbeiten zielendes Unterrichtskonzept herausgefordert, Zeit, Ausdauer und Engagement zu investieren – allerdings auch mit der Aussicht belohnt, selbst etwas geschafft zu haben.

Seit der ersten PISA-Studie wird das selbstständige Lernen konzeptionell auch unter dem Begriff „selbstreguliertes Lernen" diskutiert, der in der internationalen pädagogischen Forschung bereits seit längerem eingeführt war. Das PISA-Konsortium versteht darunter folgendes:

Lernende, die ihr eigenes Lernen regulieren, sind in der Lage, sich selbstständig Lernziele zu setzen, dem Inhalt und Ziel angemessene Techniken und Strategien auszuwählen und sie auch einzusetzen. Ferner halten sie ihre Motivation aufrecht, bewerten die Zielerreichung während und nach Abschluss des Lernprozesses und korrigieren – wenn notwendig – die Lernstrategie. Die Selbstregulation des Lernens beruht demnach auf einem flexibel einsetzbaren Repertoire von Strategien zur Wissensaufnahme und Wissensverarbeitung sowie zur Überwachung der am Lernen beteiligten Prozesse. Ergänzt werden diese Form der Informationsverarbeitung durch motivationale Prozesse wie beispielsweise Techniken der Selbstmotivierung und der realistischen Zielsetzung. (Deutsches Pisa-Konsortium 2001, 271)

Der Pädagoge Rolf Dubs hat diese schwierige Definition in ein plausibles Aktionsschema übersetzt:

Wesentlich am selbstregulierten Lernen ist, dass die Schülerinnen und Schüler erstens lernen, eine gestellte Aufgabe oder Problemstellung zu analysieren und sich ein Ziel zu setzen. Dazu müssen sie motiviert sein und über ein Wissen über sich selbst (Selbstkonzept) und ihr eigenes Lernen verfügen. Zudem muss aus früherem Lernen ein fachspezifisches Wissen (Vorwissen) und Problembewusstsein vorhanden sein. Zweitens wählen sie eine Denk- oder Lernstrategie aus, von der sie annehmen, dass sie sich zur Zielerreichung (Problemlösung) eignet. Dazu sollten sie auf ein Repertoire von bereits erarbeiteten Denk- und Lernstrategien zurückgreifen können. Allenfalls erkennen sie, dass sie die gewählte Strategie anpassen oder gar eine neue entwickeln müssen. Drittens beobachten sie ihren Denk- oder Lernprozess fortwährend im Hinblick auf die Zielsetzung und nehmen im Falle von Abweichungen und Schwierigkeiten beim Fortgang des Lernens Anpassungen vor. Diese drei Schritte lassen sich aber nicht in abstrakter Form erlernen, sondern sie sind immer im Zusammenhang mit konkreten Lerninhalten zu entwickeln: Begriffswissen zu konkreten Lerninhalten sowie Denk- und Lernstrategien sind also immer gleichzeitig zu konstruieren. (Dubs 1997, 84f.)

Dubs warnt allerdings eindringlich davor, die Komplexität selbstregulierten Lernens zu unterschätzen. Die skizzierten Schritte seien so anspruchsvoll, dass die wenigsten Schülerinnen und Schüler in der Lage seien, sie ohne Weiteres selbst zu erlernen. Notwendig sei vielmehr die Hilfe der Lehrkraft, die die Lernenden mit gezielten Lernhilfen unterstützt, wenn sie mit ihrem Denken nicht mehr weiterkommen. Dazu müsse eine Brücke zwischen schon vorhandenem Wissens- und Könnensstand und einem nächsten, noch unverstandenen Lernschritt gebaut werden:

Es ist also ein verbales Lehrerverhalten, das zu weiterem Denken anregt: Ein Problem aufwerfen; die Aufmerksamkeit auf einen Widerspruch, Konflikt oder auf unterschiedliche Meinungen lenken; Präzisierungen verlangen; Belege und Erklärungen oder Begründungen verlangen; zu Stellungnahmen und weiteren Interaktionen auffordern; zum Thema zurückrufen; zum Reflektieren des eigenen Lern- und Denkprozesses auffordern; zum Anpassen der Zielsetzung oder der gewählten Denk- und Lernstrategie herausfordern usw. (Dubs 1997, 85)

Die Warnung Dubs' richtet sich gegen eine Unterschätzung des Schwierigkeitsgrades des selbstregulierten Lernens, wie sie in unterschiedlichen Modifikationen beobachtet werden kann (vgl. auch Dubs 2005, 267f.). So werden häufig Schülerinnen und Schüler durch Aufgaben überfordert, für die ihnen die notwendigen Vorkenntnisse ebenso fehlen wie die Erschließungsmethoden oder die metareflexiven Strategien.

Umgekehrt werden Lernprozesse als selbstständiges Lernen ausgegeben, bei denen sich die Lehrer-Instruktion nur unter genau festgelegten direktiven Aufgaben versteckt. Schließlich wird – im Zuge der inzwischen abklingenden Euphorie über das „Lernen des Lernens" – übersehen, dass es nicht genügt, fachunabhängige Methoden etwa im Bereich der Lesekompetenz zu erlernen, sondern dass jedes Fach seine spezifischen Erschließungsverfahren benötigt. Die Unterstreichung von Schlüsselwörtern in einem Sachtext über Maulwürfe ist etwas anderes als die Entschlüsselung von Metaphern in einem Barockgedicht, die Strategie zur Analyse einer historischen Quelle unterscheidet sich von der Rekonstruktion eines Gedankengangs bei einem theologischen Fachtext.

Es empfiehlt sich, auch für den RU – wenn möglich in Absprache mit anderen Fachvertretern – Schritte in der schulinternen Bildungsgangplanung zu verabreden, wie die Selbstständigkeit der Schüler gezielt gefördert werden kann. Dies ist nur langfristig möglich und muss zu einem integralen Bestandteil des Unterrichts in den verschiedenen Fächern werden.

Wie selbstständiges Lernen initiiert und unterstützt werden kann, soll an einem Beispiel gezeigt werden: Für die Jahrgangsstufen 5/6 ist in vielen Lehrplänen eine Unterrichtsreihe über Gemeinsamkeiten und Unterschiede der evangelischen und der katholischen Kirche vorgesehen. Themenbezogene Kompetenzen, die einem solchen Thema zugeordnet werden könnten, lauten:

Die Schülerinnen und Schüler

- können die Hauptunterschiede und Gemeinsamkeiten im äußeren Erscheinungsbild, im Aufbau und in der kirchlichen Praxis der evangelischen und katholischen Kirche benennen und erläutern,
- können erklären, worin das Trennende zwischen den Konfessionen besteht,
- können begründen, warum die verschiedenen Konfessionen dennoch zu der einen Ökumene christlicher Kirchen gehören,
- können Stellung beziehen zu der Frage, ob sie am Gottesdienst der jeweils anderen Konfession teilnehmen würden.

Die konkrete Anforderungssituation besteht zum einen darin, dass immer noch viele Schülerinnen und Schüler selbst einer christlichen Konfession angehören und sich in der Regel erst im RU mit ihrer Kirche genauer beschäftigen und lernen, über ihre Konfession Auskunft zu geben. Zum anderen kennen Kinder ohne kirchlichen Hintergrund Kirchen oft nur als Gebäude, ohne über eine Anschauung von kirchlichem Leben zu verfügen. Schließlich bieten parallele evangelische und katholische Lerngruppen die Chance, dieses Thema im Dialog aufzuarbeiten, so dass etwa die katholischen Schüler sich mit der evangelischen Kirche befassen und umgekehrt. Voraussetzung dafür ist eine projektförmige Anlage des Unterrichts, die auf ein gemeinsames Produkt – also etwa auf eine Ausstellung oder eine mediale Präsentation – zuläuft. Auch eine Internetrallye bietet sich an (vgl. z.B. Oberhuemer 2004).

### 7.7.4 Kompetenzorientierte Lernaufgaben formulieren

Das ursprünglich aus der beruflichen Bildung stammende Konzept der Lernaufgaben hat seit langem auch Eingang in die allgemeine Didaktik gefunden (vgl. Witzgall 1997; Grell 2006, 232–273; Dubs 2005, 276ff. zum problemorientierten Lernen).

Lernaufgaben zu formulieren, gehört zum anspruchsvollsten, aber auch zum ertragreichsten Teil der Lehrerfunktion „Unterrichten" (vgl. Aufgabenkultur 2008). Allerdings lauern hier auch die größten Tücken. Gerade Anfänger neigen etwa dazu, unter dem Motto des „selbstständigen Lernens" ihre Lehrerrolle in vorgefertigte Aufträge hineinzuverlagern und die Impulse, Fraugen und Aufgaben, die sie sonst im Frontalunterricht den Schülern präsentiert hätten, in Form von Arbeitsblättern und Folien auszuhändigen. Die beobachtbaren Schüleraktivitäten verleiten dann dazu, die Lehrerrolle als rein moderierend zu beschreiben, statt sie als eine andere Form instruktionalen Unterrichtshandelns zu bewerten. Wer Lernaufgaben stellt, sollte sich also über seine Funktion als Arrangeur und Steuerer des Unterrichts – sei es auch über das Medium von Aufgaben – nicht täuschen.

Neben dieser konzeptionellen Selbsttäuschung lehrt die Erfahrung, dass Lernaufgaben oft daran kranken, dass sie relativ einfallslos und schematisch formuliert sind und sich vielfach auf schlichte reproduktive Tätigkeiten beschränken. Nur selten sind sie so angelegt, dass differenzierte Leistungen erbracht werden können und dass sie die einzelnen Schülerinnen und Schüler in ihrem jeweils unterschiedlichen Lernfortschritt fördern. Vor allem aber beziehen sich viele Lernaufgaben auf Operationen, die die Schülerinnen und Schüler vollziehen sollen, bei denen aber noch keineswegs gesichert ist, ob aus diesen Handlungen auch Kompetenzen erwachsen oder unterstützt werden. Sie dienen oft nur der Umwälzung und vielleicht noch der Einübung bereits angeeigneter Erkenntnisse, setzen aber nicht den Erwerb neuen Wissens und Könnens im Prozess der Aufgabenbearbeitung voraus.

Ergebnisse, die die Lehrkräfte von der Abarbeitung der Lernaufgaben erwarten, sind in der Regel materialer Art und sollen anschließend in einer variablen Präsentationsform der Lerngruppe zur Kenntnis gegeben werden. Schließlich ist zu beobachten, dass Lernaufgaben häufig nicht zusammenhängen, sondern isoliert formuliert sind und daher vernetztes Lernen nicht oder nur unzureichend unterstützen. – Lernaufgaben im kompetenzorientierten Unterricht

- setzen bei einer herausfordernden, hinreichend komplexen Problemlage an, die möglichst auf die Erfahrungs- und Vorstellungswelt der Kinder und Jugendlichen bezogen ist (vgl. Tulodziecki/Herzig/Blömeke 2004, 83f.; Grell 2006, 246ff.)

- erschließen einen größeren Sachzusammenhang in exemplarischer Weise,
- zielen darauf, dass fachspezifische Kompetenzen bei der Bewältigung der Aufgabe erworben oder ausdifferenziert werden können,
- bieten die Chance, dass das dafür erforderliche Wissen von den Schülern möglichst eigenständig beschafft, angeeignet und angewendet werden kann, (vgl. Grell 2006, 236ff.)
- machen den Schülerinnen und Schülern den Zusammenhang von Aufgabe und Lösungsweg deutlich
- befähigen die Schülerinnen und Schülern, unterschiedliche Leistungsniveaus zu erreichen,
- ermöglichen den Schülern die Kontrolle, ob sie bei der Bearbeitung erfolgreich gewesen sind (vgl. Dubs 2005, 266)

Bei den Aufgaben, die sich in besonderer Weise zur Anregung des Lernprozesses eignen, lassen sich folgende Typen unterscheiden, die allerdings fachspezifisch ausgefächert werden müssen:

- komplexe Probleme, für die Lösungswege und Lösungen bzw. Handlungsmöglichkeiten erarbeitet werden sollen,
- komplexe Entscheidungsfälle, bei denen unter Berücksichtigung verschiedener Kriterien Handlungsmöglichkeiten zu beurteilen und Entscheidungen zu treffen sind,
- komplexe Gestaltungsaufgaben, wobei die Gestaltung einer Situation, eines Verfahrens oder eines Produkts gefordert sind und dabei gedanklich erarbeitete Handlungsmöglichkeiten bzw. Entscheidungen in angemessener Form umgesetzt werden müssen,
- komplexe Beurteilungen verschiedener Problemlösungen, Entscheidungen oder Gestaltungsergebnisse, wobei verschiedene Kriterien zur Bewertung zu erarbeiten, zu diskutieren und anzuwenden sind. (Tulodziecki/Herzig/Blömeke 2004, 83)

Lernaufgaben sollten in einer methodisch reflektierten Weise in den Unterricht eingebracht werden. Dabei ist folgendes idealtypische Verlaufsschema hilfreich (in Anlehnung an Witzgall 1997, 14):

| PHASE | LERNER-AKTIVITÄT | LEHRER-AKTIVITÄT |
|---|---|---|
| 1. Vorstellung der Problemsituation | Die Schüler prüfen, welche bekannten und unbekannten Aspekte die Aufgabe enthält, und stellen Fragen zum Verständnis und zum Vorgehen. | Die Lehrkraft stellt das Problem vor, benennt die Ziele der Lernaufgabe und die Bedingungen ihrer Bearbeitung. |
| 2. Vorbereitung der Aufgabenbearbeitung | Die Schüler machen sich klar, welches aufgabenrelevante Wissen und Können sie mobilisieren können und welche Strategien sie verfolgen können, um notwendiges Wissen zu erarbeiten und zur Lösung des Problems anzuwenden. | Die Lehrkraft erörtert gemeinsam mit den Schülern mögliche Vorgehensweisen bei der Lösung und ggf. auch zu erwartende Schwierigkeiten. Sie bietet Hilfestellung an (z.B. Hilfekarten, Hinweise auf Wissensquellen, unterstützende Maßnahmen). |
| 3. Bearbeitung der Lernaufgabe | Die Schüler wählen einen Lösungsweg, beschaffen sich die notwendigen Kenntnisse und wenden sie methodisch reflektiert an. | Der Lehrer lässt die Schüler eigenständig arbeiten, ist jedoch für unterstützende Hilfe („scaffolding") ansprechbar. |
| 4. Kontrolle und Vertiefung | Die Schüler überprüfen ihre Lösung anhand der Aufgabenstellung, präsentieren ihre Resultate und diskutieren Alternativen und Verbesserungsmöglichkeiten. | Die Lehrkraft stellt die Lösungswege und Resultate zur Diskussion und gibt ggf. ergänzende und vertiefende Informationen. Gemeinsam mit den Schülern wird festgehalten, welche neuen Kenntnisse und Kompetenzen erworben wurden. |
| 5. Festigung und Verallgemeinerung | Die Schüler üben das neue Wissen und Können mittels variabler Aufgabenstellungen ein. | Die Lehrkraft organisiert Übungs- und Transferaufgaben und leistet ggf. Hilfestellung. |

Im Folgenden werden drei Beispiele für Lernaufgaben geboten, die sich auf die Entwicklung der subjektiven Religion, auf Kerninhalte der christlichen Tradition und auf christliche Spuren in unserer gegenwärtigen Kultur beziehen. Dass alle Lernaufgaben von Bildern ausgehen, soll die Vielfalt möglicher Lernanlässe im RU nicht einschränken, sondern die Breite von visuellen Impulsen beim Lehren und Lernen veranschaulichen.

*Beispiel 1:*

Die Lernaufgabe bezieht sich auf eine Unterrichtssequenz über das Thema „Warum Christinnen und Christen die Geburt Jesu feiern" im Rahmen einer Reihe über „Jesus Christus – woher Christinnen und Christen ihren Namen haben" in den Jahrgangsstufen 5/6. Die Lernaufgabe steht am Anfang der Sequenz, da durch sie die notwendigen Grundkenntnisse über die synoptische Weihnachtstradition erworben werden sollen.

Im Blick auf das Raster der Comenius-Gruppe (vgl. Kap. 4.5) trägt die Lernaufgabe zu folgenden Kompetenzen bei:

- Grundformen religiöser Sprache kennen, unterscheiden und deuten.
- Über das Christentum evangelischer Prägung Auskunft geben.
- Grundformen religiöser Praxis beschreiben, probeweise gestalten und ihren Gebrauch reflektieren.
- Sich mit anderen religiösen Überzeugungen begründet auseinandersetzen und mit Angehörigen anderer Konfessionen bzw. Religionen respektvoll kommunizieren und kooperieren.

---

**Thema der Reihe:** „Jesus Christus – woher Christinnen und Christen ihren Namen haben"

**Unterrichtseinheit:** „Warum Christinnen und Christen die Geburt Jesu feiern"

*Lernaufgabe:*

Die meisten von euch werden sich sicher auf das Weihnachtsfest freuen. Die Straßen sind hell erleuchtet, in den Wohnungen brennen Kerzen, der Verkauf der Tannenbäume hat schon eingesetzt – allerdings machen auch viele Menschen gerade in dieser Zeit einen sehr gehetzten Eindruck, weil es noch so viel zu erledigen und einzukaufen gibt. Wenn aber der Heiligabend da ist und die heiß ersehnten Geschenke endlich ausgepackt sind, ist der Trubel vergessen. Übrigens: Sogar viele Muslime, die in unserer Stadt wohnen, feiern Weihnachten.

---

Ein solches weltweit bekanntes und gefeiertes Fest hat einen besonderen Ursprung. Es ist ein bisschen wenig, wenn man dazu nur die Auskunft geben kann: „Man feiert, weil Jesus geboren ist." Deshalb wollen wir diesem Ursprung des Festes genauer auf den Grund gehen. In der Dorfkirche des Ortes Koserow auf der Insel Usedom, die aus dem 13. Jahrhundert stammt, habe ich ein kerzenbeleuchtetes Transparent entdeckt, das zu Weihnachten auf dem Altar steht. Vielleicht habt ihr ein ähnliches Transparent auch schon in der Christvesper in eurer Kirche gesehen. Es erzählt die Weihnachtsgeschichte in einer anschaulichen Bilderfolge.

**Grundlegende Aufgaben für alle:**

1. Betrachtet das Transparent zu zweit und stellt die Szenen zusammen, die erzählt werden (Wer kommt vor, was tun die Personen, welche Details sind erkennbar?).

2. Sucht in der Bibel die Passagen heraus, auf die das Transparent sich bezieht. Ein Tipp: Ihr findet sie im Matthäus- und im Lukas-Evangelium!

3. Was wird in der Bibel *nicht* erzählt? Warum hat die Künstlerin diese Details trotzdem in ihr Transparent aufgenommen?

4. Versucht eine Antwort auf die Frage zu finden, warum für die frühen Christinnen und Christen die Geburt Jesu so wichtig war. Schreibt euch die gefundenen Hinweise in den biblischen Geschichten auf und fügt jeweils eine kleine Erläuterung dazu an.

5. In Gruppen: Sucht euch eine Geschichte aus und übt sie so ein, dass ihr sie sinnhaft und ausdrucksvoll vorlesen könnt. Ihr könnt sie auch mit verteilten Rollen lesen.

**Zusatzaufgaben zur Vorbereitung unserer weiteren Arbeit** (falls ihr Zeit dazu habt):

6. Der Pfarrer der Gemeinde hat das Transparent nicht etwa unter dem prächtigen Weihnachtsbaum platziert, sondern merkwürdigerweise direkt unter der Kreuzigungsszene des Altars. Welche Gründe könnte er dafür haben?

7. Häufig werden auch „Ochs und Esel" als Zeugen der   *Bild*
Geburt in den Transparenten, Weihnachtskrippen und   *einfügen*
Bildern aufgeführt. Wieso?

8. In eurer Klasse habt ihr auch muslimische Mitschülerinnen und Mitschüler. Führt ein Interview mit ihnen, ob und ggf. wie und warum sie Weihnachten feiern. Vielleicht wissen sie oder können sich erkundigen, was im Koran über Jesus steht.

*Beispiel 2:*

Diese Lernaufgabe steht im Kontext einer Unterrichtsreihe zum Thema „Wofür ist das Christentum gut?" in den Jahrgangsstufen 9/10. Im Rahmen dieser Reihe wird in einer Sequenz auch die Frage der Funktionalisierung christlicher Symbole und Glaubensinhalte für Werbungszwecke thematisiert.

Die in der Lernaufgabe angesprochenen Kompetenzen (vgl. Kap. 4.5) sind:

▪ Grundformen religiöser Sprache kennen, unterscheiden und deuten.

▪ Religiöse Motive und Elemente in der Kultur identifizieren, ideologiekritisch reflektieren und ihre Bedeutung erklären.

**Thema der Reihe:** „Wofür ist das Christentum gut?"

**Unterrichtseinheit:** „Sehnsüchte und Kommerz – Religion in der Werbung"

*Lernaufgabe:*

Religiöse Motive begegnen uns in der Werbung überall – wenn man genau hinsieht und sich in religiösen Traditionen und Symbolen auskennt. Was steckt eigentlich hinter dieser Benutzung der Religion für kommerzielle Zwecke? Warum eignet sich vielleicht die Religion – auch und gerade das Christentum – besonders gut, um Kauflust anzuregen? Diesem Problem wollen wir auf die Spur kommen.

192

Im Folgenden findet Ihr zwei Werbeanzeigen, die denselben Begriff verwenden: glauben.

Der **Lernweg**, den die folgenden Aufgaben vorschlagen, besteht aus mehreren Schritten: Zunächst geht es darum, die beiden Anzeigen genau wahrzunehmen und erste Vermutungen über ihre Intention anzustellen. Im zweiten und dritten Schritt werden dann diese Beobachtungen und Vermutungen anhand eines medienpsychologischen Konzeptes und einer lexikalischen Begriffsbestimmung überprüft und erweitert. Da sich die Anzeigen auf einen theologischen Zentralbegriff beziehen, kommt im vierten Schritt ein biblischer Text ins Spiel, zu dem die bisherigen Ergebnisse in Beziehung gesetzt werden. Schließlich sollen alle Ergebnisse in einen Zusammenhang gestellt und so aufbereitet werden, dass die Beziehung zwischen den einzelnen Erkenntnissen deutlich wird. Auf dieser Grundlage kann dann auch eine kreative Auseinandersetzung mit den Anzeigen erfolgen.

Selbstverständlich könnt ihr auf diesem Lernweg weitere selbst gewählte Schritte gehen oder Umwege beschreiten und erproben.

**Basisaufgaben für alle:**

1. Bitte notiert euch zunächst in Einzelarbeit, was euch beim genauen Betrachten auffällt: Unterscheidet dabei zwischen Beobachtung und Deutung!

2. Arbeitet dann zu zweit: Aus dem Deutschunterricht ist euch die Formel AIDA aus der Werbepsychologie vielleicht bekannt (sonst nachschauen). Was verrät euch diese Formel über die Intention der beiden Anzeigen?

3. Vergleicht die Bedeutung des Wortes „Glaube" in den beiden Anzeigen mit dem entsprechenden Stichwort in den Wörterbüchern und Lexika, die ihr im Lernzentrum findet?

4. Setzt eure Ergebnisse in Beziehung zu der biblischen Geschichte aus Mk 10,46–52.

5. Wie beurteilt ihr die Werbeanzeigen aus christlicher Perspektive?

6. Stellt eure Ergebnisse in einer anschaulichen Skizze zusammen, die die Beziehungen zwischen euren Erkenntnissen verdeutlicht. Bereitet

euch darauf vor, eure Ergebnisse den anderen Schülern zu präsentieren und zu erläutern.

**Falls ihr Zeit habt, könnt ihr schon an folgender Aufgabe arbeiten:**

7. Gestaltet selbst eine Anzeige, in der der Glaube im Mittelpunkt steht. Ihr könnt dabei Werbung verfremden, also in kritische Distanz zur kommerziellen Benutzung des Glaubensmotivs treten, oder das christliche Verständnis des Glaubens positiv darstellen.

*Beispiel 3:*

In Kapitel 6.3 findet sich eine Skizze der Anforderungssituation zu einer Oberstufen-Sequenz „Vom Kinderglauben zum erwachsenen Glauben – Wie entwickelt sich die Gottesvorstellung im Lebenslauf?". In der Sequenz kommt es darauf an, dass Schüler Formen und Implikationen von Gottesvorstellungen in der eigenen Entwicklung, aber auch in der Biographie von Menschen kritisch analysieren, auf ihre Funktion hin überprüfen und sie vor dem Hintergrund entwicklungspsychologischer Erkenntnisse einordnen und bewerten.

Im Mittelpunkt des Unterrichts stehen die in den Einheitlichen Prüfungsanforderungen formulierten Kompetenzen (vgl. EPA ER 2006, 8f.)

- Wahrnehmungs- und Darstellungsfähigkeit:
    - religiöse Spuren und Dimensionen in der Lebenswelt aufdecken,
    - grundlegende religiöse Ausdrucksformen wahrnehmen und in verschiedenen Kontexten wiedererkennen und einordnen.
- Deutungsfähigkeit:
    - religiöse Sprachformen analysieren und als Ausdruck existentieller Erfahrungen verstehen,
    - theologische Texte sachgemäß erschließen.

Als themenbezogene Konkretionen dieser Kompetenzen lassen sich folgende Ziele formulieren: Schülerinnen und Schüler

- kennen entwicklungspsychologisch bedingte Formen von Gottesvorstellungen und können ihre Funktion im Laufe der Entwicklung von Kindern, Jugendlichen und Erwachsenen beschreiben

- können entwicklungsbedingte Krisen des Gottesglaubens und ihre Ursachen benennen und ihre Chancen für die Ausbildung eines erwachsenen Glaubens darlegen.

**Thema der Reihe**: „Was heißt es, von Gott zu reden?"

**Unterrichtseinheit:** „Vom Kinderglauben zum erwachsenen Glauben – Wie entwickelt sich die Gottesvorstellung im Lebenslauf?"

*Lernaufgabe:*

Wir haben uns im Unterricht mit religiösen Erfahrungen befasst, die Menschen in ihrer Lebensgeschichte geprägt und begleitet haben. Nicht jeder Mensch macht solche Erfahrungen, aber viele verbinden schon als Kinder, Jugendliche und junge Erwachsene mit dem Wort „Gott" bestimmte gedankliche Assoziationen und Gefühle. Sie finden im Folgenden vier Zeichnungen von Schülerinnen und Schülern unterschiedlichen Alters. Sie sind nicht nach dem Alter der Zeichner/innen geordnet.

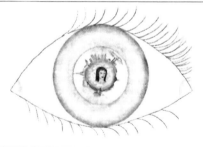

Leitfrage unserer Untersuchung ist das Problem, ob es bestimmte Stufen in der menschlichen Entwicklung gibt, in denen Gottesvorstellungen jeweils spezifische **Ausprägungen** haben und charakteristische **Funktionen** wahrnehmen.

**Basisaufgaben für alle:**

1. Geben Sie sich zunächst selbst Rechenschaft darüber, woran Sie denken, wenn Sie das Wort „Gott" hören. Fertigen Sie dazu eine kleine Skizze oder ein Bild.

Arbeiten Sie bitte anschließend mit Ihrem Tischnachbarn/Ihrer Tischnachbarin zusammen.

2. Analysieren Sie die Bilder im Blick auf die oben genannte Leitfrage.

3. Stellen Sie Vermutungen über eine Alters- bzw. Entwicklungsfolge bei den Bildern an und begründen Sie diese!.

4. Versuchen Sie, Ihre Vermutungen über Entwicklungsstufen zu stützen oder zu widerlegen. Recherchieren Sie dazu im Internet zu den Namen James W. Fowler und Fritz Oser/Paul Gmünder.

5. Erstellen Sie ein Lernplakat, auf dem Sie die Ergebnisse Fowlers oder Osers/Gmünders übersichtlich darstellen und mit dessen Hilfe Sie Ihre Analyseergebnisse zu den Bildern den anderen Schülern erläutern.

> **Zusatzaufgabe zur Vorbereitung unserer weiteren Arbeit (falls Sie Zeit dazu haben)**
>
> 6. Das erste Bild enthält implizit eine ausgeprägte Vorstellung über die Funktion von Religion allgemein. Visualisieren Sie diese Vorstellung in einem abstrahierenden Schema.

## 7.7.5 Kompetenzförderliche Lehr- und Lernformen einsetzen

Kaum ein Bereich des Unterrichts ist in den letzten Jahren so ausgiebig und vielfältig ausgearbeitet worden wie der Bereich der Methodik, unter den sowohl die Formen des Lehrens als auch die des Lernens subsumiert werden können. Eine Unzahl an Methodenhandbüchern, Anleitungen, Tipps und Ratgebern für die praktische Unterrichtstätigkeit ist erschienen – freilich nicht ohne dass sich in weiten Teilen Überschneidungen und Wiederholungen finden.

Auch die religionspädagogische Fachdidaktik hat dieses früher eher stiefmütterlich behandelte Terrain entdeckt und es inzwischen umfassend abgedeckt (vgl. Grom 1988; Rendle 1996; Kliemann 1997; Niehl/Thömmes 1998; Verweyen-Hackmann/ Weber 1999; Grethlein 2000; Adam/Lachmann 2002; Bosold/ Kliemann 2003). Der Grund für diesen Boom der Methodenliteratur liegt sicherlich einerseits in einem unabweisbaren Bedarf der Praktiker, andererseits aber in dem Versuch, Unterricht – auch vor dem Hintergrund neurobiologischer Erkenntnisse – neu zu definieren und dabei die Rolle des informationsverarbeitenden Subjekts anders zu verstehen.

Dabei kommt der Frage vorrangige Bedeutung zu, wie eine verbreitete rezeptiv-passive Haltung von Schülerinnen und Schülern vermieden und wirksames und nachhaltiges Lernen begünstigt werden kann. Ein Ziel dieses Ansatzes ist die verstärkte Förderung des einzelnen Schülers und die Ausschöpfung seiner Lernpotentiale. Dieses berechtigte Anliegen, eine noch immer schwerpunktmäßig von erarbeitenden Plenargesprächen beherrschte Unterrichtskultur durch effizientere Formen des Lehrens und Lernens abzulösen, hat jedoch nicht nur in verbreiteten populären Publikationen (vgl. Klippert 2006), sondern auch in realisierten Unterrichtsszenarien, schulbezogenen Methodentrainings, landesweiten Unterrichtsentwicklungskonzepten und sogar Qualitätsanalyse-Szenarien (etwa in NRW) zu einem Übergewicht der Methode geführt, angesichts derer der traditionelle Primat der Didaktik in Bedrängnis geraten ist.

Auch wenn die Zauberformel vom „Lernen des Lernens" sich inzwischen als Rezept mit begrenzter Haltbarkeit erwiesen hat und immer stärker fachspezifische Methoden in den Vordergrund des Interesses rücken, scheint es notwendig zu sein, daran zu erinnern, dass Lehr- und Lernformen immer nur in einem Interdependenzzusammenhang mit anderen Entscheidungen funktionale Relevanz haben: Sie orientieren sich an der Sache, um die es im Unterrichts geht, und strukturieren das Lehren und Lernen in einer dem Gegenstand und den Schülerinnen und Schülern angemessenen Weise; sie sind aber als fachspezifische Erschließungsverfahren auch selbst Gegenstand des Unterrichts, nicht als isoliert zu erwerbende Fähigkeiten, sondern in, mit und unter der unterrichtlichen Arbeit an Themen und Problemen des RUs.

Im kompetenzorientierten RU tritt zu den allgemeinen Kriterien für den Einsatz von Methoden ein weiteres hinzu: Trägt die gewählte Lehr- und Lernform dazu bei, dass Wissen erworben und im Sinne der fachlichen Kompetenzen strukturiert, vernetzt und anwendungsbezogen erprobt werden kann? Leistet das geplante Verfahren einen Beitrag zum Erwerb, zur Ausdifferenzierung, zur Niveausteigerung und zur Festigung von Kompetenzen?

Natürlich ist dabei keine Methode von vornherein ausgeschlossen, wohl aber sind alle Methoden im RU diesem Prüfkriterium zu unterwerfen. Festzuhalten ist, dass es zwar Lehr- und Lernformen gibt, die sich als mehr oder weniger kompetenzförderlich erweisen, dass es aber keine Alternative zu einer didaktisch begründeten Methodenvielfalt gibt, bei der auch der viel geschmähte Frontalunterricht eine wichtige Funktion einnimmt.

Auch wenn am Ende des gesamten Lernens bestimmte Kompetenzen nachgewiesen werden sollen, wird damit keineswegs ein bestimmtes methodisches Lehr-Lern-Konzept (etwa das des offenen Unterrichts!) zwingend vorgegeben, denn zwischen den Lehraktivitäten des Lehrers, den Lernvorgängen bei den Schülern und dem tatsächlichen Lerneffekt gibt es keine einlinige Entsprechung, sondern Brechungen und Mediationsvorgänge.

Jede Lehrerin und jeder Lehrer sollte aufgrund ihrer bzw. seiner professionellen Expertise in der Lage sein, die Lerngelegenheiten sowie die Lehr- und Lernformen in Abhängigkeit von den Lerngegenständen der konkreten Lernsituation der einzelnen Schüler so anzuschmiegen (zu adaptieren), dass kompetenzförderliches Lernen möglich wird. „Jenseits pädagogischer Moden und Trends und der gerade dominierenden *herrschenden Meinung*", so der Unterrichtsforscher Andreas Helmke, sind „Ausgewogenheit und Balance zu suchen: zwischen direkter und indirekter Instruktion, zwischen lehrer- und schülergesteuertem Unterricht, zwischen kognitiven und affektiven Lernzielen, zwischen lerntheoretischen, kognitionspsychologischen und konstruktivistischen Prinzipien." (Helmke 2003, 14)

Es würde zu weit führen, die einzelnen Lehr- und Lernformen an dieser Stelle auf das oben genannte Kriterium hin zu überprüfen. Daher beschränke ich mich auf eine summarische Übersicht, der das um die Partizipationskompetenz erweiterte Tableau der Einheitlichen Prüfungsanforderungen zugrunde liegt:

- *Wahrnehmungs- und Darstellungsfähigkeit – religiös bedeutsame Phänomene wahrnehmen und beschreiben*
Der gegenwärtige, auch durch Medien wie das Internet und den Computer provozierte Trend, Sachverhalte nur oberflächlich und flüchtig zur Kenntnis zu nehmen und lediglich eine rudimentäre Informationsentnahme anzustreben, wirkt sich im Blick auf die Wahrnehmungsfähigkeit von Schülerinnen und Schülern katastrophal aus, wie sich etwa an den Ergebnissen zur Lesefähigkeit zeigt. Zusätzlich wird dieser Trend durch Methodentrainings etwa zum schnellen, diagonalen Lesen mit selektiver Informationsentnahme unterstützt. Die Wahrnehmungskompetenz fördern dagegen alle Lehr- und Lernformen, die eine Verlangsamung der Rezeptionsvorgänge zum Ziel haben, also das genaue Hinsehen, Lesen, Hören und Beobachten begünstigen.
Die reproduktiven Leistungen sind zu Unrecht in Verruf geraten, bilden sie doch die Basis für komplexere Kompetenzen. Die Darstellungsfähigkeit wird daher durch Methoden

gestärkt, die Schülerinnen und Schüler dazu anhalten, Vorgänge genau zu erzählen und zu schildern, Gegenstände präzise zu beschreiben und Texte detailliert wiederzugeben und zu erzählen.

▪ *Deutungsfähigkeit – religiös bedeutsame Sprache und Zeugnisse verstehen und deuten*
Die Deutungsfähigkeit wird durch Lehr- und Lernformen entwickelt, die zum einen allgemeine und fachspezifische textanalytische Fähigkeiten ausbilden und die Schülerinnen und Schüler zum anderen mit der Bedeutung religiöser Sprachformen vertraut machen. Deshalb benötigen Schülerinnen und Schüler ein methodisches Instrumentarium, das eine differenzierte Texterschließung ermöglicht, darüber hinaus aber auch Fragehaltungen, die den Zusammenhang von religiöser Erfahrung, theologischer Deutung, sprachlicher Artikulation und Tradition entschlüsseln.

▪ *Urteilsfähigkeit – in religiösen und ethischen Fragen begründet urteilen*
Dieser Kompetenzbereich wird durch Lehr- und Lernformen gefördert, die die Ausbildung eigener Positionen und deren begründete und plausible Darstellung zum Ziel haben. Hier sind Methoden gefragt, die die Schülerinnen und Schüler anleiten, nicht nur eine vordergründige, vorgefasste Meinung zu äußern, sondern sich mit Problemen fundiert auseinander zu setzen, eine eigenständige Stellungnahme zu entwickeln und diese auch vor anderen begründet zu vertreten.

▪ *Dialogfähigkeit – am religiösen Dialog argumentierend teilnehmen*
Gesprächsformen nehmen im Unterricht traditionell eine bedeutende Stellung ein. Allerdings sind diese eher darauf gerichtet, Sachverhalte diskursiv zu erarbeiten, und haben daher primär eine didaktische Funktion. Die Dialogfähigkeit setzt jedoch das Gespräch zwischen mindestens zwei Partnern voraus, die unterschiedliche Auffassungen bei religiös relevanten Fragen äußern und sich miteinander verständigen wollen. Daher sind hier Methoden angebracht, die das Gespräch der Schüler untereinander in Gang bringen, aber auch solche, die

sie befähigen, mit Gesprächspartnern außerhalb der Schule einen kundigen, sachlich informierten Dialog zu führen.

- *Gestaltungsfähigkeit – religiöse bedeutsame Ausdrucks- und Gestaltungsformen verwenden*
  Der RU kann nicht religiöse Praxis in der öffentlichen Schule sein oder auch nur probehalber simulieren. Wohl aber bietet er gestalterische Möglichkeiten, sich mit religiös bedeutsamen Sachverhalten auseinander zu setzen. Dazu gehören Lernformen, in denen Texte bearbeitet, gegen den Strich gelesen, verfremdet oder selbst verfasst werden, Werbeanzeigen umgetextet, Filmsequenzen erstellt, Ausstellungen projektiert oder künstlerische Inszenierungen eingeübt werden.

- *Partizipationsfähigkeit – am religiösen und kulturellen Leben teilnehmen und mitentscheiden können*
  Diese Kompetenz zielt darauf, dass das Lernen in der Schule den Schülerinnen und Schüler schon jetzt, aber auch nach ihrer Ausbildung eine verantwortliche Teilhabe am gesellschaftlichen Leben ermöglicht. Im RU steht dabei das religiöse und religiös geprägte kulturelle Leben im Vordergrund. Da kompetenzorientierter RU davon ausgeht, dass Lernen in Anforderungssituationen das didaktische Schlüsselprinzip des Unterrichts ist, ist die auf Transfer und Anwendung zielende Auseinandersetzung mit religiös qualifizierten Problemen die Grundform eines solchen Unterrichts und verlangt nach entsprechenden Methoden. Daher sind alle Lehr- und Lernformen betroffen, die Situationen antizipieren oder nachbilden, in denen Schülerinnen und Schüler Anforderungen mit religiösen Implikationen meistern müssen.

Die einübende, von der Lehrkraft eingeplante Verwendung von Lehr- und Lernformen mit dem Ziel, die Kompetenzen religiöser Bildung zu fördern, genügt allerdings nicht. Vielmehr müssen Schülerinnen und Schüler selbst fachspezifische Methoden beherrschen, die sie in Stand setzen, selbstständig mit religiös geprägten Situationen umzugehen.

Es empfiehlt sich, in der Fachschaft Religion Absprachen zu treffen, wann welche Verfahren vorgestellt, eingeübt und verfügbar gemacht werden sollen. Dabei ist zu bedenken, dass bestimmte Verfahren im Laufe des Unterrichts auf unterschiedlichen Niveaustufen wiederkehren und daher als Spiralcurriculum aufgefasst werden sollten, das bereits in der Grundschule mit elementaren Zugängen beginnt und entweder in der 10. Jahrgangsstufe abschließt oder bis zum Abitur auf wissenschaftspropädeutischer Ebene weitergeführt wird.

Eine Idee, wie ein solches Methodencurriculum realisiert werden könnte, stellt eine Methodenkartei dar, die sukzessive angelegt und über den Unterricht in den verschiedenen Jahrgängen hinweg weitergeführt werden könnte. Sie besteht aus laminierten Karten, die jeweils eine Beschreibung des methodischen Schwerpunkts enthält und auf der Rückseite ein Beispiel anführt. Für die Einführung in biblische Texte könnten etwa folgende Karten mit den Schülern erarbeitet werden:

- Wie finde ich mich in der Bibel zurecht?
- Was kann ich mit einer Konkordanz anfangen?
- Was leistet die Online-Recherche bei http://www.bibleserver.com/index.php oder bei http://www.die-bibel.de?
- Wie kann ich ein Bibellexikon sinnvoll verwenden?
- Welche soliden Informationsmöglichkeiten über biblische Sachverhalte gibt es im Internet?
- Wie kann ich etwas über den sozialgeschichtlichen Hintergrund und die Entstehungsgeschichte von biblischen Texten erfahren?
- Was muss ich über den/die Verfasser eines biblischen Buches wissen?
- Wie kann ich biblische Texte sinnvoll gliedern?
- Welche biblischen Schlüsselbegriffe sind zu beachten?
- Welche Rolle spielt der Kontext eines biblischen Textes?
- Wie kann ich die Intention eines Textes ermitteln?
- Was ist bei der Deutung von biblischen Texten zu beachten?
- Wie gehe ich an biblische Erzähltexte heran?
- Wie geht man mit Gleichnissen methodisch gesichert um?
- Was ist ein synoptischer Vergleich und wie gehe ich dabei vor?
- Wie untersucht man Psalmentexte?

- Worauf muss man bei lehr- und predigthaften Texten der Bibel achten?
- Wie kann ich mir durch einen allgemein verständlichen Bibelkommentar zusätzliche Informationen beschaffen?
- Wie führe ich in einem Bibelprojekt ein Bibellesetagebuch?

### 7.7.6 Nachhaltiges Lernen unterstützen

Kompetenzen können nur in einem nachhaltigen Prozess aufgebaut werden. Nachhaltig ist der Kompetenzerwerb, wenn Wissen, Fähigkeiten und Einstellungen nicht nur punktuell und aktuell abrufbar sind, sondern langfristig verankert werden. Voraussetzung eines solchen Prozesses ist, dass ein Lernkontinuum im RU besteht, das auf den folgerichtigen Aufbau der Kompetenzen auf unterschiedlichen Stufen ausgerichtet ist und auf die Verbindlichkeit des Gelernten Wert legt. Lernprozesse im Unterricht sind daher nicht isoliert zu betrachten, sondern als spiralförmiger, sequenzieller Arbeitsprozess mit einer konstanten, einübenden und wiederholenden Vernetzung von Wissen und systematischen Verankerung von Fähigkeiten anzulegen. Dabei kommt es weniger auf Quantität an, als auf die Durchdringungstiefe, die Verfügbarkeit des Gelernten und dessen Transferfähigkeit. Lernen im RU braucht Zeit und Nachdenklichkeit.

In der Kompetenz-Debatte wird für den Begriff der Nachhaltigkeit oft der Ausdruck „kumulatives Lernen" verwendet (z.B. Klieme et al. 2003, 23 u.ö.). Die Klieme-Expertise bezeichnet dies als ein Merkmal guter Bildungsstandards und führt dazu aus:

Es geht eben gerade nicht darum, dass Inhalte für eine Klassenarbeit gelernt und wieder vergessen werden, sondern dass übergreifende Kompetenzen in grundlegenden Bereichen aufgebaut werden und überprüfbar über einen längeren Zeitraum zur Verfügung stehen. Damit zielen Bildungsstandards auf das „kumulative Lernen", bei dem Inhalte und Prozesse aufeinander aufbauen, systematisch vernetzt, immer wieder angewandt und aktiv gehalten werden. (Klieme et al. 2003, 26f.)

So sehr es einleuchtet, dass der Bildungsgang als strukturiertes Ganzes zu begreifen ist und daher Lernvorgänge zueinander in einer Sukzession stehen, so missverständlich ist der Begriff

„kumulativ", wenn damit die Bedeutung „anhäufen" verbunden ist. Kompetenzorientiertes Lernen vollzieht sich nicht einfach als Addition von Wissenselementen und Teilfähigkeiten, auch nicht schlicht linear, sondern in entwicklungspsychologisch bedingten Stufen, mit Brüchen und Transformationen.

„Kumulatives Lernen" ist daher – recht verstanden – zunächst einmal ein polemischer Begriff, der sich gegen das von Schülerinnen und Schülern praktizierte, aber auch durch entsprechende Lernarrangements begünstigte segmentierte, punktuelle Lehren und Lernen richtet. Er grenzt das Lernen gegen aktualistische Fehlformen ab und betont die Kohärenz, die Komplexität und die Interdependenz des Lernprozesses.

Kernelement nachhaltigen Lernens ist zum einen das Wiederholen, das die beiden Lernvorgänge Einprägen und Üben einschließt. Beim Einprägen soll die Wiederholung zur Sicherung von Informationen, Wissen, Fakten, Kenntnissen, Einsichten und Zusammenhängen führen, welche dadurch im Gedächtnis abrufbar verankert sind. Beim Üben stehen Abläufe, Wege, Methoden und Prozesse im Vordergrund der Wiederholung, also Können, Fähigkeiten, Fertigkeiten und Handlungsvollzüge (vgl. Köck 1995, 269).

In der Unterrichtspraxis kommt dieses konstitutive Element des Unterrichts viel zu kurz, weil es ständig überlagert wird durch Stoffdruck und den Zwang, in kurzen 45-Minuten-Stunden immer wieder Neues „durchzunehmen". Außerdem sind die gängigen Verfahren zur Wiederholung des Gelernten nicht gerade als einfallsreich zu bezeichnen, sondern verleiten eher dazu, diese Einstiegsphase möglichst schnell hinter sich zu lassen.

Auch die unzulässige Gleichsetzung des Übens mit äußerem Zwang, sturem Drill und fehlender Selbstbestimmung trägt dazu bei, dass das Üben im Schulalltag eher ein Schattendasein fristet. Übung, Einprägen, Umwälzen und Transferieren findet – wenn überhaupt – meist nur in Hausarbeit statt, aber auch hier sind die Lernmöglichkeiten und -anregungen oft unzureichend. Gefragt sind also intelligente Übungen, die Wissen langfristig verfügbar machen und Können dauerhaft ausbilden. „Intelligent" werden Übungen „durch eine überlegte mehrdimensionale Passung, und zwar

- an den Gegenstand bzw. die angezielten Kompetenzen: Was soll geübt werden?
- an die Lernenden: Wer soll etwas üben, was bringt er/sie an kognitiven/emotionalen/motivationalen/sozialen Voraussetzungen mit?
- im Hinblick auf die Sinnstiftung: Warum und wozu soll geübt werden, wie lässt sich ein Motivationshorizont aufbauen, wie die Einzelübung in einen sie transzendierenden Sinn- und Zielzusammenhang einbetten?
- im Hinblick auf die didaktisch-methodische und soziale Gestaltung: Wann, wie und mit wem soll geübt werden, in welchem Rahmen, unter Nutzung welcher Ressourcen, welcher Gesetzmäßigkeiten des Lernens, welcher didaktischen Ideen, welcher sozialen Randbedingungen?
- im Hinblick auf die angezielten und erreichten Ergebnisse: Wie kann der Zugewinn an Können, die gelingende Aneignung von Kompetenzen, erkannt werden – vom Lehrer wie vom Schüler?" (Heymann 2005, 7)

Ausgehend von diesem Frageraster lassen sich intelligente, variantenreichen Übungsaufgaben entwickeln, die in Schülerinnen und Schüler nicht nur Übungsbereitschaft wecken, sondern sie auch vor möglichst wirklichkeitsnahe Transferprobleme stellen, die ihnen den Sinn des Erlernten erschließen.

*Ein Beispiel:*
In einer Jahrgangsstufe 5 bzw. 6 haben Schülerinnen und Schüler sich mit der gegenwärtigen Praxis der drei Religionen Judentum, Christentum und Islam befasst und Grundelemente erarbeitet. Dabei wurde besonderes Gewicht auf zentrale Gegenstände, Riten und Feste gelegt, deren Benennung, Bedeutungsgehalt und Gebrauch erläutert und miteinander verglichen wurden. Kompetenzen nach dem Comenius-Raster (vgl. Kap. 4.5) waren:

- Grundformen religiöser Praxis (z.B. Feste, Feiern, Rituale, Diakonie) beschreiben, probeweise gestalten und ihren Gebrauch reflektieren
- Sich mit anderen religiösen Überzeugungen begründet auseinandersetzen und mit Angehörigen anderer Konfessionen

bzw. Religionen respektvoll kommunizieren und kooperieren.

Als Übungsaufgabe wurde folgende Aufgabe gestellt:

**Unterrichtsreihe:**

Wie Christen, Juden und Muslime ihren Glauben leben

**Übungsaufgabe**:

Ihr habt bestimmt schon entdeckt, dass oben jeweils fünf Gegenstände, Riten, Symbole oder Festtage der drei Religionen abgebildet sind. Natürlich kennt ihr alle 15 Bilder und könnt sie erklären. Eure Aufgabe:

Arbeitet bitte in Gruppen zu viert.

1. Schneidet die Bilder, die ihr zweifach ausgedruckt erhaltet, aus und klebt sie auf kleine Pappkarten im Format 5 x 5 cm.

2. Sucht jeweils mit Hilfe von Internetrecherchen fünf weitere Bilder aus den drei Religionen, druckt sie je zweimal aus und klebt alle Bilder ebenfalls auf Pappkarten.

3. Ihr habt jetzt ein „Memory der Religionen" mit insgesamt 40 Karten zur Verfügung. Denkt euch Spielregeln für das Memory-Spiel aus. Dabei muss auf jeden Fall als Spielbedingung vorkommen, dass jeder die Bezeichnung des Abgebildeten nennen und es erläutern kann; nur wenn diese Bedingung erfüllt ist, gibt es Gewinnpunkte.

4. Spielt das Memory mindestens fünfmal. Die Gewinner dürfen das Memory behalten.

Das zweite Kernelement nachhaltigen Kompetenzaufbaus ist die kontinuierliche Dokumentation des Lernvorgangs mit dem Ziel, dass Schülerinnen und Schüler selbst ihren Lernweg nachvollziehen, ihre Lernfortschritte beobachten und reflektieren können. Dabei spielen in der Unterstufe die angelegten Fachmappen eine große Rolle, deren methodische Möglichkeiten oft nicht ausgeschöpft werden.

In der Mittel- und Oberstufe rückt immer mehr das Portfolio in den Mittelpunkt des pädagogischen Interesses. Dieses hervorragende Instrument der Kompetenzentwicklung, -dokumentation und -reflexion soll im Folgenden näher erläutert und für den RU fruchtbar gemacht werden.

Die Portfolio-Idee fasste in den frühen 1990er Jahren in den USA Fuß (vgl. Häcker 2006a), viele praktische Arbeiten und wissenschaftliche Untersuchungen stammen im deutschsprachigen Raum aus Österreich und der Schweiz. In Deutschland wird mit Portfolios vor allem im Bereich des Sprachenerwerbs („Europäisches Sprachenportfolio") gearbeitet, aber auch im Bereich der Medienkompetenz und der Lehrerausbildung. Mittlerweile gibt es eine Fülle von Literatur und Praxismaterialien zum Portfolio (vgl. Brunner et al. 2006).

Was ist ein Portfolio? Der Begriff „Portfolio" wird sehr unterschiedlich benutzt: Eine einheitliche Definition von Portfolio, die für jede Art von Portfolio passen würde, gibt es nicht. Vielmehr müssen das jeweilige Verständnis und die spezifische Funktion genau geklärt werden. Die folgende Definition enthält wesentliche Aspekte, die für unterschiedliche Formen des Portfolios zutreffen:

Ein Portfolio ist eine zielgerichtete Sammlung von Arbeiten, welche die individuellen Bemühungen, Fortschritte und Leistungen der/des Lernenden auf einem oder mehreren Gebieten zeigt. Die Sammlung muss die Beteiligung der/des Lernenden an der Auswahl der Inhalte, der Kriterien für die Auswahl, der Festlegung der Beurteilungskriterien sowie Hinweise auf die Selbstreflexion der/des Lernenden einschließen (F.L. Paulsen et al. 1991, zit. nach Häcker 2006, 36)

Im schulischen Kontext sind zwei Portfolio-Formen im Gebrauch:

1. Die Leistungs- bzw. Bildungsmappe (vgl. Winter 2004)

In einer Leistungs- bzw. Bildungsmappe werden Leistungen des Schülers dokumentiert. Sie kann ergänzend zu Zeugnissen hinzutreten oder sogar an deren Stelle treten. Die Einführung einer solchen Mappe ist nicht Sache einer einzelnen Lehrkraft, sondern setzt die Entscheidung einer Schule und damit die Bereitschaft des Kollegiums voraus, sich mit alternativen Bewertungskonzepten auseinander zu setzen und Schülerleistungen in der Form des Portfolios zu würdigen. Leistungs- bzw. Bildungsmappen können auch für einen bestimmten Bereich schulischer Arbeit fächerverbindend initiiert werden, z.B. im Blick auf ein Methodencurriculum oder auf Medienkompetenz. Vorstellbar ist auch die Dokumentation von langfristigen, außerschulischen Projekten wie z.B. Praktika im Bereich diakonischer Arbeit im Laufe der Schulzeit.

2. Das Kursportfolio

Kursportfolios werden im Verlauf eines Kurses angefertigt und dokumentieren den Lernprozess und den Lernfortschritt der Schülerinnen und Schüler und/oder die erstellten Lernprodukte.

Sie bieten für die Religionslehrkräfte die Chance, sich auf ein vergleichbares Anforderungsniveau zu verständigen, auch wenn im Unterricht unterschiedliche Themen behandelt werden. Ein weiterer Vorteil besteht darin, dass durch das Portfolio der Entschriftlichung des Fachs Religion in der Oberstufe Einhalt geboten wird. Neben die mündliche Leistung tritt eine kontinuierliche schriftliche Arbeit.

Kursportfolios enthalten ausschließlich Materialien von Schülerinnen und Schülern. Sie können einerseits aus Pflichteinlagen, die der Lehrer vorgibt, bestehen und andererseits aus Einlagen, die die Schülerinnen und Schüler selbst auswählen. In der Regel sollte eine Fachkonferenz darüber entscheiden, welche Pflichtelemente ein Kursportfolio umfassen soll, also z.B. die Zusammenfassung eines theologischen Sachtextes, die Auseinandersetzung mit einem biblischen Buch oder einer biblischen Figur, die Dokumentation einer Gruppenarbeit, ein Stundenprotokoll oder Ähnliches. Um ein möglichst breites Spektrum der Schülerarbeit zu erfassen, sollten vielfältige Produkte, etwa unterschiedliche Textsorten, Bilder, Musik etc. dokumentiert werden.

Kursportfolios können schwerpunktmäßig prozessorientiert angelegt sein, also den Prozess des Lernens und die Entwicklung spiegeln, oder aber ergebnisorientiert. In ein eher prozessorientiertes Portfolio können die Schülerinnen und Schüler Ideen und Arbeitsentwürfe einlegen und ihren Arbeitsfortschritt, aber auch die Hindernisse und Brüche, Widerstände und Sackgassen darstellen und reflektieren.

In einem stärker produkt- bzw. ergebnisorientierten Portfolio werden dagegen aus einer Fülle verschiedener Produkte aus einem Kurs, einem Projekt oder einer Exkursion (vgl. Obst/Volkwein 2006) die aussagekräftigsten von den Schülerinnen und Schülern ausgewählt, zusammengestellt und begründet. Dabei können auch bestimmte Vorgaben der Lehrkraft berücksichtigt werden.

In der Praxis ist ein Portfolio in der Regel eine Mappe oder ein schlichter Aktenordner. Vielfach fordert das Portfolio die Schülerinnen und Schüler zu einer sehr individuellen, auch optisch ansprechenden Gestaltung heraus, da die Schüler zu ihrem Portfolio ein besonderes Verhältnis entwickeln und sich darin in persönlicher Weise ausdrücken wollen.

Kursportfolios können ganz oder teilweise bewertet werden (vgl. Winter 2006, 215f.) und in die Gesamtbenotung eines Kurses eingehen. Dazu werden sie nicht nur im Kurs vorgestellt, sondern auch der Lehrkraft vorgelegt und von dieser auf der Grundlage eines verbindlichen und den Schülerinnen und Schülern bekannten Kriterienkatalogs kommentiert und bewertet.

Ein Beispiel aus einem Grundkurs Ev. Religion (Jg. 12) sei angeführt. Als Leistungsnachweis mussten die Schülerinnen und Schüler ein Kursportfolio führen, ein Gruppenprojekt durchführen, protokollieren und die Ergebnisse in einer selbst gestalteten Kurssitzung vorstellen sowie eine Klausur schreiben.

---

**Kriterien für das Kursportfolio**

Thema des Kurses: Das Leiden der Menschen und der Glaube an Gott

**1. Formale Kriterien:**

- Ist das Portfolio pünktlich abgegeben worden?
- Ist es vollständig (incl. Bewertungsbogen)?
- Ist das Portfolio als Ganzes und in seinen Teilen ansprechend (übersichtliches Layout und Druck bzw. Handschrift) gestaltet?
- Hat der Kollegiat/die Kollegiatin kontinuierlich am Portfolio gearbeitet (Terminierung der einzelnen Bausteine) – das zeigt einen angemessenen Umgang mit Arbeits- und Lernzeit – oder ist alles „auf den letzten Drücker" angefertigt worden?
- Sind die einzelnen Bausteine auf der Grundlage der Korrekturen bearbeitet worden – vielleicht sogar mehrfach? Welche Entwicklung ist daraus erkennbar?
- Sind die einzelnen Teile sprachlich (R; Z; Gr; A etc.) im letzten Zustand korrekt?
- Sind die Quellenangaben vollständig und die Zitate richtig gekennzeichnet?

**2. Dokumentation des Verlaufs des Gruppenprojekts:**

Wird aus der Dokumentation des Verlaufs des Gruppenprojekts deutlich, dass

- die zur Verfügung stehende Zeit effektiv genutzt wurde (regelmäßige Treffen, sieben Kurssitzungen à 90 Minuten, systematische Einteilung der Zeit, Arbeitsplan)?
- die Arbeit sinnvoll verteilt wurde?
- die Gruppe gemeinsam geplant, recherchiert und diskutiert hat?

- vorgegebene Materialien genutzt und eigenständig weiteres Material gesucht wurde?
- das Material inhaltlich sachgemäß bearbeitet wurde?
- Kontakte nach außen aufgenommen und dokumentiert wurden?
- die Präsentation gemeinsam vorbereitet wurde?

### 3. Dokumentation der Präsentation des Gruppenprojekts:

- Ist die Vorbereitung schriftlich fixiert (Verlaufsplan)?
- Hat der/die Kollegiat/in den Sitzungsverlauf noch einmal selbstkritisch reflektiert?

### 4. Thematische Kursreflexion (z.B. Essay, Fotoserie etc.):

- Zeigt dieser Baustein, dass der Kollegiat/die Kollegiatin theologisch reflektiert Position beziehen kann und sich selbstständig unter Berücksichtigung der im Unterricht bearbeiteten Themen und Texte mit der Fragestellung auseinandersetzt?
- Wurden Texte und Bilder aus dem Kurs in angemessener Form aufgegriffen?
- Ist die Auswahl von Texten und Bildern begründet? Setzt sich der Kollegiat/die Kollegiatin reflexiv mit seinem/ihren Lernprozess auseinander?
- Ist der Essay/die Beschreibung gegliedert und in der Argumentation folgerichtig?

Ein im RU über mehrere Jahre angelegtes Portfolio hat eine hohe Aussagekraft: Man erfährt, was die einzelnen Schüler können, man erfährt aber auch, welche Anforderungen die Kollegen stellen, mit welchen Aufgabentypen sie arbeiten und wie sie die Lösungen der Schülerinnen und Schüler bewerten. Damit sorgt das Portfolio für eine größere Transparenz, erfordert ein höheres Maß an Zusammenarbeit und Abstimmung untereinander und hat letztlich auch erhebliche Rückwirkungen auf die Gestaltung des Unterrichts, weil der Erwerb und die allmähliche Ausdifferenzierung der Kompetenzen den Fokus des Lehrens und Lernens bilden.

## 7.8 Ergebnisse überprüfen

### 7.8.1 Rechenschaft ablegen

Kompetenzorientierter RU legt Rechenschaft ab über den Lernertrag und damit auch über die Lehr- und Lernprozesse, in denen die Schülerinnen und Schüler Kompetenzen erworben haben. Er stellt sich damit denselben Anforderungen, die jedes Fach an einer öffentlichen Schule erfüllen muss. Er braucht diese Anforderungen nicht zu scheuen, denn die im RU als Ziel definierten Kompetenzen sind integraler Bestandteil einer anspruchsvollen Allgemeinbildung, die dem Vergleich mit Kompetenzen anderer Fächer standhalten.

Rechenschaft abzulegen ist eine Aufgabe, die Lehrkräfte und Schüler gleichermaßen betrifft: Schülerinnen und Schüler sollen mit dem Abschluss der Schulstufen – also am Ende der Grundschule, der Sekundarstufe I und zum Abitur – nachweisen, welche Kompetenzen religiöser Bildung sie erworben haben, Lehrkräfte erhalten mit Hilfe von Methoden des Feedback und der Evaluation eine Rückmeldung über die Güte des RUs. Beide übernehmen für ihren Part im RU eine Verantwortung, die einen für das Lehren, die anderen für das Lernen.

Die Überprüfung von Lernergebnissen im kompetenzorientierten RU muss sich mit gravierenden Einwänden auseinandersetzen. Diese resultieren zu einem Gutteil aus prinzipiellen Vorbehalten gegenüber Leistungskontrollen, die ihrerseits auf eine bestimmte Platzanweisung des RUs im Gesamt der schulischen Fächer zurückzuführen ist.

RU – so ein geläufiges Denkmodell – befasst sich zentral mit Sinn- und Wertfragen, die sich den Kategorien der Leistungsinspektion prinzipiell verweigern, da sie in personale Bereiche der Identitätsentwicklung und Sinnvergewisserung hineinreichen. Dies mache das Proprium des RUs aus.

Insbesondere evangelische Religionslehrerinnen und -lehrer tun sich gelegentlich schwer damit, den Kern protestantischen Selbstverständnisses – die Rechtfertigungslehre – mit einem System in Einklang zu bringen, das erklärtermaßen Schüler nach ihrer Leistung bewertet und ihnen auf dieser Grundlage einen bestimmten Rang zuweist.

Ein weiterer Einwand beschwört das Gespenst des „Teaching to the test" ebenso wie die Gefahr, dass statt Kompetenzen nur Testlösungsfähigkeiten eingeübt werden. Dieser Einwand verbindet sich auch mit dem berechtigten Hinweis darauf, dass es für die Überprüfung von Kompetenzen religiöser Bildung noch keinerlei alltagspraktisch brauchbare Instrumente gibt und dass selbst die aus den Ländervergleichsstudien bekannten und mit hohem Aufwand entwickelten Testwerkzeuge etwa für die Lesekompetenz heftig umstritten sind und eine Reihe von „blinden Flecken" aufweisen.

Schließlich fürchten manche Kolleginnen und Kollegen, dass Schülerinnen und Schüler vermehrt von der Möglichkeit Gebrauch machen, sich vom RU abmelden zu können, wenn ihnen nun Anforderungen begegnen, die ihnen ernsthafte Arbeit, Zeit und Anstrengung abverlangen.

Alle drei Einwände lassen sich nicht einfach beiseite schieben. Allerdings stehen ihnen die bereits erörterten Vorteile der Kompetenzorientierung gegenüber (vgl. Kap. 3.3). Vor allem die Profilierung des RUs im Fächerspektrum der Schule ist nicht zu unterschätzen. Es wird dem RU gut tun, wenn er weder in der Innen- noch in der Außenperspektive auf eine Sonderrolle festgelegt wird, die sich nicht selten mit einer abschätzigen Wertung verbindet und auf Dauer seine Stellung in der Institution Schule gefährdet.


### 7.8.2 Was kann und was kann nicht überprüft werden?

Den Bedenken gegenüber einer Überprüfung von Kompetenzen sollte allerdings insofern Rechnung getragen werden, als die Grenze zwischen dem, was überprüft werden kann und soll, und dem, was sich einer Kontrolle entzieht, möglichst scharf gezogen wird. Ein schlichtes, aber wirkungsvolles Kriterium für eine solche Grenze könnte sein, dass Kompetenzen in dem beschriebenen begrenzten Sinn sich auf das beziehen, was durch organisierten Unterricht erlernbar ist, nicht aber auf das, was in den Bereich persönlicher Identitätsentwicklung, individueller Überzeugungen und religiöser Glaubens- und Lebenspraxis hineinreicht, ebenso wenig natürlich wie in die entsprechenden Optionen für atheistische oder agnostische Positionen oder in andere religiöse Präferenzen.

Diese Grenze ist zwar prinzipiell zu bestimmen, muss aber jeweils neu ausgelotet werden. Sie impliziert auch, dass der Unterricht selbst nicht vollständig von dem Erwerb von Kompetenzen dominiert wird, sondern Raum bietet für Kommunikation und Interaktion, für das zweckfreie Gespräch über Glauben und Leben und für den Austausch über Erfahrungen, Träume und Hoffnungen. Im RU muss Platz bleiben für ‚bewertungsfreie Zonen'.


### 7.8.3 Aspekte alltagspraktischer Überprüfungsformen

In praktischer Hinsicht ergibt sich ein nicht zu unterschätzendes Dilemma: Kompetenzen werden – wie wir gesehen haben – langfristig aufgebaut und sollen erst am Ende eines Bildungsprozesses am Maßstab von Bildungsstandards nachgewiesen werden. Faktisch steht aber jede Lehrkraft vor der Aufgabe, auch im Verlauf des Lernens überprüfen zu müssen, welche Ergebnisse die Schülerinnen und Schüler erzielt haben.

Nicht nur für Überprüfungssituationen am Ende des Bildungsabschnitts stehen (noch) keine validen Testaufgaben zur Verfügung, erst recht sind Lehrkräfte bei intermediären Leistungserhebungen auf selbst erstellte Instrumente angewiesen. Sie haben zwar mit der Überprüfung von Lernergebnissen in der Regel ein gerüttelt Maß an Erfahrung, aber wie Kompetenzen sachgemäß erhoben werden können, stellt doch eine neue Dimension der Ergebniskontrolle dar. Dabei kann nicht erwartet werden, dass die von Lehrkräften abgefassten Aufgaben in dem Sinne testtheoretisch valide und reliabel sein können, wie das Klieme-Gutachten es einfordert. Aber sie sollten doch eine erfahrungsgespeiste Plausibilität und nachvollziehbare Aussagekraft erreichen.

Welche Gesichtspunkte könnten bei der Erstellung alltagspraktischer Überprüfungsformen hilfreich sein? – Die Überprüfung von erreichten Kompetenzen schließt zwar immer auch den Nachweis spezifischer Kenntnisse ein, sie macht diese aber nicht isoliert zum Gegenstand der Erhebung. Vielmehr sollen die Schülerinnen und Schüler nachweisen, wie sie mit den erworbenen Kenntnissen umgehen, ob sie diese zur Bearbeitung von Problemen, Aufgaben und Fragen nutzen und ob sie in der Lage sind, Wissenselemente miteinander zu verknüpfen. Damit sind Testformen ungeeignet, die sich auf das reine Abfragen von isolierten Fakten beschränken.

Kompetenzen dienen dazu, Anforderungssituationen unterschiedlicher Art zu bewältigen – von dieser Grunderkenntnis ist auch bei der Konstruktion von Testaufgaben oder anderen Formen der Lernerfolgsüberprüfung auszugehen. Wenn bereits im Unterricht Wissensstrukturen in kontextuellen Lernsituationen erworben worden sind, die dann von den Lernenden „solcherart verallgemeinert und systematisiert werden, dass sie künftig auch auf andere Situationen anwendbar sind" (Klieme et al. 2003, 79), dann gilt für die Entwicklung von Instrumenten zur Überprüfung:

„Überprüft" wird die „Behandlung von Fällen", nicht eine isolierte Komponente von Kompetenz wie z.B. Faktenwissen." (Klieme et al. 2003, 80)

Natürlich stellt ein solches Instrumentarium eine beträchtliche Herausforderung an die didaktische und methodische Phantasie der Lehrkräfte dar, zumal es dazu noch keine breit verfügbaren Muster gibt. Immerhin zeigen einige der Beispiele in der Publikation der Comenius-Gruppe, wie eine kompetenzorientierte Aufgabenstellung aussehen könnte. Mittelfristig schärft auch die Veränderung der Perspektive, die mit dem kompetenzorientierten Unterricht einhergeht, den Blick für kontextbezogene Materialien, die sich als Vorlage für Überprüfungen eignen.

Zur Vorbereitung einer Lernerfolgsüberprüfung ist es unumgänglich, die relativ allgemein gehaltenen Kompetenzen religiöser Bildung auf der Ebene des alltäglichen Unterrichts themenbezogen zu konkretisieren. Das oben (vgl. Kap. 6.6) angeführte Beispiel der baden-württembergischen „Niveaukonkretisierungen" der Bildungsstandards zeigt, dass eine solche Ausdifferenzierung außerordentlich gute Dienste leistet bei der Ermittlung der Anforderungen, die an die Lernenden zu stellen sind.

In jedem Fall sollten für den Abschluss einer längeren Unterrichtsreihe oder eines Schulhalbjahrs Indikatoren festgelegt – und wenn möglich auch in der Fachkonferenz verabredet – werden, anhand derer Überprüfungsaufgaben konzipiert werden können. Diese können unterschiedliche Niveaus des Kompetenzerwerbs beschreiben, etwa ein für alle erforderliches Basisniveau (Mindeststandard), ein im Durchschnitt erreichbares Regelstandard-Niveau und auch ein für die Spitzengruppe ausgewiesenes Exzellenzniveau. Unterschiedliche Niveaustufen können quantitative Erweiterungen der Kompetenzen erfassen, sollten aber vor allem einen höheren Komplexitätsgrad bei der Problemlösung beschreiben. Themenbezogene Konkretisierungen der Kompetenzen bedienen sich konkreter Operatoren, die angeben, wozu Schülerinnen und Schüler in der Lage sind. Als Beispiel seien die Niveaukonkretisierungen zum Gleichnis vom verlorenen Sohn (Lk 15, 11–32) angeführt:

**Niveaustufe A**

Die Schülerinnen und Schüler

- erzählen das Gleichnis in Grundzügen nach;
- können Gesprächs- und Konfliktpartner Jesu nennen;
- wissen, auf welchen Vorwurf Jesus mit diesem Gleichnis antwortet.

**Niveaustufe B**

Die Schülerinnen und Schüler

- erzählen das Gleichnis inhaltlich vollständig nach;
- können das Gleichnis in Beziehung setzen zu der Situation, in der Jesus es erzählt;
- können Personen des Gleichnisses mit Menschen in Jesu Umfeld und mit deren Verhalten vergleichen.

**Niveaustufe C**

Die Schülerinnen und Schüler können

- das Gleichnis sinnverstehend erzählen;
- das Gleichnis in die Auseinandersetzung Jesu mit Schriftgelehrten und Pharisäern einordnen;
- zeigen, was Jesus seinen Zuhörern mit diesem Gleichnis zumutet.

(Ministerium BW, Niveaukonkretisierungen Gymnasium, Evangelische Religionslehre, Dokument: Gleichnis vom verlorenen Sohn)

Es wäre verfehlt, Lernerfolgsüberprüfungen nur auf spezielle Testsituationen beschränken zu wollen. Vielmehr sollte den Schülerinnen und Schülern ein breites Spektrum an Leistungsnachweisen eingeräumt werden, um auf möglichst vielfältige

Weise Kompetenzen beobachten und dokumentieren zu können. Dazu zählen z.B.:

- Hausarbeiten
- Portfolios
- Fachmappen
- informelle Tests
- Klausuren (vgl. dazu EPA ER 2006)

- Mündliche Beiträge zum Unterricht
- Moderation von Unterrichts- und Gesprächsphasen im Sinne des Konzepts „Lernen durch Lehren"
- Schülervorträge, Referate
- Präsentationen

- Dokumentation eines Projekts oder Praktikums
- Gruppenbezogene Projektergebnisse
- Produkte aus Arbeitsprozessen
- Fach- und Seminararbeiten (vgl. Obst 2001)
- Individuelle themenbezogene Ausarbeitungen
- Künstlerische Inszenierungen
- Ausstellungen in oder außerhalb der Schule
- Arrangement außerschulischer Veranstaltungen und Lernsituationen
- Besondere Lernleistungen
- Wettbewerbsbeiträge.

Schließlich ist zu klären, ob die kompetenzbezogene Überprüfung des Lernerfolgs auch in die Bewertung und Benotung der Leistungen einfließen soll – und wenn ja, in welcher Weise. Problematisch ist es, von solchen punktuellen Überprüfungen die Gesamtnote eines Halbjahrs abhängig zu machen. Dass die Anforderungen solcher Nachweise den Lernenden transparent gemacht, begründet und erläutert und ihnen Hinweise zur mittelfristigen Vorbereitung gegeben werden, versteht sich von selbst. Zu betonen ist jedoch, dass der Schwerpunkt der Lernerfolgsüberprüfungen auf Erkenntnissen zur weiteren Förderung der Kompetenzentwicklung der einzelnen Schülerinnen und Schüler liegen sollte. – Aus der Vielzahl der Möglichkeiten zur Lernerfolgsüberprüfung werden im Folgenden zwei durch Beispiele illustriert:

## 7.8.4 Informelle Tests

Informelle Tests erheben nicht den Anspruch, testtheoretischen Kriterien genügen zu wollen. Sie haben daher eher eine diagnostische Funktion. Gleichwohl ist es sinnvoll, auch an solche Tests Grundanforderungen zu stellen, damit sie aussagekräftig sind. Als Prüfrahmen für informelle Tests eignen sich folgende Fragen (Eikenbusch/Leuders 2004, 160):

| Prüfrahmen für Handmade-Tests | |
|---|---|
| Sind die Auswirkungen und Folgen des Tests angemessen? | Die Durchführung eines Tests kann zu wirkungsvolleren und erhöhten Lernanstrengungen bei den Schülern führen, sie kann aber auch sinnlose Vorbereitung erfordern und den Unterrichtsprozess stören. |
| Misst der Test fair? | Im Test festgestellte Unterschiede bei Schülerleistungen können auf unterschiedlichem Lernerfolg beruhen oder aber auch auf sozialen, ethnischen oder kulturellen Unterschieden oder der Vertrautheit mit Tests. |
| Sind die Ergebnisse des Tests generalisierbar oder auf andere Bereiche übertragbar? | Die Leistung der Schüler bei einer bestimmten Aufgabe kann nicht (immer) im Hinblick auf generelle Fähigkeiten (zum Beispiel Problemlösen) verallgemeinert werden. Die Anforderungen und Arbeitswege bei einer Aufgabe sind nicht immer vergleichbar mit denen anderer Aufgaben. |
| Erfasst der Test unterschiedlich hohe Anforderungsgrade? | Manche Tests zielen nur auf sehr hohe Anforderungen ab (zum Beispiel Problemlösen), während andere sich nur auf einfache Anforderungen (Faktenwissen, isolierte Fähigkeiten) konzentrieren. In beiden Fällen werden hier bestimmte Schüler benachteiligt. |
| Sind die Testinhalte bedeutungsvoll – zum Beispiel im Hinblick auf den Lehrplan oder das Leben der Schüler? | […] viele Tests [müssen sich] den Vorwurf gefallen lassen, dass sie die Zeit nicht wert sind, die die Schüler damit verbracht haben. |

| Deckt der Test einen genügend großen/ relevanten Inhaltsbereich ab? | Je weniger Fragen/Bereiche ein Test abdeckt, umso mehr stellt sich die Frage nach der Vertretbarkeit des Aufwandes oder nach der Aussagekräftigkeit. Besonders bei offenen Testformaten, bei denen nur wenige Aufgaben gestellt werden, wird diese Frage wichtig. |
|---|---|
| Werden die Testaufgaben in einen sinnvollen Kontext eingebettet? | Die Einbettung von Testaufgaben in einen sinnvollen Kontext vorbessert die Leistung im Test selbst und ist auch eine Unterstützung dafür, dass Schüler den Text als etwas Sinnvolles erfahren. Durch Einbettung in sinnvolle Kontexte lassen sich auch funktionale Kompetenzen besser erfassen. |

Das folgende Beispiel bezieht sich auf einen Grundkurs der Jahrgangsstufe 12. Thema des Kursvierteljahrs war das Verhältnis von Glaube und Naturwissenschaft, dessen besondere Brisanz angesichts der aktuellen Debatte über Kreationismus und Intelligent Design unmittelbar einleuchtet. Im Verlauf der Unterrichtsarbeit wurden die biblischen Schöpfungstexte ebenso thematisiert wie die Grundpositionen fundamentalistischer Bibelauslegung. In Zusammenarbeit mit einem Biologielehrer wurden dazu zentrale Erkenntnisse der Evolutionstheorie ins Verhältnis gesetzt.

---

**Unterrichtsreihe:**

**Glaube contra Naturwissenschaft? oder: Wie aktuell ist Galileis Konflikt mit der Kirche?**

*Test*

Am 29.6.2007 erschien in der Frankfurter Allgemeinen Zeitung ein Bericht über ein Interview mit der damaligen hessischen Kultusministerin Karin Wolff, das in den Wochen danach heftige publizistische Wellen schlug (Text: s. Extra-Blatt, S. 219):

Zunächst einige Fragen zum Textverständnis (bitte ankreuzen):

1. Frau Wolff plädiert in dem Gespräch dafür, dass

    &#9711; im Biologieunterricht neben der Evolutionstheorie auch die Schöpfungslehre unterrichtet wird,

---

219

○ der Biologieunterricht sich für theologische und philosophische Fragen nach der Bestimmung des Lebens öffnet,

○ die Evolutionslehre im Biologieunterricht nur begrenzte Bedeutung haben darf, weil sie noch nicht bewiesen sei,

○ der Biologielehrer sich mit dem Religionslehrer über den Unterricht absprechen sollte.

2. Die Ministerin behauptet, dass

○ die Evolutionslehre bestätige, was die Bibel auch über die Weltentstehung sagt,

○ die Bibel naturwissenschaftlich exakte Beobachtungen liefere,

○ die Geschichte vom Garten Eden erstaunliche Parallelen zur Evolutionstheorie aufweise,

○ naturwissenschaftliche und biblische Erklärungen sich nicht widersprechen müssen.

3. Nach Ansicht der Ministerin geht es in den biblischen Schöpfungstexten

○ um eine naturwissenschaftlich abgesicherte Erklärung der Welt,

○ ausschließlich um eine Verhältnisbestimmung zwischen Gott und Mensch,

○ um die Herkunft des Menschen und die Bestimmung seines Lebens,

○ um den Menschen als Krone der Schöpfung.

Zwei Fragen zu den biblischen Schöpfungstexten:

4. Der Text am Anfang der Bibel

○ informiert darüber, welche mythischen Vorstellungen Menschen vor etwa 2500 Jahren über die Weltentstehung hatten,

○ will begründen, warum der Mensch den Garten Eden bebauen und bewahren soll,

○ zielt darauf, den Sabbat als Ruhetag des Schöpfers auszuweisen,

○ sieht den Menschen auf einer Stufe mit den Tieren,

○ entkleidet die Götter und Ungeheuer der Umwelt Israels ihrer mythischen Würde.

5. Der zweite Text in der Bibel

- O berichtet wie der erste von der Schöpfung der Welt durch das Wort Gottes,

- O setzt einen völlig anderen Lebensraum des Menschen voraus als der erste,

- O begründet, warum die Frau gegenüber dem Mann von geringerer Würde ist (Zweitgeschaffene aus der Rippe),

- O sieht erst im Gegenüber von Mann und Frau die Schöpfung des Menschen vollendet,

- O zeigt, dass Gott keine menschlichen Züge hat, sondern in unendlicher Distanz zum Menschen steht,

- O will erklären, warum der Mensch seine Lebenswelt nicht als paradiesisch erfährt.

Zwei Fragen zum Verhältnis von Naturwissenschaft und Bibel:

6. Der Kreationismus vertritt die These, dass

- O ein Urprinzip – die schöpferische Kraft – in allen Prozessen der Welt waltet,

- O die Welt Gottes Schöpfung ist und der Prozess der Schöpfung in der Bibel authentisch beschrieben wird,

- O sich in allen archäologischen Funden der intelligente Plan eines überlegenen Weltentwerfers widerspiegelt,

- O dass die Evolutionslehre insoweit zu akzeptieren ist, als sie mit der Schöpfungslehre konvergiert,

- O die Indizien der Evolutionslehre naturwissenschaftlich widerlegbar sind und deshalb die Theorie falsifiziert ist.

7. Naturwissenschaftliche Erkenntnisse zur Evolution verhalten sich zu biblischen Texten über die Schöpfung

- O wie die Schnittmenge zweier Kreise,

- O wie zwei nebeneinander liegende Kreise, die sich nicht schneiden, die sich aber berühren,

- O wie zwei ineinander liegende konzentrische Kreise,

- O wie zwei Kreise, die nichts miteinander zu tun haben.

Zu der von mir ausgewählten Lösung gebe ich folgende Begründung:

_____

_____

# Wolff will Schöpfungslehre im Biologieunterricht

## Hessens Kultusministerin:
## Evolutionstheorie in erstaunlicher Übereinstimmung mit der Bibel

ler. WIESBADEN, 28. Juni. Die hessische Kultusministerin Karin Wolff sieht in einer Debatte über die Schöpfungslehre der Bibel die Chance für „eine neue Gemeinsamkeit von Naturwissenschaft und Religion". In einem Gespräch mit dieser Zeitung wies die CDU-Politikerin gleichzeitig die Kritik zurück, sie leiste mit ihrer Auffassung der Ideologie der Kreationisten Vorschub. Sie plädiere vielmehr für einen „modernen Biologieunterricht", in dem auch die Grenzen naturwissenschaftlich gesicherter Erkenntnis sowie theologische und philosophische Fragen nach dem Sinn des Seins und der Existenz von Welt und Menschen eine Rolle spielen sollten. Dies mache junge Menschen gerade sensibel und wachsam gegenüber den unwissenschaftlichen und völlig inakzeptablen Vorstellungen der Kreationisten.

Sie plädiere daher für fächerübergreifende und verbindende Fragestellungen bei den Themen der Herkunft des Menschen und der Bestimmung des Lebens, sagte die Ministerin, „nicht nur, aber auch im Biologieunterricht". Dabei gehe es auch keineswegs darum, wissenschaftliche Erkenntnisse und Glaubensfragen gegeneinander auszuspielen.

In der biologischen Evolution und der biblischen Erklärung für die Entstehung der Welt sehe sie keinen Widerspruch, vielmehr gebe es in der symbolhaften Erzählung der Bibel von den sieben Schöpfungstagen eine „erstaunliche Übereinstimmung" mit der wissenschaftlichen Theorie. Dabei sei die Sieben-Tage-Erzählung allerdings kein naturwissenschaftlicher Abriss. Vielmehr werde auf der Basis des damaligen naturwissenschaftlichen Wissens versucht, das Verhältnis von Gott und Mensch sowie der Menschen untereinander aufzuzeigen.

Für Christen bedeuteten die beiden biblischen Schöpfungsgeschichten - der Sieben-Tage-Bericht und der vom Garten Eden -, dass der Mensch durch Gott in die Welt komme und dass dieser das ordnende Prinzip vorgebe. Dies ist nach Ansicht von Frau Wolff „ein Erklärungsmuster, das der Theorie der naturwissenschaftlichen Erkenntnis nicht widersprechen muss". Beides könne sich gegenseitig ergänzen.

Mit Kreationismus habe all das nichts zu tun. „Damit habe ich überhaupt nichts am Hut", stellt Frau Wolff klar. Schöpfungslehre und Evolutionstheorie miteinander in der Schule in Verbindung zu bringen sei jedoch alles andere als verwerflich, sondern vielmehr dringend geboten.

*Der Text zum Test:* 29.6.2007, Frankfurter Allgemeinen Zeitung: Bericht über ein Interview mit der damaligen hessischen Kultusministerin Karin Wolff.

### 7.8.5 Unterrichtsprodukte als Instrument der Kompetenzüberprüfung

Eine ausgezeichnete Möglichkeit, Kompetenzen zu überprüfen, stellen auch Produkte dar, die im Unterricht erstellt worden sind. In einer Jahrgangsstufe 5 bzw. 6 wurden als Vorbereitung für eine Unterrichtsreihe über „Jesus Christus – woher Christinnen und Christen ihren Namen haben" Zeit und Umwelt Jesu in einer projektartigen Form aufgearbeitet. Die Schülerinnen und Schüler beschäftigten sich arbeitsteilig mit den geografischen Gegebenheiten, den Lebensbedingungen, der politischen Situation, den sozialen Strukturen und dem religiösen Leben in Israel.

Grundlage waren eine durchgehende Erzählung aus der Perspektive von Kindern, Materialien zu den Wohn- und Lebensumständen sowie weitere Lexikoninformationen und Bildbände. Am Ende der Reihe sollten die Schülerinnen und Schüler das von ihnen erarbeitete Wissen bei der Gestaltung des Modells eines jüdischen Dorfes am See Genezareth einbringen. Dieses wiederum diente als Schauplatz für die szenische Darstellung neutestamentlicher Jesusgeschichten mit Hilfe von Holzpüppchen, mit denen die Konstellationen und Interaktionen der beteiligten Personengruppen nachgespielt werden konnten.

Die Gestaltung des Modells erforderte nicht nur fachübergreifende handwerkliche Fähigkeiten, sondern auch fachspezifische Kompetenzen, denn die Konzeption des Dorfes, die gebastelten Bauwerke, deren Platzierung und Inventar, die Personengruppen, ihre Berufe etc. bedurften der mündlichen Erklärung. Außerdem sollten Bezüge zu der Basiserzählung hergestellt und vor allem die religiösen Implikationen des alltäglichen Lebens herausgestellt werden.

# 8. Evangelischer RU als Raum der Freiheit

Kompetenzen und Standards haben im kompetenzorientierten RU eine wichtige, aber begrenzte Funktion. Denn organisierte Lernprozesse mit ausgewiesenen Zielen, didaktisch reflektierten Arrangements, mit funktional eingesetzten Medien und Materialien, mit lernpsychologisch begründeter Phasierung und handwerklich solidem Aufbau sind nicht alles. Nicht nur weil zwischen den professionellen Lehrabsichten der Religionslehrerinnen und -lehrer und den realisierten Lernprozessen der Schülerinnen und Schüler kein Kontinuum, sondern allenfalls eine Entsprechung, vielfach jedoch ein Bruch – Schüler lernen trotz des Unterrichts! – besteht, ist das kompetenzorientierte Lehren und Lernen zwar ein auf Hoffnung gegründetes, aber kein technizistisch zu verwirklichendes Unterfangen.

Die berufliche Lehrkunst bestimmt zwar in weitem Umfang den Alltag des Evangelischen RUs, aber sie formiert nicht unmittelbar die persönlichen Überzeugungen, die Lebensgewissheiten, die tragenden Beziehungen, auf die es nicht nur im RU, aber gerade dort vor allem ankommt. Allerdings sollte diese existenzielle Dimension des RUs nicht in Opposition zu Kompetenzen und Standards gedacht werden.

Jeder, der sich der Sinnfrage stellt und sich seines Glaubens oder Nichtglaubens zu vergewissern sucht, braucht ein gerüttelt Maß an Wissen und Können, um nicht im tobenden Sturm der Meinungen und Interessen hin und her zu schwanken und seiner selbst unsicher zu werden. Daher sind Kompetenzen die notwendige, aber nicht hinreichende Bedingung dafür, dass Schülerinnen und Schüler eine religiöse Mündigkeit entwickeln können, mit der sie eine höchst individuelle Beziehung zum christlichen Glauben entwickeln und ihren Glauben, Unglauben oder Anders-Glauben selbstständig vertreten und begründen können.

Voraussetzung dafür ist jedoch, dass alle Lernprozesse im Evangelischen RU sich durch eine prinzipielle Offenheit für unerwartete Fragen, existenziell bedeutsame Einsichten, elementare Wahrheiten, persönliche Betroffenheit und orientierende Erfahrungen auszeichnen. Es ist geradezu das Proprium des Evangelischen RUs, einen Raum der Freiheit für die individuelle Begegnung mit christlichem Glauben und Leben offen zu halten.

Diese konstitutive Leitidee für das unterrichtliche Handeln der Lehrenden berührt reformatorische Grundentscheidungen, die sich in pädagogischer Transformation als Unterscheidung zwischen Annahme der Person und ihrem Werk, zwischen Würde des Menschen und seiner Leistung beschreiben lassen. Wenn Lehrkräfte sich von dieser Leitidee in ihrem beruflichen Tun bestimmen lassen, eröffnen sie durch die Gestaltung des RUs den Schülerinnen und Schülern Möglichkeiten, die Freiheit zur Religion in eigener Verantwortung wahrzunehmen, die Frage nach der Wahrheit zu stellen, die Lebensbedeutsamkeit christlicher Praxis zu erfahren und eine geklärte religiöse Identität zu gewinnen.

Deshalb sollen am Ende der Überlegungen zum Lehren und Lernen im kompetenzorientierten RU einige Anmerkungen zur Rolle und zum Selbstverständnis der Religionslehrerinnen und -lehrer stehen, die in der gegenwärtigen Diskussion merkwürdig unbestimmt bzw. unterbestimmt bleiben. Ich gehe dabei aus von einem Diktum des Hamburger Religionspädagogen Fulbert Steffensky: „Lehren heißt zeigen, was man liebt." (Steffensky 2000, 80; vgl. Obst 2002)

*„Lehren heißt zeigen, was man* liebt"

Das Stichwort „Liebe" wirkt in einer pädagogischen Begriffsbestimmung zumindest ungewöhnlich, wenn nicht gar fremd. Nicht gemeint ist der in Verruf geratene, oft beschworene ‚pädagogische Eros', wohl aber die alltägliche Erfahrung, dass Schülerinnen und Schüler sich für ein Fach und seine Inhalte nur dann gewinnen lassen, wenn der Lehrer oder die Lehrerin selbst von der Sache begeistert ist und diese Begeisterung im Unterricht ausstrahlt. Es scheint, als habe in dieser Beziehung des Pädagogen zu seinem Gegenstand auch die Überzeugung Hartmut von Hentigs ihren Ursprung, dass die Person des Lehrers sein bestes Curriculum sei (vgl. Hentig 1994, 251). (Nebenbei gesagt: Sie kann auch sein schlechtestes sein!)

Dass Lehren sich nicht auf Belangloses, Vordergründiges, Oberflächliches, Marginales – und was dergleichen Begriffe mehr sind – bezieht, sondern auf das, was durch den Akt der Liebe als wichtig klassifiziert und aus der Menge des Nichtigen herausgehoben, geradezu erwählt wird, ist eine pädagogische Einsicht, die jenseits verordneter Curricula und vorgegebener Standards ihr Eigenrecht hat.

Kein Lehrer, keine Lehrerin kann die Lehrtätigkeit sachgerecht und schülergerecht ausüben, wenn sie ohne innere Beteiligung, ohne „Herz" exekutiert wird. Erst recht wird dies für die *Religions*lehrerin und den *Religions*lehrer gelten können. Wenn es im Zentrum des RUs nicht nur um religiös bedeutsame Phänomene geht, die in neutraler Distanz analysiert und beschrieben werden könnten, sondern um Wissen, Glauben und Reden von Gott, dann sind die Lehrenden unausweichlich mit ihrer Person und ihrem Leben involviert – nicht als strahlende Zeugen des Glaubens, sondern in aller Anfechtung, mit ihrem Zweifel und ihren Fragen, aber doch so, dass die Schülerinnen und Schüler merken: Hier steht etwas auf dem Spiel, das mich als Lehrerin oder Lehrer unbedingt angeht, das mich herausfordert und mein Leben als Leitmotiv zu bestimmen sucht.

*„Lehren heißt zeigen, was man liebt"*
Schülerinnen und Schüler fragen: Welche Dinge sind dir wirklich wichtig? Wofür stehst du als Lehrerin, wofür steht ihr als Schule ein? Wenn sie uns als Religionslehrerinnen und -lehrer das nicht mehr fragen, müssen wir uns fragen, warum unsere Lebens- und Glaubenspraxis sie nicht mehr provoziert, uns zu fragen.

Dennoch: Vielleicht sind Lehrkräfte mit diesen Fragen ab und zu überfordert. Sie können das, worum es im Unterricht letztlich geht, nicht ständig durch ihre Existenzvollzüge bewahrheiten, sondern müssen sich damit begnügen, der Theologie das Wort zu erteilen, deren kritische Aufgabe es ist, die radikale Frage wach zu halten – ich formuliere es mit den alten Worten des Heidelberger Katechismus –: „Was ist dein einiger Trost im Leben und im Sterben?" Und genau diese Konzentration auf das eine Notwendige klingt auch in dem Satz Steffenskys an.

Dass diese Frage im Schulalltag und auch im RU durch allerlei alltägliche Wichtigkeiten überdeckt wird und dass das auf weiten Strecken hin auch ganz in Ordnung ist, ist mir bewusst. Schließlich leben weder Schüler noch Lehrer in einer ständigen existenziellen Hochspannung. Mir liegt aber daran, dass junge Menschen in der Schule Orte finden können, an denen Lehrende dieser Frage nicht ausweichen, an denen sie verschiedene Antworten aus Vergangenheit und Gegenwart prüfen können und an denen sie schließlich Menschen begegnen, die sich in aller Gebrochenheit mit bestimmten Antworten identifizieren. Dabei hilft die Flucht in Allgemeinheiten nicht; sie wird von Schülerinnen und Schülern schnell als eine solche entlarvt.

Dass diese Orte ernsthaften Fragens und gemeinsamen Suchens nicht auf den RU beschränkt bleiben, wäre zu wünschen. Ich stelle mir vor – ein verwegener Gedanke! – die Richtlinien *aller* Fächer der Oberstufe würden einmal daraufhin untersucht, ob und welche Antworten sie auf die Frage geben, was im Leben und Sterben tröstet … oder zumindest: was die Lebenszeit der Schülerinnen und Schüler nicht verschwendet, sondern ihnen wirklich Lebenswichtiges mit auf den Weg gibt. Als selbstkritisches Regulativ finde ich dieses Gedankenspiel nicht untauglich. Der RU jedenfalls kann dieser Frage keinesfalls entgehen, auch nicht den erst recht anstößigen Antworten.

*„Lehren heißt* zeigen, was man liebt"

Zeigen heißt: aus dem unterschiedslosen Allerlei auf das hinweisen, was wichtig ist. Aufgabe des Pädagogen bzw. der Pädagogin ist es, den Blick der Schülerinnen und Schüler besonders auf das zu lenken, was sie noch nicht kennen, noch nicht wissen, auf das ihnen noch Fremde. Dabei weist der Religionslehrer hoffentlich auch über sich und die Religion hinaus auf den lebendigen Gott und seine Geschichte mit uns Menschen. Gemeinsam mit ihren Schülerinnen und Schülern werden sich der Religionslehrer und die Religionslehrerin auf den Weg machen, um dem Fremden, aber gleichzeitig unausweichlich Nahen zu begegnen. Nicht nur die Schüler, auch sie selbst werden auf diesem Weg neue Entdeckungen machen – auch und gerade wenn sie ihr alltägliches Geschäft besorgen, Schülerinnen und Schüler bei der Entwicklung von Kompetenzen religiöser Bildung zu assistieren.

# Literatur

Adam, Gottfried/Lachmann, Rainer (Hrsg.): Methodisches Kompendium für den RU, Basis, 4. Aufl., Göttingen 2002

Adam, Gottfried/Lachmann, Rainer (Hrsg.): Methodisches Kompendium für den RU 2, Aufbaukurs, Göttingen 2002

AEED: Stellungnahme der Kommission für Fragen des RUs, in: Fischer, Dietlind/Elsenbast, Volker (Hrsg.): Stellungnahmen und Kommentare zu „Grundlegende Kompetenzen religiöser Bildung", Münster 2007, 59–62

Arbeitsgruppe Kerncurriculum der EKD: Kerncurriculum für das Fach Evangelische Religionslehre in der Gymnasialen Oberstufe. Themen und Inhalte für die Entwicklung von Kompetenzen religiöser Bildung, (Voraussichtliche Veröffentlichung 2010)

Arbeitsgruppe der EKD: „Kompetenzen und Standards für den Evangelischen Religionsunterricht in der Sekundarstufe I. Ein Orientierungsrahmen, 2010 (Voraussichtliche Veröffentlichung 2010)

Asbrand, Barbara: Grundlegende Kompetenzen religiöser Bildung. Ein Kommentar aus der Perspektive der Bildungsforschung, in: Fischer, Dietlind/Elsenbast, Volker (Hrsg.): Stellungnahmen und Kommentare zu „Grundlegende Kompetenzen religiöser Bildung", Münster 2007, 40–50

Aufgabenkultur: Themenheft der Zeitschrift Pädagogik 60, H. 3, 2008

Bahr, Petra (Hrsg.): Gebildete Religion. Die Aktualität protestantischer Bildungstraditionen, Leipzig 2006

Baldermann, Ingo: Rückbesinnung auf das didaktisch Notwendige, in: ders.: Der Gott des Friedens und die Götter der Macht. Biblische Alternativen, Neukirchen-Vluyn 1983 (= Wege des Lernens, Bd. 1), 11–21

Baumert, Jürgen: Deutschland im internationalen Bildungsvergleich, in: Killius, Nelson/Kluge, Jürgen/Reisch, Linda (Hrsg.): Die Zukunft der Bildung, Frankfurt a.M. 2002 (edition suhrkamp 2289), S. 100–150. (URL: http://www.mpib-berlin.mpg.de/de/aktuelles/bildungsvergleich.pdf)

Baumert, Jürgen et al.: TIMSS – Mathematisch-naturwissenschaftlicher Unterricht im internationalen Vergleich. Deskriptive Befunde, Opladen 1997 [zitiert: TIMSS 1997]

Bayrhuber, Horst: Perspektiven fachdidaktischer Forschung an Kompetenzmodellen, in: Fischer, Dietlind/Elsenbast, Volker (Hrsg.): Stellungnahmen und Kommentare zu „Grundlegende Kompetenzen religiöser Bildung", Münster 2007, 51–54

Becker, Ulrich: Tagungsresümee und Ausblick, in: Theo-Web. Zeitschrift für Religionspädagogik 2 (2003), H. 2, 189–191

Benner, Dietrich: Die Struktur der Allgemeinbildung im Kerncurriculum moderner Bildungssysteme. Ein Vorschlag zur bildungstheoretischen Rahmung von PISA, in: Zeitschrift für Pädagogik 48 (2002), H. 1, 68–90

Benner, Dietrich: Bildungsstandards und Qualitätssicherung im RU. Günter Biemer zum 75. Geburtstag, in: Theo-Web. Zeitschrift für Religionspädagogik 3 (2004), H. 2, 22–36

Benner, Dietrich (Hrsg.): Bildungsstandards. Instrumente zur Qualitätssicherung im Bildungswesen. Chancen und Grenzen – Beispiele und Perspekive, Paderborn/München/Wien/Zürich 2007

Benner, Dietrich/Krause, Sabine/Nikolova, Roumiana/Pilger, Tanja/Schluß, Henning/Schieder, Rolf/Weiß, Thomas/Willems, Joachim: Ein Modell domänenspezifischer religiöser Kompetenz. Erste Ergebnisse aus dem DFG-Projekt RU-Bi-Qua, in: Benner, Dietrich (Hrsg.): Bildungsstandards. Instrumente zur Qualitätssicherung im Bildungswesen. Chancen und Grenzen – Beispiele und Perspektiven. Paderborn/München/Wien/Zürich 2007, 141–156 [zitiert Benner et al. 2007]

Binswanger-Florian: Stellungnahme einer Schulleiterin, in: Fischer, Dietlind/Elsenbast, Volker (Hrsg.): Stellungnahmen und Kommentare zu ‚Grundlegende Kompetenzen religiöser Bildung', Münster 2007, 67–68

Bizer, Christoph et al. (Hrsg.): Was ist guter RU? Neukirchen-Vluyn 2006 (= Jahrbuch der Religionspädagogik, Bd. 22)

Blick über den Zaun. Arbeitskreis reformpädagogischer Schulen: Aufruf für einen Verbund reformpädagogisch orientierter Schulen, Frankfurt 2003 (URL: http://www.blickueberdenzaun.de/publikationen/aufruf.html)

Blick über den Zaun. Arbeitskreis reformpädagogischer Schulen: „Erklärung von Hofgeismar: Schule ist unsere Sache – ein Appell an die Öffentlichkeit", Hofgeismar 2006 (URL: http://www.blickueberdenzaun.de/publikationen/erklaerung.html)

Bosold, Iris/Kliemann, Peter (Hrsg.): Ach, Sie unterrichten Religion? Methoden, Tipps und Trends, Stuttgart 2003

Breitel, Heide/Metzger, Margit/Ziener, Gerhard: Die Nacht wird hell. Kompetenzorientierter RU nach Bildungsstandards. Für Unterricht und Bildungsarbeit, [DVD], Stuttgart 2006

Brunner, Ilse/Häcker, Thomas/Winter, Felix (Hrsg.): Das Handbuch Portfolioarbeit. Konzepte und Erfahrungen aus Schule und Lehrerbildung, Seelze-Velber 2006

Bucher, Anton: RU zwischen Lernfach und Lebenshilfe. Eine empirische Untersuchung zum katholischen RU in der Bundesrepublik, Stuttgart 2000

Bucher, Anton/Miklas, Helene (Hrsg.): Zwischen Berufung und Frust. Die Befindlichkeit von katholischen und evangelischen ReligionslehrerInnen in Österreich, Münster et al. 2005

Chomsky, Noam: Rules and representations, New York 1980 (= Woodbrigde lectures, Bd. 11)

Comenius, Johann Amos: Die große Didaktik. Die vollständige Kunst, alle Menschen alles zu lehren. Übersetzt und herausgegeben von Flitner, Andreas, 3. Aufl., Düsseldorf/München 1966

Comenius-Institut (Hrsg.): Elementarisierung theologischer Inhalte und Methoden im Blick auf die Aufgabe einer theologisch zu verantwortenden Lehrplanrevision und Curriculumentwicklung in den wichtigsten religionspädagogischen Praxisfeldern. Zwischenbericht über den Stand des Forschungsauftrages, vorgelegt von Hans Stock, Münster 1975

Deutsches PISA-Konsortium (Hrsg.): PISA 2000. Basiskompetenzen von Schülerinnen und Schülern im internationalen Vergleich, Opladen 2001

Dressler, Bernhard: Darstellung und Mitteilung. Religionsdidaktik nach dem Traditionsabbruch, in: RU an höheren Schulen, 45 (2002), H. 1, 11–19 (wieder abgedruckt in: Leonhard, Silke/Klie, Thomas (Hrsg.): Schauplatz Religion. Grundzüge einer performativen Religionspädagogik, Leipzig 2003, 152–165)

Dressler, Bernhard: Menschen bilden? Theologische Einsprüche gegen pädagogische Menschenbilder, in: Evangelische Theologie 63 (2003), H. 4, 261–271

Dressler, Bernhard: Religiöse Bildung zwischen Standardisierung und Entstandardisierung – Zur bildungstheoretischen Rahmung religiösen Kompetenzerwerbs, in: Theo-Web. Zeitschrift für Religionspädagogik 4 (2005), H. 1, 50–63

Dressler, Bernhard: Performanz und Kompetenz: Überlegungen zu einer Didaktik des Perspektivenwechsels, in: Theo-Web. Zeitschrift für Religionspädagogik 6 (2007), H. 2, 27–31 [zitiert: Dressler 2007a]

Dressler, Bernhard: Unterscheidungen. Differenz und Fremdheit in (religiösen) Bildungsprozessen, in: Fischer, Dietlind (Hrsg.): Qualität der Lehrerfortbildung. Kriterien und Umgang mit Differenzen, Münster 2007 (= Schriften aus dem Comenius-Institut Bd. 17), 11–16 [zitiert: Dressler 2007b; zuerst in: Junge Kirche 66 (2005), H. 4, 20–25

Dressler, Bernhard/Meyer-Blanck, Michael (Hrsg.): Religion zeigen. Religionspädagogik und Semiotik, Münster 1998 (= Grundlegungen, Bd. 4)

Dubs, Rolf: Lehrerverhalten. Ein Beitrag zur Interaktion von Lehrenden und Lernenden im Unterricht, Zürich 1995

Dubs, Rolf: Schülerzentrierung im Unterricht: Vermutungen über einige Missverständnisse, in: Schweizerische Zeitschrift für kaufmännisches Bildungswesen, (1997) 2, 82–100

Eikenbusch, Gerhard/Leuders, Timo (Hrsg.): Lehrer-Kursbuch Statistik. Alles über Daten und Zahlen im Schulalltag, Berlin 2004

Elsenbast, Volker/Fischer, Dietlind/Schreiner, Peter: Zur Entwicklung von Bildungsstandards. Positionen, Anmerkungen, Fragen, Perspektiven für kirchliches Bildungshandeln, Münster 2004

Elsenbast, Volker/Götz-Guerlin, Marcus/Otte, Matthias (Hrsg.): wissen – werten – handeln. Welches Orientierungswissen braucht die Bildung? Berlin 2005 (= Berliner Begegnungen, Bd. 5)

Englert, Rudolf: „Performativer RU"? Anmerkungen zu den Ansätzen von Schmid, Dressler und Schoberth, in: RU an höheren Schulen 45 (2002), H. 1, 32–36

Englert, Rudolf: Religion reflektieren – nötiger denn je. ‚Religion inszenieren' und ‚Religion reflektieren' – Eine Alternative?, in: Kirche und Schule 09/2006, 9–14

Feige, Andreas/Dressler, Bernhard/Lukatis, Wolfgang/Schöll, Albrecht: „Religion" bei ReligionslehrerInnen. Religionspädagogische Zielvorstellungen und religiöses Selbstverständnis in empirisch-soziologischen Zugängen. Berufsbiographische Fallanalysen und eine repräsentative Meinungserhebung unter evangelischen ReligionslehrerInnen in Niedersachsen, Münster/Hamburg 2000

Feindt, Andreas/Elsenbast, Volker/Schreiner, Peter/Schöll, Albrecht (Hrsg.): Kompetenzorientierung im Religionsunterricht. Befunde und Perspektiven, Münster/New York/München/Berlin 2009

Feindt, Andreas: Implementation von Bildungsstandards und Kompetenzorientierung im Fach Evangelische Religion – Das Beispiel KompRU, in: Feindt, Andreas/Elsenbast, Volker/Schreiner, Peter/Schöll, Albrecht (Hrsg.): Kompetenzorientierung im Religionsunterricht. Befunde und Perspektiven, Münster/New York/München/Berlin 2009, 295-311

Fischer, Dietlind/Elsenbast, Volker (Red.): Grundlegende Kompetenzen religiöser Bildung. Zur Entwicklung des evangelischen RUs durch Bildungsstandards für den Abschluss der Sekundarstufe I, Münster 2006

Fischer, Dietlind/Elsenbast, Volker (Hrsg.): Stellungnahmen und Kommentare zu „Grundlegende Kompetenzen religiöser Bildung", Münster 2007

Fuhr, Thomas: Zeigen und Erziehung. Das Zeigen als ‚zentraler Gegenstand' der Erziehungswissenschaft, in: ders./Schultheis, Klaudia (Hrsg.): Zur Sache der Pädagogik. Untersuchungen zum Gegenstand der allgemeinen Erziehungswissenschaft, Bad Heilbrunn 1999, 109–121

Gerner, Berthold (Hrsg.): Das exemplarische Prinzip. Beiträge zur Didaktik der Gegenwart, Darmstadt 1968

Glock, Charles Y.: On the study of Religious Commitment, in: Religious Education (Research Supplement) 57 (1962), 98–110

Gräb, Wilhelm: Sinn fürs Unendliche. Religion in der Mediengesellschaft, Gütersloh 2002

Grell, Jochen/Grell, Monika: Unterrichtsrezepte, 6. Aufl., Weinheim et al. 2005

Grethlein, Christian: Methodischer Grundkurs für den RU. Kurze Darstellung der 20 wichtigsten Methoden im RU der Sekundarstufe 1 und 2. Mit Beispielen, Leipzig 2000

Grethlein, Christian: Fachdidaktik Religion. Evangelischer RU in Studium und Praxis, Göttingen 2005

Grethlein, Christian: Befähigung zum Christsein – ein lernortübergreifendes religionspädagogisches Ziel, in: Theo-Web. Zeitschrift für Religionspädagogik 5 (2006), H. 2, 2–18

Grethlein, Christian/Lück, Christhard: Religion in der Grundschule. Ein Kompendium, Göttingen 2006

Groeben, Annemarie von der: Aus Falschem folgt Falsches. Wie Standards zum pädagogischen Bumerang werden können, in: Standards. Unterrichten zwischen Kompetenzen, zentralen Prüfungen und Vergleichsarbeiten, Friedrich Jahresheft XXIII (2005), 78–79

Groeben, Annemarie von der et al.: Unsere Standards. Ein Diskussionsentwurf, vorgelegt von „Blick über den Zaun" – Bündnis reformpädagogisch engagierter Schulen, in: Neue Sammlung. Vierteljahres-Zeitschrift für Erziehung und Gesellschaft, 45 (2005) H. 2, 253–297

Grom, Bernhard: Methoden für den RU, Jugendarbeit und Erwachsenenbildung, 8. Aufl., Düsseldorf 1988

Häcker, Thomas: Wurzeln der Portfolioarbeit. Woraus das Konzept erwachsen ist, in: Brunner, Ilse/ Häcker, Thomas/ Winter, Felix (Hrsg.): Das Handbuch Portfolioarbeit. Konzepte und Erfahrungen aus Schule und Lehrerbildung, Seelze-Velber 2006, 27–32 [zitiert Häcker 2006a]

Häcker, Thomas: Vielfalt der Portfoliobegriffe. Annäherung an ein schwer fassbares Konzept, in: Brunner, Ilse/Häcker, Thomas/Winter, Felix (Hrsg.): Das Handbuch Portfolioarbeit. Konzepte und Erfahrungen aus Schule und Lehrerbildung, Seelze-Velber 2006, 33–39 [zitiert Häcker 2006b]

Hansmann, Otto/Marotzki, Winfried (Hrsg.): Diskurs Bildungstheorie. Rekonstruktion der Bildungstheorie unter Bedingungen der gegenwärtigen Gesellschaft, 2 Bde., Weinheim 1988

Heymann, Hans Werner: Was macht Üben „intelligent"?, in: Pädagogik 57 (2005), H. 11, 6–10

Helmke, Andreas: Unterrichtsqualität erfassen, bewerten, verbessern, Seelze-Velber 2003

Hemel, Ulrich: Ziele religiöser Erziehung. Beiträge zu einer integrativen Theorie. Frankfurt et al. 1988 (= Regensburger Studien zur Theologie, Bd. 38; zugl.: Regensburg, Univ., Habilitationsschrift, 1988)

Hemel, Ulrich: Religiosität, in: Theo-Web. Zeitschrift für Religionspädagogik 1 (2002), H. 1, 12–16

Hentig, Hartmut von: Die Schule neu denken, 3. Aufl., München/Wien 1994

Hentig, Hartmut von: Bildung. Ein Essay, München 1996

Herder, Johann Gottfried: Ideen zur Philosophie der Geschichte der Menschheit, Riga und Leipzig 1784. Sämtliche Werke, hrsg. von B. Suphan, Bd. 13, Berlin 1887

Hovestadt, Gertrud/Keßler, Nicole: 16 Bundesländer. Eine Übersicht zu Bildungs-standards und Evaluationen, in: Standards. Unterrichten zwischen Kompeten-zen, zentralen Prüfungen und Vergleichsarbeiten, Friedrich Jahresheft XXIII (2005), 8–10

Huber, Ludwig: Standards auch für die „weichen" Fächer? Das Beispiel „Gedichte im Deutschunterricht", in: Standards. Unterrichten zwischen Kompetenzen, zentralen Prüfungen und Vergleichsarbeiten, Friedrich Jahresheft XXIII (2005), 105–107

Huber, Wolfgang: Um der Menschen willen – Welche Reformen brauchen wir? Rede am 30. September 2004 in der Berliner Friedrichstadtkirche (URL: http://www.ekd.de/vortraege/040930_huber_sozialrede.html)

Huber, Wolfgang: „Junge Generation und Arbeit: Chancen erkennen – Potenziale nut-zen" – Festrede zur Verleihung des Carl-Bertelsmann-Preises 2005 in Gütersloh (URL: http://www.ekd.de/vortraege/050908_huber_bertelsmann_preis.html)

Humboldt, Wilhelm von: Königsberger Schulplan (von 1809), in: Humboldt, Wilhelm von: Werke, Bd. 4: Schriften zur Politik und zum Bildungswesen, hrsg. von Andreas Flitner/Klaus Giel, Stuttgart 1964, 170

Kahl, Reinhard, zitierte Internet-Seiten: http://www.reinhardkahl.de/, http://www.archiv-der-zukunft.de/ [Zit: Archiv1], http://www.adz-netzwerk.de/images/docs/adz-netzwerk-r_kahl.pdf [Zit: Archiv2]

Kant, Immanuel: Kritik der reinen Vernunft [1781], hrsg. von Raymund Schmidt, 3. Aufl., Hamburg 1990

Keuffer, Josef/Henkel, Christiane: LehrerInnenforschung, Evaluation und Grundla-genforschung am Oberstufen-Kolleg. Implementation von Ergebnissen einer formativen Evaluation in die Schul- und Unterrichtsentwicklung, in: Eckert, Ela/Fichten, Wolfgang (Hrsg.): Schulbegleitforschung. Erwartungen – Ergeb-nisse – Wirkungen, Münster 2005, 243–262

Kirchenamt der Evangelischen Kirche in Deutschland (Hrsg.), Identität und Ver-ständigung. Standort und Perspektiven des RUs in der Pluralität. Eine Denk-schrift der Evangelischen Kirche in Deutschland, Gütersloh 1994

Kirchenamt der Evangelischen Kirche in Deutschland (Hrsg.): Maße des Menschli-chen. Evangelische Perspektiven zur Bildung in der Wissens- und Lerngesell-schaft. Eine Denkschrift des Rates der Evangelischen Kirche in Deutschland, Gütersloh 2003

Kirchenamt der Evangelischen Kirche in Deutschland (Hrsg.), Religion und Allge-meine Hochschulreife. Bedeutung, Aufgabe und Situation des RUs in der gym-nasialen Oberstufe und im Abitur. Eine Stellungnahme des Rates der Evangeli-schen Kirche in Deutschland, Hannover 2004

Kirchhoff, Ilka/Macht, Siegfried/Hanisch, Helmut (Hrsg): RELi+wir. Schuljahr 5/6/7. Erarbeitet und erprobt von Dievenkorn, Sabine et al., Göttingen 2007

Klafki, Wolfgang: Grundformen des Fundamentalen und Elementaren, in: Gerner, Berthold (Hrsg.): Das exemplarische Prinzip. Beiträge zur Didaktik der Gegen-wart, Darmstadt 1968, 152–177

Klafki, Wolfgang: Zur Unterrichtsplanung im Sinne kritisch-konstruktiver Didaktik, in: ders.: Neue Studien zur Bildungstheorie und Didaktik. Zeitgemäße Allge-meinbildung und kritisch-konstruktive Didaktik, 3. Aufl., Weinheim 1993, 251–284 (zuerst in: Adl-Amini, Bijan/Künzli, Rudolf (Hrsg.): Didaktische Modelle und Unterrichtsplanung, München 1980, 11–48) (zitiert: Klafki 1993a)

232

Klafki, Wolfgang: Grundzüge eines neuen Allgemeinbildungskonzepts. Im Zentrum: Epochaltypische Schlüsselprobleme, in: ders.: Neue Studien zur Bildungstheorie und Didaktik. Zeitgemäße Allgemeinbildung und kritisch-konstruktive Didaktik, 3. Aufl., Weinheim 1993, 43–81 (zitiert: Klafki 1993b)

Klafki, Wolfgang: Exemplarisches Lehren und Lernen, in: ders.: Neue Studien zur Bildungstheorie und Didaktik. Zeitgemäße Allgemeinbildung und kritisch-konstruktive Didaktik, 3. Aufl., Weinheim 1993, 141–161 (zuerst in: unterrichten/ erziehen 1983, H. 1, S. 6–13) [zitiert: Klafki 1993c]

Kliemann, Peter: Impulse und Methoden. Anregungen für die Praxis des RUs, Stuttgart 1997

Kliemann, Peter: Zwischenüberlegung, in: Fischer, Dietlind/Elsenbast, Volker (Hrsg.): Stellungnahmen und Kommentare zu „Grundlegende Kompetenzen religiöser Bildung", Münster 2007, 82–85

Kliemann, Peter/Rupp, Hartmut (Hrsg.): 1000 Stunden Religion. Wie junge Erwachsene den RU erleben, Stuttgart 2000

Klieme, Eckhard et al: Zur Entwicklung nationaler Bildungsstandards. Eine Expertise, hrsg. vom Bundesministerium für Bildung und Forschung, Bonn 2003 [zitiert: Klieme et al. 2003]

Klippert, Heinz: Methoden-Training, 16. Aufl., Weinheim 2006

Köck, Peter: Praxis der Unterrichtsgestaltung und des Schullebens, Donauwörth 1995

Koretzki, Gerd-Rüdiger/Tammeus, Rudolf (Hrsg.): Religion entdecken – verstehen – gestalten. Ein Unterrichtswerk für den evangelischen RU. 5./6. Schuljahr. Erarbeitet von Baden- Schirmer, Sigrid et al., 2. Aufl., Göttingen 2008

Koretzki, Gerd-Rüdiger/Tammeus, Rudolf: Die Herausgeber zur Neuausgabe, URL: http:// www.v-r.de/de/titel/352577611/

Koring, Bernhard: Erziehung und Information. Untersuchungen über das Zeigen als Grundoperation der Erziehung, in: Fuhr, Thomas/Schultheis, Klaudia (Hrsg.): Zur Sache der Pädagogik. Untersuchungen zum Gegenstand der allgemeinen Erziehungswissenschaft, Bad Heilbrunn 1999, 122–135

Korsch, Dietrich: Den Atem des Lebens spüren – Bildungsstandards und Religion, in: ZPT 58 (2006) H. 2, 166–173

Kraft, Gerhard et al.(Hrsg.): Das Kursbuch Religion 1. Ein Arbeitsbuch für den RU im 5./6. Schuljahr. Erarbeitet von Baur, Katja et al., Stuttgart/Braunschweig 2005 [zitiert: Kraft et al. 2005a]

Kraft, Gerhard et al.(Hrsg.): Das Kursbuch Religion 2. (5/6). Ein Arbeitsbuch für den RU im 7./8. Schuljahr. Erarbeitet von Dierk, Heidrun et al., Stuttgart/ Braunschweig 2005 [zitiert: Kraft et al. 2005b]

Krause, Sabine et al.: Kompetenzerwerb im evangelischen RU. Ergebnisse der Konstruktvalidierungsstudie der DFG-Projekte RU-Bi-Qua/Kerk, in: ZfP 1/2008, 174–187

Kultusministerium des Landes Nordrhein-Westfalen (Hrsg.): Richtlinien und Lehrpläne für das Gymnasium – Sekundarstufe I – in Nordrhein-Westfalen. Evangelische Religionslehre, Frechen 1993 [zitiert: Kultusministerium NRW 1993]

Lenhard, Hartmut: Kompetenzorientierung – Neuer Wein in alten Schläuchen? In: Loccumer Pelikan. Religionspädagogisches Magazin für Schule und Gemeinde 3/07, 103–111; erweitert auch in: Theo-Web. Zeitschrift für Religionspädagogik 6 (2007), H. 2, 88–103

Leonhard, Silke/Klie, Thomas (Hrsg.): Schauplatz Religion. Grundzüge einer performativen Religionspädagogik, Leipzig 2003

Leonhard, Silke/Klie, Thomas: Performative Religionspädagogik. Religion leiblich und räumlich in Szene setzen, in: dies. (Hrsg.): Schauplatz Religion. Grundzüge einer Performativen Religionspädagogik, Leipzig 2003, 7–22

Link-Wieczorek, Ulrike: Zwischen „Voll"-Theologie und theologischem Durchlauferhitzer. Zum Potenzial des Lehramtsstudienganges Theologie, in: Bedford-Strohm, Heinrich (Hrsg.): Religion unterrichten. Aktuelle Standortbestimmung im Schnittfeld zwischen Kirche und Gesellschaft, Neukirchen-Vluyn 2003, 130–142

Link-Wieczorek, Ulrike: Glauben oder Beobachten? Überlegungen zum RU aus der Sicht einer Systematischen Theologin, in: Bizer, Christoph et al (Hrsg.): Was ist guter RU?, Neukirchen-Vluyn 2006 (= Jahrbuch der Religionspädagogik, Bd. 22), 124–135

Luckmann, Thomas: Die unsichtbare Religion, 3. Aufl., Frankfurt am Main 1996 (= Suhrkamp-Taschenbuch Wissenschaft, Bd. 947)

Marggraf, Eckhart: Der gymnasiale RU in der bildungspolitischen Diskussion, in: Wermke, Michael/Adam, Gottfried/Rothgangel, Martin (Hrsg.): Religion in der Sekundarstufe II. Ein Kompendium, Göttingen 2006, 57–79

Mette, Norbert: Zum Stand der Entwicklung von Bildungsstandards im RU, in: Fischer, Dietlind/Elsenbast, Volker (Hrsg.): Stellungnahmen und Kommentare zu „Grundlegende Kompetenzen religiöser Bildung", Münster 2007, 24–28

Meurer, Thomas: Das Fremde unmittelbar oder das Unmittelbare fremd machen? Suchbewegungen in der Bibeldidaktik, in: Religionspädagogische Beiträge 49 (2002), 3–16

Meyer, Hilbert: Unterrichtsmethoden II: Praxisband, 2. Aufl., Berlin 1988

Meyer, Hilbert: Was ist guter Unterricht? 4. Aufl., Berlin 2007

Miederer, Gertrud: Chancen eines kompetenzorientierten RUs – Thesen aus unterrichtspraktischer Perspektive, in: Fischer, Dietlind/Elsenbast, Volker (Hrsg.): Stellungnahmen und Kommentare zu „Grundlegende Kompetenzen religiöser Bildung", Münster 2007, 55–58

Ministerium für Kultus, Jugend und Sport Baden-Württemberg: Der Bildungsplan kurz vorgestellt (URL: http://www.bildung-staerkt-menschen.de/schule_2004/bildungsplan_kurz)

Ministerium für Kultus, Jugend und Sport Baden-Württemberg (Hrsg.): Bildungsplan 2004. Allgemein bildendes Gymnasium, Stuttgart 2004 (URL: http://www.bildung-staerkt-menschen.de/service/downloads/Bildungsplaene/Gymnasium/Gymnasium_Bildungsplan_Gesamt.pdf)

Ministerium für Kultus, Jugend und Sport Baden-Württemberg (Hrsg.): Fragen zum Bildungsplan (URL http://www.bildung-staerkt-menschen.de/schule2004/fragen_zum_bildungsplan) [zitiert: Ministerium BW Fragen zum Bildungsplan]

Ministerium für Kultus, Jugend und Sport Baden-Württemberg (Hrsg.): Bildungsstandards für Evangelische Religionslehre Gymnasium – Klassen 6, 8, 10, Kursstufe, Stuttgart 2004. (URL: http://www.bildung-staerkt-menschen.de/service/downloads/Bildungsstandards/Gym/Gym_evR_bs.pdf) [zitiert: Ministerium BW Bildungsstandards EvR 2004]

Ministerium für Kultus, Jugend und Sport Baden-Württemberg (Hrsg.): Niveaukonkretisierungen zum Bildungsplan für die Schulformen Grundschule, Hauptschule, Realschule und Gymnasium (URL: http://www.bildung-staerkt-menschen.de/service/downloads/Niveaukonkretisierung/) [zitiert: Ministerium BW Niveaukonkretisierungen]

Ministerium für Kultus, Jugend und Sport Baden-Württemberg (Hrsg.): Niveaukonkretisierungen für den RU/Gymnasium: (URL: http://www.bildung-staerkt-menschen.de/service/downloads/Niveaukonkretisierung/Gym/evR) [zitiert: Ministerium BW Niveaukonkretisierungen Gymnasium Evangelische Religionslehre]

Ministerium für Kultus, Jugend und Sport Baden-Württemberg (Hrsg.): Niveaukonkretisierungen für den RU/ Realschule: (URL: http://www.bildung-staerkt-menschen.de/service/downloads/Niveaukonkretisierung/Rs/evR) [zitiert: Ministerium BW Niveaukonkretisierungen Realschule Evangelische Religionslehre]

Ministerium für Kultus, Jugend und Sport Baden-Württemberg (Hrsg.): Niveaukonkretisierungen für den RU/Gymnasium: Beispiel ‚Synagoge‘ (URL: http:// www.bildung-staerkt-menschen.de/service/downloads/Niveaukonkretisierung/Gym/evR/ @@niveau.2006-09-01.8827951973) [zitiert: Ministerium BW Niveaukonkretisierungen Gymnasium Evangelische Religionslehre Dokument: Synagoge]

Ministerium für Kultus, Jugend und Sport Baden-Württemberg (Hrsg.): Niveaukonkretisierungen für den RU/Gymnasium: Beispiel ‚Gleichnis vom verlorenen Sohn‘ (URL: http://www.bildung-staerkt-menschen.de/unterstuetzung/schularten/ Gym/niveaukonkretisierungen/evR/@@niveau.2006-09-01.9719288808) [zitiert: Ministerium BW Niveaukonkretisierungen Gymnasium Evangelische Religionslehre Dokument: Gleichnis vom verlorenen Sohn]

Möller, Martin: RU praktisch fachdidaktisch. Für das Referendariat und die ersten Berufsjahre in der Sekundarstufe, Göttingen 2008

Münzinger, Wolfgang/Klafki, Wolfgang (Hrsg.): Schlüsselprobleme im Unterricht. Thematische Dimensionen einer zukunftsorientierten Allgemeinbildung, Weinheim 1995 (= Die Deutsche Schule. Zeitschrift für Erziehungswissenschaft, Bildungspolitik und pädagogische Praxis, 87 (1995), 3. Beiheft)

Niedersächsisches Kultusministerium (Hrsg.): Rahmenrichtlinien für das Gymnasium Schuljahrgänge 7–10. Evangelischer RU, Hannover 2003 (URL: http:// www.nibis.de/nli1/gohrgs/rrl/rrlevan_religion.pdf)

Niedersächsisches Kultusministerium (Hrsg.): Kerncurriculum für die Grundschule Schuljahrgänge 1–4. Evangelische Religion, Hannover 2006 (URL: http://db2. nibis.de/1db/cuvo/datei/kc_gs_evrel_nib.pdf)

Niehl, Franz Wendel/Thömmes, Arthur: 212 Methoden für den RU, München 1998

Nikolova, Roumiana/Schluß, Henning/Weiß, Thomas/Joachim Willems: Das Berliner Modell religiöser Kompetenz. Fachspezifisch – Testbar – Anschlussfähig, in: Theo-Web. Zeitschrift für Religionspädagogik 6 (2007), H. 2, 67–87

Nipkow, Karl Ernst: Grundfragen der Religionspädagogik, Bd. 2: Das pädagogische Handeln der Kirche, Gütersloh 1975

Nipkow, Karl-Ernst: Grundfragen der Religionspädagogik, Bd. 3: Gemeinsam leben und glauben lernen, Gütersloh 1982

Nipkow, Karl Ernst: Bildung in einer pluralen Welt, 2 Bde., Gütersloh 1998

Nipkow, Karl Ernst: Pädagogik und Religionspädagogik zum neuen Jahrhundert, Bd. 1: Bildungsverständnis im Umbruch, Religionspädagogik im Lebenslauf, Elementarisierung, Gütersloh 2005

Nipkow, Karl Ernst: Religiöse Bildung ist unverzichtbar – eine umstrittene und begründungsbedürftige These. (URL: http://www.elk-wue.de/fileadmin/ mediapool/elkwue/dokumente/D2-IRef-Nipkow-Boll.pdf [zitiert Nipkow 2006]

Oberhuemer, Martin: Konfessionen – was ist evangelisch, was katholisch? (URL: http://lehrer-online.de/konfessionen.php?sid=75373409836480193419505360536650) [zitiert: Oberhuemer 2004]

Obst, Gabriele: Die Welt der theologischen Wissenschaften entdecken – Facharbeiten in (evangelischer) Religion, in: Hackenbroch-Krafft, Ida/Jung-Paarmann, Helga/dies. et al. (Hrsg.): Auf dem Weg zur Facharbeit. Erfahrungen und Beispiele aus verschiedenen Fächern, Bielefeld 2001 (= Arbeitsmaterialien aus dem Bielefelder Oberstufen-Kolleg. AMBOS, Bd. 48), 55–62

Obst, Gabriele: „Lehren heißt, zeigen, was man liebt." Ein theologischer Beitrag zum Gespräch mit Ludwig Huber über allgemeine Bildung, in: Asdonk, Jupp/ Kroeger, Hans et al. (Hrsg.): Bildung im Medium der Wissenschaft. Zugänge aus Wissenschaftspropädeutik, Schulreform und Hochschuldidaktik, Weinheim 2002, S. 61–70

Obst, Gabriele: „Anfangs habe ich gemurrt wie die Israeliten in der Wüste." – Erfahrungen mit Bibellesetagebüchern in der Sekundarstufe II, in: entwurf. Religionspädagogische Mitteilungen 2+3/2007, 46–50 [zitiert: Obst 2007a]

Obst, Gabriele: Religion zeigen – eine Aufgabe des evangelischen RUs? Zwischenruf zu einem aktuellen religionspädagogischen Paradigma, in: Theo-Web. Zeitschrift für Religionspädagogik 6 (2007), H. 2, 104–123 [zitiert Obst 2007b]

Obst, Gabriele: Anforderungssituationen als Ausgangspunkt kompetenzorientierten Lehrens und Lernens im Religionsunterricht. Ein Werkstattbericht aus der Praxis des Religionsunterrichts in der Sekundarstufe II, in: Feindt, Andreas/Elsenbast, Volker/Schreiner, Peter/Schöll, Albrecht (Hrsg.): Kompetenzorientierung im Religionsunterricht. Befunde und Perspektiven, Münster/New York/München/Berlin 2009, 181-196

Obst, Gabriele/Lenhard, Hartmut: Kompetenzen und Standards. Was zeichnet einen kompetenz- und standardorientierten Evangelischen RU aus? Thesen zu einem notwendigen Perspektivenwechsel, in: entwurf. Religionspädagogische Mitteilungen 2/2006, 55–58

Obst, Gabriele/Volkwein, Karin: Mit dem Portfolio auf christologischer Spurensuche in der Toskana – Exkursionen im Rahmen des RUs, in Theo-Web. Zeitschrift für Religionspädagogik 5 (2006), H. 2, 309–326

Oelkers, Jürgen/Reusser, Kurt: Qualität entwickeln – Standards sichern – mit Differenzen umgehen. Hrsg. vom BMBF. Bildungsforschung Band 27, Bonn/Berlin 2008 (URL: http://www.bmbf.de/pub/bildungsforschung_band_siebenundzwanzig.pdf)

Pachler, Norbert: Schulautonomie, Qualitätssicherung und öffentliche Kontrolle am Beispiel Englands, in: Erziehung & Unterricht. Österreichische pädagogische Zeitschrift 7/8/2002, 6–13

Petri, Dieter/Thierfelder, Jörg: Das Kursbuch Religion 1. Ein Arbeitsbuch für den RU im 5./6. Schuljahr. Lehrermaterialien. Erarbeitet von Baur, Katja et al., Stuttgart/Braunschweig 2006

Prange, Klaus: Über das Zeigen als operative Basis der pädagogischen Kompetenz, in: Bildung und Erziehung 48 (1995), H. 2, 145–158

Prange, Klaus: Die Zeigestruktur der Erziehung. Grundriss der operativen Pädagogik, Paderborn 2005

Reinert, Andreas: Bildungsstandards für Klasse 5/6 Gymnasium. Unterrichten mit dem neuen Bildungsplan am Beispiel Gleichnisse, in: entwurf. Religionspädagogische Mitteilungen 2/2004, 51–55

RELi+wir: Steckbrief, URL: http://www.v-r.de/de/buecher/schule/religion/reli_wir/

Rendle, Ludwig: Ganzheitliche Methoden im RU. Ein Praxisbuch, München 1996

Ritter, Werner H.: Alles Bildungsstandards – oder was?, in: Fischer, Dietlind/ Elsenbast, Volker (Hrsg.): Stellungnahmen und Kommentare zu „Grundlegende Kompetenzen religiöser Bildung", Münster 2007, 29–36

Robinsohn, Saul B.: Bildungsreform als Revision des Curriculum. Und ein Struktur-
konzept für Curriculumentwicklung, 5. Aufl., Berlin/Neuwied 1975 (= Arbeits-
mittel für Studium und Unterricht)

Roth, Heinrich: Pädagogische Psychologie des Lehrens und Lernens, 11. Aufl.,
Berlin 1969

Rothgangel, Martin: Bildungsstandards für den Religionsunterricht. Zur fachdidaktischen Konsistenz des Berliner Forschungsprojekts, in: ZfP 1/2008, 194–197

Rothgangel, Martin/Biehl, Peter: Wissenschaftstheoretische Grundlagen der Religionspädagogik, in: Wermke, Michael/Adam, Gottfried/Rothgangel, Martin
(Hrsg.): Religion in der Sekundarstufe II. Ein Kompendium, Göttingen 2006,
41–56

Rothgangel, Martin/Fischer, Dietlind (Hrsg.): Standards für religiöse Bildung? Zur
Reformdiskussion in Schule und Lehrerbildung, Münster 2004 (= Schriften aus
dem Comenius-Institut, Bd. 13)

Rudge, Linda: Standards und Standardisierung im RU 1993–2003: Eine besonders
englische Erfahrung?, in: Zeitschrift für Pädagogik und Theologie 56 (2004), H.
3, 213–226

Rupp, Hartmut/Müller, Peter: Bedeutung und Bedarf einer religiösen Kompetenz, in:
entwurf. Religionspädagogische Mitteilungen 2/2004, 14–18

Ruster, Thomas: Die Welt verstehen „gemäß den Schriften“. RU als Einführung in
das biblische Wirklichkeitsverständnis, in: RU an höheren Schulen 43 (2000),
H. 3, 189–203

Schibilsky, Michael: Konstitutionsbedingungen religiöser Kompetenz, in: Fischer,
Wolfram/Marhold, Wolfgang (Hrsg.): Religionssoziologie als Wissensoziolo-
gie, Stuttgart 1978 (= Urban-Taschenbücher, Bd. 636)

Schieder, Rolf: Von der leeren Transzendenz des Willens zur Qualität zur Deutungs-
und Partizipationskompetenz, in: Theo-Web. Zeitschrift für Religionspädagogik
3 (2004), H. 2, 14–21

Schirp, Heinz: „Wie die Fischer im Mahlstrom!?“ Zum Zusammenhang von zentralen quantitativen Leistungsmessungen und qualitativer Schulentwicklung –
Die Wirkungen von High Stakes Testes in den USA, 2006 (URL: http://
www.lfi.bremerhaven.de/aktuelles/schirp_mahlstrom.pdf)

Schleiermacher, Friedrich: Über die Religion. Reden an die Gebildeten unter ihren
Verächtern (1799), Hamburg 1958 (=Philosophische Bibliothek, Bd. 255)

Schleiermacher, Friedrich, Gelegentliche Gedanken über Universitäten im deutschen
Sinn. 1808, in: Anrich, Ernst (Hrsg.): Die Idee der deutschen Universität. Darmstadt 1956

Schlömerkemper, Jörg: Bildung und Standards. Zur Kritik der „Instandsetzung“ des
deutschen Bildungswesens, Weinheim 2004 (= Die deutsche Schule. Zeitschrift
für Erziehungswissenschaft, Bildungspolitik und pädagogische Praxis, 96
(2004), 8. Beiheft)

Schmidt, Heinz (Hrsg.): Das Kursbuch Religion 2. Ein Arbeitsbuch für den RU im
7./8. Schuljahr. Lehrermaterialien. Erarbeitet von Dierk, Heidrun et al., Stutt-
gart/ Braunschweig 2007.

Schoberth, Ingrid: Glauben-lernen. Grundlegung einer katechetischen Theologie,
Stuttgart 1998.

Schoberth, Ingrid: Glauben-lernen heißt eine Sprache lernen. Exemplarisch durchgeführt an einer Performance zu Psalm 120, in: RU an höheren Schulen 45 (2002),
H. 1, 20–31

Schröder, Bernd: Mindeststandards religiöser Bildung und Förderung christlicher Identität. Überlegungen zum Zielspektrum religionspädagogisch ´reflektierten Handeln, in: Theo-Web. Zeitschrift für Religionspädagogik 2 (2003), H. 2, 95–115

Schröder, Bernd: RU und Bildungsstandards – eine aktuelle Herausforderung, in: Wermke, Michael/Adam, Gottfried/Rothgangel, Martin (Hrsg.): Religion in der Sekundarstufe II. Ein Kompendium, Göttingen 2006, 80–93

Schulz, Wolfgang: Unterricht – Analyse und Planung, in: Heimann, Paul/Otto, Gunther/Schulz, Wolfgang: Unterricht – Analyse und Planung, 10. Aufl. Hannover 1979, 13–47

Schweitzer, Friedrich: Elementarisierung im RU. Erfahrungen, Perspektiven, Beispiele, Neukirchen-Vluyn 2003

Schweitzer, Friedrich: Bildungsstandards auch für Evangelische Religion?, in: Zeitschrift für Pädagogik und Theologie 56 (2004), H. 3, 236–241

Schweitzer, Friedrich: Religionspädagogik, Gütersloh 2006 (= Lehrbuch Praktische Theologie, Bd. 1)

Schweitzer, Friedrich: Außen- statt Innenperspektive. Evangelisches Profil und ethische Orientierung als Anforderungen einer dialogisch-(religions)pädagogischen Begründung von Bildungsstandards für den evangelischen RU, in: Fischer, Dietlind/Elsenbast, Volker (Hrsg.): Stellungnahmen und Kommentare zu „Grundlegende Kompetenzen religiöser Bildung", Münster 2007, 9–16 [zitiert: Schweitzer 2007a]

Schweitzer, Friedrich: RU erforschen: Aufgabe und Möglichkeiten empirisch-religionsdidaktischer Forschung, in: Theo-Web. Zeitschrift für Religionspädagogik 6 (2007), H. 2, 3–6 [zitiert: Schweitzer 2007b]

Friedrich Schweitzer (Hrsg.): Elementarisierung und Kompetenz. Wie Schülerinnen und Schüler von »gutem Religionsunterricht« profitieren. Neukirchen 2008

Sekretariat der Deutschen Bischofskonferenz (Hrsg.): Kirchliche Richtlinien zu Bildungsstandards für den katholischen RU in den Jahrgangsstufen 5–10/Sekundarstufe I (Mittlerer Schulabschluss), Bonn 2004 (= Die deutschen Bischöfe, H. 78) [zitiert: Bischofskonferenz 2004]

Sekretariat der Deutschen Bischofskonferenz (Hrsg.): Kirchliche Richtlinien zu Bildungsstandards für den katholischen RU in der Grundschule/Primarstufe, Bonn 2006 (= Die deutschen Bischöfe, H. 85) [zitiert: Bischofskonferenz 2006]

Ständige Konferenz der Kultusminister der Länder in der Bundesrepublik Deutschland: Bildungsstandards zur Sicherung von Qualität und Innovation im föderalen Wettbewerb der Länder. Beschluss der Kultusministerkonferenz vom 24.5.2002 (URL: http://www.kmk.org/doc/beschl/D5.pdf) [zitiert: KMK 2002]

Ständige Konferenz der Kultusminister der Länder in der Bundesrepublik Deutschland: Bildungsstandards der Kultusministerkonferenz. Erläuterungen zu Konzeption und Entwicklung, 2004 (URL: http://www.kmk.org/fileadmin/veroeffentlichungen_beschluesse/2004/2004_12_16-Bildungsstandards-Konzeption-Entwicklung.pdf [zitiert: KMK 2004]

Ständige Konferenz der Kultusminister: Standards für die Abiturprüfung, Beschluss vom 18.10.2007, Bonn 2007 (URL: http://www.kmk.org/presse-und-aktuelles/pm2007/ergebnisse-der-319plenarsitzung.html [zitiert: KMK 2007]

Ständige Konferenz der Kultusminister der Länder in der Bundesrepublik Deutschland: Einheitliche Prüfungsanforderungen in der Abiturprüfung Evangelische Religionslehre. Beschluss der Kultusministerkonferenz vom 1.12.1989 i.d.F. vom 16.11.2006, München/ Neuwied 2007 [zitiert: EPA ER 2006]

Ständige Konferenz der Kultusminister der Länder in der Bundesrepublik Deutschland: Einheitliche Prüfungsanforderungen in der Abiturprüfung Katholische
Religionslehre. Beschluss der Kultusministerkonferenz vom 1.12.1989 i.d.F.
vom 16.11.2006, München/ Neuwied 2007 [zitiert: EPA KR 2006]

Steffensky, Fulbert: Wie retten wir unsere Träume? Der Zusammenhang von
Spiritualität und Gerechtigkeit, in: LEH Vereinigung Deutscher Landeserziehungsheime (Hrsg.): Herausgefordert – Landeserziehungsheime auf dem Weg
in ihr zweites Jahrhundert, Dokumentation der 2. Großen Mitarbeitertagung
aller Landeserziehungsheime vom 2.–5.11.2000 in Heidelberg, 77–87

Tenorth, Heinz-Elmar: Bildungsziele, Bildungsstandards und Kompetenzmodelle –
Kritik und Begründungsversuche, in: Recht der Jugend und des Bildungswesens
51 (2003), H. 2, 156–164

Tenorth, Heinz-Elmar: Welche Orientierung liefern Tests und Standards dem Bil-
dungssystem (nicht)?, in: Elsenbast, Volker/Götz-Guerlin, Marcus/Otte, Matthias
(Hrsg.): wissen – werten – handeln. Welches Orientierungswissen braucht die
Bildung? Berlin 2005 (= Berliner Begegnungen, Bd. 5), 41–50

Tulodziecki, Gerhard/Herzig, Bardo/Blömeke, Sigrid: Gestaltung von Unterricht.
Eine Einführung in die Didaktik, Bad Heilbrunn 2004

Verhülsdonk, Andreas: Aus katholischer Perspektive, in: Fischer, Dietlind/Elsenbast,
Volker (Hrsg.): Stellungnahmen und Kommentare zu „Grundlegende Kompetenzen religiöser Bildung", Münster 2007, 17–23

Verweyen-Hackmann, Edith/Weber, Bernd (Hrsg.): Methodenkompetenz im RU.
Unterrichtspraktische Konkretionen von Fach- und Arbeitsmethoden, Kevelaer
1999 (= RU konkret, Bd. 6)

Vierzig, Siegfried: Lernziele des RUs, in: informationen zum ru, 1+2 (1970), 5–16

Wahl, Diethelm: Lernumgebungen erfolgreich gestalten. Vom trägen Wissen zum
kompetenten Handeln, 2. Aufl., Bad Heilbrunn 2006

Weinert, Franz E.: Concept of Competence. A Conceptual Clarification, in: Rychen,
Dominique Simone/Salganik, Laura Hersth (Hrsg.): Defining and Selecting Key
Competencies. Seattle et al. 2001, 45–65

Weinrich, Michael: Von der Humanität der Religion. Karl Barths Religionsver-
ständnis und der interreligiöse Dialog, in: Zeitschrift für dialektische Theologie
19 (2003), H. 1, 25–44

Weniger, Erich: Glaube, Unglaube und Erziehung. Vortrag gehalten am 08.08.1948,
in: ders.: Die Eigenständigkeit der Erziehung in Theorie und Praxis. Probleme
der akademischen Lehrerbildung, 3. Aufl., Weinheim 1964, 99–122

Wermke, Michael: Bildungsstandards im evangelischen RU, in: ders. (Hrsg.):
Bildungsstandards und RU. Perspektiven aus Thüringen, Jena 2007, 51–65

Wermke, Michael: Kurzkommentar – Vorschläge zur Fortschreibung, in: Fischer,
Dietlind/Elsenbast, Volker (Hrsg.): Stellungnahmen und Kommentare zu „Grundlegende Kompetenzen religiöser Bildung", Münster 2007, 37–39

Wermke, Michael/Adam, Gottfried/Rothgangel, Martin (Hrsg.): Religion in der Sekundarstufe II. Ein Kompendium, Göttingen 2006

Wermke, Michael/Rothgangel, Martin: Wissenschaftspropädeutik und Lebenswelt-
orientierung als didaktische Kategorien, in: Wermke, Michael/Adam, Gottfried/
Rothgangel, Martin (Hrsg.): Religion in der Sekundarstufe II. Ein Kompendium, Göttingen 2006, 13–40

Wiedenroth-Gabler, Ingrid: Zwischen Reglementierungsskepsis und Reform-Eupho-
rie. Das neue Kerncurriculum Evangelische Religion für die Grundschule in

Niedersachsen, in: Loccumer Pelikan. Religionspädagogisches Magazin für Schule und Gemeinde 3/07, 112–119

Willert, Albrecht: Output-Orientierung im RU? Nordrhein-westfälische Überlegungen im Umfeld der Bildungsstandard-Debatte, in: Zeitschrift für Pädagogik und Theologie 56 (2004), H. 3, 241–250

Winter, Felix: Leistungsbewertung. Eine neue Lernkultur braucht einen anderen Umgang mit den Schülerleistungen, Baltmannsweiler 2004 (= Grundlagen der Schulpädagogik, Bd. 49)

Winter, Felix: Es muss zueinander passen: Lernkultur – Leistungsbewertung – Prüfungen. Von „unten" und „oben" Reformen in Gang bringen, in: Brunner, Ilse/ Häcker, Thomas/Winter, Felix (Hrsg.): Das Handbuch Portfolioarbeit. Konzepte und Erfahrungen aus Schule und Lehrerbildung, Seelze-Velber-Velber 2006, 212–218

Witzgall, Elmar: Handlungslernen nach dem Lernaufgabenkonzept. Ein Leitfaden zur Gestaltung von Lehr- und Lernprozessen in der beruflichen Bildung, 1997 (URL: http://www.lernaufgaben.wissen-koennen.de/lernaufgabenkonzept.pdf )

Ziebertz, Hans-Georg: Religionspädagogik als empirische Wissenschaft. Beiträge zu Theorie und Forschungspraxis, Weinheim 1994 (= Forum zur Pädagogik und Didaktik der Religion, Bd. 8)

Ziener, Gerhard: Bildungsstandards in der Praxis. Kompetenzorientiert unterrichten, Seelze-Velber 2006, Neuausgabe 2009

Ziener, Gerhard: Stellungnahme zum Kompetenzmodell und zu den Beispielaufgaben, in: Fischer, Dietlind/Elsenbast, Volker (Hrsg.): Stellungnahmen und Kommentare zu „Grundlegende Kompetenzen religiöser Bildung", Münster 2007, 63–66

Ziener, Gerhard/Scheilke, Christoph Th.: Erfahrungen mit der Entwicklung und bei der Einführung von Bildungsstandards in Baden-Württemberg für das Fach Evangelische Religionslehre, in: Zeitschrift für Pädagogik und Theologie 56 (2004), H. 3, 226–241

Zimmermann, Mirjam, Kindertheologie als theologische Kompetenz von Kindern. Grundlagen, Methodik und Ziel kindertheologischer Forschung am Beispiel der Deutung des Todes Jesu, Neukirchen-Vluyn 2010